Wham! George & ik

ANDREW RIDGELEY

WHAM!
GEORGE & IK

HET VERHAAL VAN EEN LEGENDARISCHE BAND EN EEN UNIEKE VRIENDSCHAP

SPECTRUM

Oorspronkelijke titel: *Wham! George & Me*
Vertaling: Marian van der Ster en Paul van den Belt
Omslagontwerp: Pinta Grafische Producties
Omslagfoto: © Brian Aris © Mirrorpix
Beeldverantwoording: zie pagina 284
Boekverzorging: Asterisk*, Amsterdam

ISBN 978 90 003 7016 0
ISBN 978 90 003 7017 7 (e-book)
NUR 661, 320

Eerste druk, oktober 2019
Tweede druk, november 2019
Derde druk, december 2019
Oorspronkelijke uitgave: Michael Joseph, onderdeel van Penguin Random House UK

Spectrum maakt deel uit van Uitgeverij Unieboek | Het Spectrum bv,
Postbus 23202
1100 DS Amsterdam

www.spectrumlifestyle.nl

Spectrum Lifestyle Boeken
spectrumlifestyleboeken

Deze biografie is opgedragen aan de nagedachtenis van mijn dierbaarste vriend, met wie ik het enige heb gedaan dat ik ooit echt heb willen doen, en die de enige was met wie ik me ooit kon voorstellen dat te doen.

Inleiding
Het lange afscheid

Zaterdag 28 juni 1986

Ik wachtte op George.

Ik wachtte altijd op George. Dit keer stond ik backstage in het Wembley Stadium geduldig te luisteren of ik al mocht opkomen en wachtte – *wachtte, wachtte, wachtte*. De zon was onder de twee iconische torens van de arena gezakt en tot in de verre hoeken van de ovale tribunes glinsterde een massa van tienduizenden mensen. Op het voetbalveld eronder vormden anderen een deinende, kleurige golf. Tienermeisjes zwaaiden met vlaggen en zelfgemaakte spandoeken; camera's flitsten en kinderen, stelletjes en families stonden opgewonden te gillen: tweeënzeventigduizend fans, samengekomen voor The Final, het afscheidsconcert van Wham!, de jeugdige, levenslustige, energieke popband waarvan George en ik altijd hadden gemeend dat hij kort maar hevig moest branden.

Vier jaar na de release van ons eerste album in 1982 hadden de radio, de bladen en de televisie nog steeds geen genoeg van Wham!. Miljoenen tienerkamers waren behangen met uit de *Smash Hits* en *Just Seventeen* gescheurde posters van George en mij, en in de showbizzcolumns werden de kleinste Wham!-nieuwtjes of -roddels breed uitgemeten. Maar op het hoogtepunt van ons succes, en met twee studioalbums en een aantal internationale nummer 1-hits op onze naam, stonden we nu op het punt om afscheid te nemen van

de mensen die aan deze muziek, deze optredens en deze verhalen zo veel plezier beleefden.

En allemaal stonden ze te wachten, wachten, wachten tot het allerlaatste optreden zou beginnen.

Ik zag precies voor me wat er nu gebeurde. George liep vanaf het podium met uitgestrekte armen het publiek tegemoet over een catwalk die tussen de voorste rijen van Wembley was gebouwd. *Dit was zijn moment.* Hij was helemaal in het zwart gekleed, een combinatie van leer en denim, het achterovergekamde haar matchend bij zijn stoppelbaardje, en elk gebaar, elke wenk van hem werd een vraag-en-antwoordspel met het publiek. George bespeelde de menigte; zij raakte in vervoering. Geflankeerd door twee dansers bewoog en draaide hij rond op de instrumentele versie van 'Everything She Wants', de pompende soundtrack van onze theatrale intro van het concert. Het was een grimmig nummer over het huwelijksleven dat George graag zong, ook al waren we nog jong, single en ongebonden toen het geschreven werd. Hij zwaaide naar de

KODAK TX 5063
27
27A
26
26A

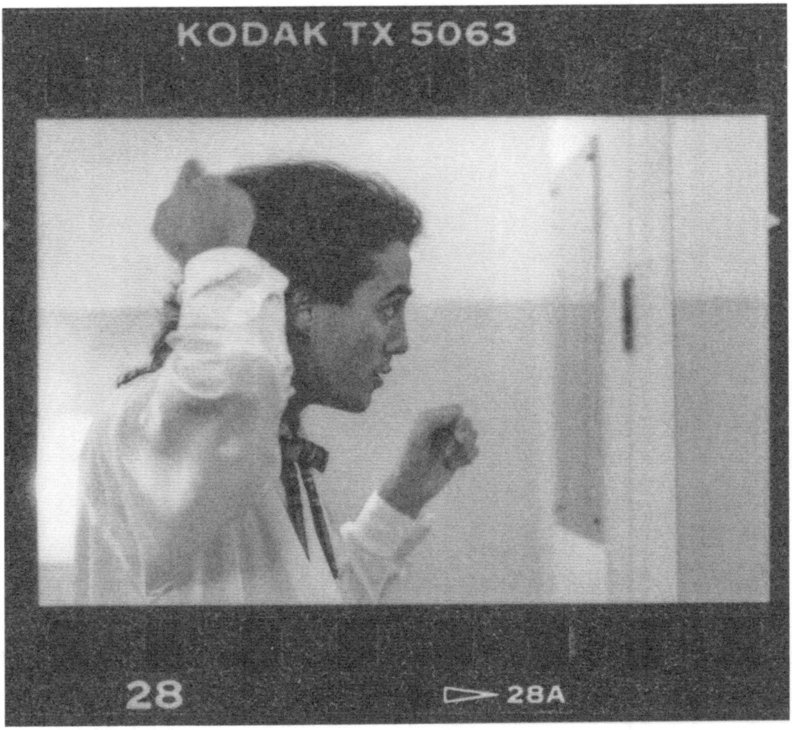

hees geschreeuwde menigte in alle uithoeken van het Wembleystadion. Toen ging hij met zijn rug naar het publiek staan en wees verleidelijk over het podium. En nog steeds had hij de microfoon niet met zijn lippen aangeraakt. George had nog geen woord gezegd, laat staan een noot gezongen, maar toch was iedereen gebiologeerd door elke beweging die hij maakte, een gevoel dat ik maar al te goed kende.

Omdat ik al zo vaak op George had staan wachten.

Ik had op George gewacht tijdens al die uren dat hij zich voorbereidde op een concert en zijn haar eindeloos bewerkte met een steiltang, terwijl ik gruwde van de doordringende geur van verschroeide krullen en haarlak en dit hele ritueel me een onnodige kwelling leek. Naarmate onze roem toenam, werd George' uiterlijk een steeds serieuzere zaak. Toen we in 1984 opnames maakten voor de videoclip van 'Careless Whisper', klaagde hij zelfs dat hij met zijn krullen, die bij vochtig weer veranderden in een bos onhandelbaar kroeshaar, wel 'Shirley Bassey leek'. George' zus Mel – een styliste – werd daarop de halve wereld overgevlogen, van Londen naar Miami waar de opnames plaatsvonden, om George' haar precies zo te modelleren als hij het graag zag. Het schijnt dat de rekening voor de vlucht en haar bijdrage meer dan 10.000 pond bedroeg.

Maar ik had ook op George gewacht tijdens een van zijn vele momenten van muzikale inspiratie. In de studio – een plek waar hij worstelde met zijn dwingende aandacht voor detail – of thuis, waar hij opeens urenlang kon verdwijnen als hem een melodisch aangrijpingspunt of vocaal haakje was ingevallen. Vaak bleek dat dan het zoveelste geniale idee te zijn. Het gedenkwaardigste voorbeeld van dit proces vond plaats in februari 1984, toen we op een zondagmiddag zaten te relaxen in de woonkamer van zijn ouders. *The Big Match* was op tv, maar George was met zijn gedachten helemaal niet bij een voetbalprogramma.

'Ik moet even weg,' zei hij, sprong van de bank en bleef vervolgens ruim een uur boven.

Toen George terugkwam, had hij een trotse grijns op zijn gezicht. 'Sodeju, Andy,' zei hij, 'kom mee, dit moet je horen...' Hij was opgewonden want hij wist dat hij iets bijzonders gecomponeerd had, al was het nog maar een rudimentair arrangement van een nummer dat hij had uitgewerkt op een viersporenrecorder en voorlopig maar even 'Last Christmas' noemde – en uiteindelijk zou verwerken tot het gevoelige lied dat de grootste kerstsingle zou worden die nooit op nummer 1 heeft gestaan. *God, wat zat dat hem dwars.* Ondanks het blijvende succes van het nummer zat hij er vreselijk mee dat 'Last Christmas' dat jaar niet hoger kwam te staan dan de goededoelsingle van Band Aid – een muzikale gelegenheidsformatie die onder anderen bestond uit Bob Geldof, U2, Duran Duran,

Sting, Paul Weller en George zelf – hoezeer hij het liefdadigheidsproject het succes ook gunde. Zijn leven lang was het scoren van een hit voor George het enige bewijs van zijn talent als songwriter, en dat hij door zijn publiek of collega's niet werd beschouwd als de beste, was een van zijn grootste frustraties. Maar toen we die dag in zijn slaapkamer zaten, dezelfde kamer waar we als tieners na school ooit de top 40 hadden zitten analyseren, en luisterden naar de aanzet van het nummer dat hij net had opgenomen op zijn synthesizer, met het meteen al gedenkwaardige refrein eroverheen geneuried, was ik lyrisch. George had met zijn tekst over de pijn van een stukgelopen relatie precies de juiste kersttoon getroffen.

En ik had op George gewacht tijdens zijn transformatie van geestige maar soms introverte tiener Georgios Panayiotou tot Yog – de bijnaam die ik hem gaf vlak nadat we op Bushey Meads Comprehensive bij elkaar in de klas waren komen te zitten – en vervolgens tot George Michael, de singer-songwriter en liefste vriend gedurende mijn vormende jaren en daarna. Toen we onze onstuimige en onvoorspelbare reis begonnen naar de schijnwerpers, werd onze band nog hechter. George ontwikkelde zich tot een van de meest bepalende stemmen van zijn generatie. Maar hoewel hij een aantal van de grootste singles van de jaren 1980 schreef, leek hij zichzelf nog steeds geen plaats te kunnen geven. Zijn geaardheid was buiten de vriendenkring rond Wham! niet bekend, en er bestond een diepe kloof tussen zijn zorgvuldig privé gehouden leven als jonge homoseksuele man en zijn imago als tienersekssymbool en lieveling van de boulevardpers. Later zou hij zeggen dat de spanning tussen privépersoon en publieke figuur af en toe zijn geestelijke gezondheid in gevaar had gebracht. Tijdens dit alles was ik voor George de stabiele factor. Hij was mijn beste vriend, en dat was hij al jaren, maar hij was voorbestemd voor iets dat onze twee-eenheid ontsteeg. Met het afscheidsconcert van Wham! in Wembley zou het wachten op George voorbij zijn.

En omdat ik mijn doel in het leven bereikt had, was het voor mij ook voorbij.

Ik liep naar de catwalk, met onze achtergrondzangeressen Helen 'Pepsi' DeMacque en Shirlie Holliman naast me. Het gegil was oorverdovend, het geloei dat opsteeg uit Wembley werd harder en harder. Ik liep in de richting van de flitsende lichtjes en de golvende menigte en hoorde verknipte stemmen uit de voorste rijen opklinken: 'Andrew!', of 'We houden van jullie, Wham!' Maar verder was er alleen witte ruis. Terwijl de hysterie rond me afketste, bleef ik staan aan de rand van het podium. Waar ter wereld we ook kwamen, de reactie als we op het podium verschenen, kwam me altijd als onwerkelijk voor, en ik heb het fandom rond onze muziek nooit normaal gevonden of echt serieus kunnen nemen. De gillende meisjes, de handtekeningenjagers en de paparazzi: het was allemaal zo onbevattelijk en vreemd. Dus konden wij niets anders dan er een feestje van maken. George en ik wisten dat het een spelletje was, en we waren altijd bereid ons publiek de energie te geven waarvan ze zo hielden – dat was Wham!'s handelsmerk.

Maar in de weken die eraan voorafgingen, was The Final in de pers gepresenteerd als een bijna religieus evenement. Onze fans werden als volgelingen aangeduid, Wham! als iconen. In de begintijd was onze look op het podium speels en brutaal. We hadden het nieuws gehaald met onze te korte broekjes en korte T-shirts, en clips voor nummers als 'Club Tropicana' waren één grote knipoog geweest naar het plezier van jeugdig hedonisme. Maar in Wembley hadden we gekozen voor een dramatischere sfeer die beter paste bij alle emoties, en we besloten in plaats van ons gebruikelijke springerige podiumimago een wat ingetogener beeld te presenteren. George droeg zwarte skinny jeans en leren laarzen. Hij had een riem met fonkelende stras en zijn jasje, met rechtopstaande kraag, was versierd met franjes. Ook ik had een indrukwekkende, geheel zwarte outfit: Pepsi en Shirlie hielpen me uit mijn lange overjas en daaron-

der kwam een kort jasje in matadorstijl tevoorschijn, compleet met veterdas en glinsterende riem. Ik moest mijn best doen om niet te lachen toen ik langzaam, vinger voor vinger, mijn handschoenen uittrok en op het podium liet vallen. Shirlie bracht me mijn gitaar en ik hing hem over mijn schouder. Showtime.

We hadden allebei al eens eerder in Wembley gespeeld, dus de omgeving was in elk geval vertrouwd. Een jaar eerder had ik de achtergrondzang gedaan bij George' optreden op Live Aid, een benefietconcert dat miljoenen ponden wist in te zamelen om de hongersnood in Ethiopië te bestrijden, net zoals de kerstsingle van Band Aid dat in 1984 had gedaan. Die dag heerste er een bijna festivalachtige sfeer. En dankzij de tienduizenden mensen die van over de hele wereld naar Londen waren gekomen om een kleurrijk tijdperk binnen de Engelse muziekgeschiedenis af te sluiten, had ook The Final de sfeer van een uniek, eenmalig feest.

Het moment om afscheid te nemen was gekomen.

We speelden de hits nog een laatste keer. 'Club Tropicana', 'Bad Boys' en 'Edge of Heaven'; 'Wham Rap!', 'Careless Whisper' en 'Freedom'. De menigte stond tot in de verste uithoeken van Wembley, golvend en stromend als een enorme dansende en zingende mensenzee. Tijdens de voorbereidingen van het concert hadden we besloten het feest te larderen met een aantal verrassingen, en één daarvan was een kort optreden van Elton John, die samen met ons een bewerkte versie van zijn hit 'Candle In The Wind' zou zingen. Het was een van de mooiste nummers van Eltons album *Goodbye Yellow Brick Road*, een van de platen waarop onze vriendschap gefundeerd was, en het had bij ons beiden altijd een gevoelige snaar geraakt. George kon het lied prachtig en bijna moeiteloos zingen. Hoewel hij zichzelf op de eerste plaats als songwriter zag, heb ik altijd gevonden dat hij zich met zijn stem het mooist en zuiverst kon uitdrukken. Al op jonge leeftijd was dat zijn belangrijkste instrument; wat mij betreft kon alleen Freddie Mercury zich destijds met George meten.

Het was ook niet de eerste keer dat George en Elton samen optraden. Tijdens Live Aid hadden ze samen 'Don't Let The Sun Go Down On Me' gezongen en had Eltons band George' krachtige stem begeleid. Maar de vriendschap tussen George en Elton dateerde van een jaar eerder, uit 1984, toen we *Make It Big* opnamen. George en ik waren aan het werk in Château Miraval, een opnamestudio in de Zuid-Franse plaats Correns, toen we gebeld werden door ons managementbureau in Londen. Het bleek dat daar een verrassende uitnodiging was binnengekomen.

'Eh, George, Andrew: Elton John heeft contact met ons opgenomen. Hij wilde weten of jullie het leuk zouden vinden bij hem te komen lunchen?'

We waren allebei met stomheid geslagen. *Goeie god! Lunchen met Elton John?* Het idee was volkomen onwerkelijk en we konden ons geluk niet op. Een paar dagen later reden we toch wel enigszins zenuwachtig naar onze gastheer, die ons onmiddellijk charmant, joviaal en gastvrij ontving, waarna een middag begon van uitgebreid drinken en eten. We hadden wel verhalen gehoord over Eltons uitbundige gastvrijheid, maar voor twee toen nog maar eenentwintigjarige jongens uit Bushey was dat een vrij intimiderend vooruitzicht. De grapjes vlogen met mitrailleursnelheid over tafel. Soms had het ook iets wrangs, Elton die hof hield vanaf zijn kant van de overladen feestdis op zijn elegante, zonnige patio. Maar tegelijkertijd deed hij er alles aan om ons het gevoel te geven dat we welkom waren. De wijn vloeide rijkelijk, en langzaamaan begon ik me te realiseren dat de zenuwen vooraf veel benauwender waren geweest dan het samenzijn zelf. We vertelden elkaar verhalen en maakten grapjes. Het ging er zo ontspannen en ongedwongen aan toe dat ik mezelf af en toe moest herinneren aan de enorme faam van onze gastheer.

Het was zo gezellig dat de lunch overging in de avond en ons groepje verkaste naar een nachtclub in de buurt, waar Eltons tekstschrijver Bernie Taupin zich bij ons voegde. Tegen die tijd waren we allemaal behoorlijk bezopen. Iemand vertelde dat actrice Joan Collins met haar jacht in de haven van Saint-Tropez lag. We verlieten het feestje en onder invloed van de alcohol en de herinneringen aan haar wat pikante film *The Stud* – waarin zij een nymfomane nachtclubeigenares speelt – riep George over het water: 'Joan! Laat je slipje eens zien!' Het was een voor hem zeldzaam platte oprisping.

Dus het voelde heel logisch om ook dit Wham!-feestje twee jaar later af te sluiten met Elton aan onze zijde. Na 'Young Guns (Go For It!)', onze eerste hit, en 'Wake Me Up Before You Go-Go', George' weergaloze dansnummer, speelden we een chaotische toegift van 'I'm Your Man', met achtergrondzang van Simon Le Bon van Duran Duran, die voor de gelegenheid het podium op kwam. Toen de muziek wegstierf en het geloei van tweeënzeventigduizend stemmen om ons heen galmde, genoten we nog één keer van het kabaal.

Backstage met Elton, Wembley Stadium, 28 juni 1986.

Samen hadden we dingen meegemaakt die ondenkbaar waren toen we net van school kwamen. En sinds die dag hadden we altijd op elkaar vertrouwd.

In dat opzicht was Wembley zowel fantastisch als bitterzoet. Aan de ene kant was ik blij om nu te ontsnappen aan de schijnwerpers die altijd op een stadionwaardige popgroep gericht waren. Ik had genoeg van het circus dat permanent rond Wham! cirkelde. De hype en hysterie waren te veel geworden en mijn verstandhouding met de landelijke pers was vijandig. Afscheid nemen van het rumoer en de drukte rond George en mij was geen opgave, maar de wetenschap dat we nooit meer samen als Wham! zouden optreden maakte ook weemoedig. We waren samen volwassen geworden, en het was ook onze verbondenheid die de fans voor ons had ingenomen. We waren een hecht, onafscheidelijk duo, een broederschap. Maar de vriendschap had ook zijn dalen gekend.

Mijn beste vriend bestond al die jaren, vóór Wham! en erna, eigenlijk uit twee mensen. De schooljongen die ik als dertienjarige leerde kennen en die later mijn beste vriend zou worden, de jongen die ik naast me wilde hebben tijdens die eerste stappen op weg naar het muzikale supersterrendom, die jongen werd George Michael, het personage dat hij creëerde om het te kunnen schoppen van zanger van een popduo met nummer 1-hits tot soloster die overliep van de ambitie en creatieve *Wanderlust*. Ten tijde van dit allerlaatste concert had het tweede personage al een heel eind gestalte gekregen. Toen George in 1987 *Faith* uitbracht, bereikte zijn roem nog grotere hoogten. En nog steeds verkeerde hij in verwarring, vanwege zijn geaardheid en de moeite die het hem kostte om te zien wie hij onder zijn publieke imago werkelijk was. Maar die spanningen werden pas later algemeen bekend.

Tijdens Wham! en daarna was onze vriendschap authentiek en volkomen oprecht. In een tijdperk waarop we nu terugkijken als een heftige periode in de Britse geschiedenis, leek de ongecompliceerde manier waarop we met elkaar omgingen het Engelse publiek heel gelukkig te maken. We waren bekend geworden met 'Wham Rap! (Enjoy What You Do)', een tegengif tegen de moedeloosheid van werkloosheid, met de tekst:

Wham! Bam!
I am! A man!
Job or no job,
You can't tell me that I'm not.

Vanaf dat moment werd onze muziek de soundtrack van het hervonden optimisme en zelfvertrouwen van ons land. Nummers als 'Club Tropicana', 'Wake Me Up Before You Go-Go', 'Freedom' en 'I'm Your Man' stonden voor een gevoel van opwinding en nieuwe idealen. Uit alles wat we deden sprak ongedwongenheid en plezier, omdat we ongedwongen plezier hádden, en dat ongekunstelde enthousiasme vertaalde zich in enorm commercieel succes. De eerste demo's die George en ik in de voorkamer van mijn ouderlijk huis opnamen, vormden een opstapje naar een platencontract en uiteindelijk de verkoop van meer dan dertig miljoen platen. Ons debuutalbum *Fantastic* bereikte in 1983 nummer 1. De plaat die daarop volgde, *Make It Big*, evenaarde dat succes een jaar later ook in de rest van de wereld. Stadionoptredens in Engeland en Amerika waren uitverkocht, en er bleven maar fans van onze muziek bij komen tot Whamania een wereldwijd fenomeen was.

Ons verbond kwam in 1986 ten einde, deels omdat Wham! samen met onze jeugd teloor moest gaan. De essentie van tieneremoties blijven distilleren terwijl we inmiddels volwassen waren, was popalchemie waar zelfs George' buitengewone songwriterstalent niet tegen opgewassen was. Daarbij hadden we tijdens onze eerste successen, en al voordat we *Fantastic* uitbrachten, besloten dat Wham!'s creatieve teugels volledig in George' handen zouden moeten liggen als we het succes wilden behalen waarvan we dachten dat het binnen ons bereik lag. Ik had zijn talent al lang onderkend, en mijn ambitie was nooit verdergegaan dan deel uitmaken van een band en muziek maken, dus ik was al tevreden als ik in de studio kon staan, of op het podium. Het besluit knaagde nog wel een beetje, maar we deden er goed aan: George was zich overduidelijk aan het ontwikkelen tot een schrijver van zeldzaam formaat; het was zelfs het verlangen om alles uit zijn talent te halen dat hem ertoe aanzette verder te gaan als soloartiest, vrij van de beperkingen die onze band hem oplegde. En nu, na vier sensationele jaren, was onze tijd samen voorbij.

George riep iets in mijn oor. In al het lawaai en de chaos kon ik er niets van verstaan. Onze muzikanten en achtergrondzangeressen, van wie de meesten al heel lang met ons samenwerkten, hadden het podium verlaten om ons nog even een moment samen te gunnen als Wham!. Het publiek in Wembley deinde steeds sneller op en neer en zong, in een zee van kleur en geluid, nog harder mee; spandoeken en vlaggen vormden vlekjes voor onze ogen.

'*Wat?* Zeg dat nog eens!' riep ik over het kabaal heen, want ik had het gevoel dat hij iets belangrijks wilde zeggen.

George lachte, omarmde me en liet zijn hoofd nog één keer op mijn schouder rusten voor we onze laatste buiging maakten.

'Zonder jou had ik dit niet kunnen doen, Andy,' zei hij.

DEEL EEN

YOUNG GUNS

1. Keuzes, keuzes

November 1979

We waren de beste vrienden en twee kanten van dezelfde medaille. Georgios Panayiotou was een bedachtzame, verlegen zestienjarige met broccolihaar, een iets te mollige taille en een dubieuze garderobe. Ik daarentegen was zelfverzekerd en extravert. Een slimme jongen, maar geen genie; een snoever en onruststoker in een tweedehands pak en een parka, die af en aan zijn best deed om zijn A-levels te halen op een school waar ik me tot tranens toe verveelde. Maar wij tweeën waren onafscheidelijk dankzij een gedeelde liefde voor muziek, sketches van Monty Python en onze jongenshumor. En toen bedacht ik een plan dat ons leven voorgoed zou veranderen.

Yog, we gaan een band oprichten…

Al bijna twee jaar lang dacht ik bijna nergens anders meer aan en omdat we op school zo intensief met elkaar omgingen, was er maar één met wie ik muziek wilde maken: de jongen die zou uitgroeien tot George Michael. Hij had ritmegevoel, *feel*, een buitengewoon gevoel voor melodie en hij kon nog beter zingen. In het begin van onze vriendschap waren we fan van dezelfde uiteenlopende bands en artiesten, van Queen tot nieuwe geluiden als dat van Joy Division uit Manchester. In 1979 waren we in de ban van de ska, een moderne Britse versie van reggae, waarin Caraïbische ritmes werden

WHAM!

gecombineerd met strakke gitaren. Bands als The Specials, Madness, The Beat en Steel Pulse spraken enorm tot onze verbeelding, niet alleen muzikaal maar ook door hun kleding. De film *Quadrophenia* had geleid tot een heropleving van de Mod-subcultuur; overal in Engeland kleedden jongeren zich opeens in strakke pakken en Hush Puppies-schoenen. En bij de kapper was het cool om te kiezen voor gemillimeterd haar. Hoewel Hertfordshire, waar ik woonde, iets buiten Londen lag, was ik er net zo bezig met de hele scene als de jongeren die in Londen of Birmingham naar de clubs gingen. *Muziek was iets waar ik deel van wilde uitmaken.*

'Maar, Andy,' zei Yog toen ik hem na school belde, 'ik wil wel, maar dat gaat niet...'

Hij mompelde wat over de druk van het eindexamen en de onverzettelijke houding van zijn ouders, die hem leken te willen afschermen van alles wat daarvan kon afleiden – zoals ik. Maar ik liet me niet zomaar ontmoedigen. Ik was vastbesloten dat het zo moest lopen, was niet van zins om mijn plannen te laten dwarsbomen doordat Yog zich zorgen maakte om zijn vader of moeder.

'Nee, het is nu of nooit,' zei ik. 'Vandaag gaan we een band oprichten.'

Yog wist dat ik recht op mijn doel af kon gaan, zeker als ik mijn zinnen ergens op had gezet. Hij begreep ook dat het eigenlijk geen vraag was, maar een opdracht. Hij voelde dat ik me niet gewonnen zou geven en staakte zijn verzet.

'Oké, Andy,' zei hij met een diepe zucht. 'Goed dan.'

Yog deed mee. Nu had ik iets om enthousiast over te zijn, iets om naartoe te werken – een doel. En in mijn ogen was er niets wat we niet konden en niemand die ons in de weg zou staan. Onze vriendschap was onoverwinnelijk en het succes lag om de hoek. Ik had geen idee wat dat succes werkelijk zou inhouden, maar ik voelde dat het komen zou. *Ik wist het.* En wat er uiteindelijk gebeurde, was nog spectaculairder dan ik me ooit had kunnen voorstellen...

2. **De nieuwe jongen**

Vier jaar eerder

Ik zag Georgios Panayiotou voor het eerst vlak voordat de eerste les van het nieuwe schooljaar zou beginnen. Overal om me heen zaten kinderen uit klas 2A1 van scholengemeenschap Bushey Meads druk te kletsen. Jongens schepten op over vrijpartijtjes met mysterieuze meisjes die ze tijdens de vakantie met hun ouders waren tegengekomen, meestal in een Engelse badplaats. (In die dagen was een buitenlandse vakantie voor de meeste mensen een onbetaalbare luxe.) De meisjes zaten te giechelen en te zwijmelen bij foto's van David Essex en Donny Osmond die ze uit de *Jackie* hadden gescheurd. En iedereen leek meer dan ooit in de ban van Pan's People, een groep van in stretchpakjes gestoken danseressen die al jaren optrad in *Top of the Pops*, maar die de laatste tijd opeens in de dromen van alle jongens verschenen. Iedereen had zijn eigen favoriet. Maar na zes weken zomervrijheid kon ik niet mijn gebruikelijke enthousiasme opbrengen voor de rumoerige opwinding van de eerste schooldag.

Ik verveelde me.

Eigenlijk verveelde ik me vrij vaak. In mijn ogen was school stomvervelend. Toen ik eenmaal had leren lezen en schrijven en de lagere school zonder veel hobbels had doorlopen, was mijn deelname aan het Engelse onderwijssysteem welbeschouwd ten einde. Elke interesse in scholing was vanaf dat moment zo goed als niet-bestaand en ik begreep werkelijk niet waarom verder leren nog van belang was, tot ergernis van zowel mijn docenten als mijn ouders. Ik herinner me één schoolrapport waarop ik een 'storende factor' werd genoemd en de opeenvolgende ouderavonden – plus de onvermijdelijke uitbranders na afloop daarvan – waren vernederende ervaringen. Een van de weinige dingen die ik leuk vond aan school, was spelen in het voetbalteam. Maar in tegenstelling tot wat George later beweerde, koesterde ik nooit de hoop om profvoetballer te worden. Ik was fan van Manchester United en verder reikten mijn ambities niet.

En dus werd ik vooraan in de klas gezet, waar mijn docenten mijn wangedrag in toom konden houden. Ik was twaalf en nogal gevoelig voor gezag. Met mijn bovenste knoopje open en mijn schooldas op half elf zag ik eruit als het prototype van de weerspannige, lastige puber, wat de reden geweest kan zijn dat een aantal docenten niet veel met mij ophadden. Maar ik was nu ook weer niet helemaal ontspoord. En hoewel klas 2A1 gezien werd als de beste dat jaar, gaf het feit dat niemand van ons de toelatingstest goed genoeg gemaakt had om naar een gymnasium in Watford te gaan ook geen aanleiding om te denken dat we waren voorbestemd voor een carrière als atoomgeleerde of neurowetenschapper.

Plotseling veranderde de sfeer in de klas. De gesprekken over Pan's People, David Essex en die onbeholpen zomerzoenen verstomden toen onze klassenlerares, mevrouw Parker, het lokaal binnenkwam met in haar kielzog een nerveus ogende jongen. Hij droeg een smetteloos schooluniform dat net uit de doos leek te komen en een oversizede bril met stalen montuur. Zijn haar, dat eruitzag als een feestpruik, leek gemaakt van stugge kunstvezel. En hij voelde zich duidelijk heel ongemakkelijk door de stress die een confrontatie met een lokaal vol nieuwe klasgenoten met zich meebracht. Toen mevrouw Parker de Nieuweling welkom heette in klas 2A1, begon hij te blozen. Haar stuntelige introductie, waarbij ze zijn naam uit-

ASHFIELD JUNIOR SCHOOL, BUSHEY

Age Group 10-11 Years Class 4W

Report for Autumn Term 1973 Name ANDREW RIDGELEY

	GRADE
MATHEMATICS	B-
ENGLISH : Expression : Written	B
Oral	B+
Reading	A-
GENERAL SUBJECTS : History, Geography, Science	B-
HANDWRITING	B+
ART AND CRAFT	B
MUSIC	B
RELIGIOUS EDUCATION	B-
PHYSICAL EDUCATION	B-

Conduct Disruptive. Absences 4

NOTE: A,B,C,D,E in "Grade" column denotes that the standard of work is Very Good, Good, Average, Weak or Very Weak, in the appropriate AGE GROUP

Andrew has achieved some good results which might be even better if he applied himself more than he does. In Maths his work does not always match his capabilities. In English his written work is always interesting; he writes imaginative stories and poems. He has let himself down in General Subjects by not completing all the work to be done. The work completed has, however, been of a good standard. His Art work shows good imagination but again he doesn't always finish. He tries hard in PE/Games and in music (although he no longer plays his recorder). Andrew has a good speaking voice but unfortunately he uses it at the wrong times as well as the right.

Teacher R. Webster Headmaster E. Halliwell

The next term starts on Tuesday, 8th January 1974.

sprak met de fijnzinnigheid van een stadsvos die een vuilniszak openscheurt, maakte het er niet beter op.

'Jongens en meisjes, dit is jullie nieuwe klasgenoot, Jorrioss Panejeotoo,' zei ze, zijn naam fonetisch uitsprekend. Ze keek naar het ontzette gezicht naast zich voor bijstand, maar de nieuwe jongen – *hoe hij ook heten mocht* – had nu de kleur aangenomen van een aardbeienfruitella. De meisjes op de voorste rij giechelden; achter in de klas klonk gegniffel van de jongens. Maar mevrouw Parker liet zich niet uit het veld slaan. Omdat zij door wilde met haar ochtendprogramma, handelde zij de rest van de formaliteiten af zonder verder nog een poging te doen de vreemde mediterrane naam uit te spreken.

'Oké, ik zoek iemand die onze nieuwe klasgenoot onder zijn hoede wil nemen,' zei ze. 'Iemand met een beetje verstand, alsjeblieft, die hem kan bijstaan en hem de eerste week of zo wegwijs kan maken. Dat is een hele verantwoordelijkheid, dus wie deze rol op zich neemt, zal moeten zorgen dat onze nieuwe klasgenoot zich welkom voelt op Bushey Meads. Wie wil dat doen?'

Er viel een ongemakkelijke stilte. Mijn klasgenoten aarzelden en ik begreep niet goed waarom. Ik had nog nooit een nieuweling toegewezen gekregen en deze kans kon ik niet laten lopen: een welkome afleiding van de eentonigheid van de lessen. Ik stak mijn hand op. Ik kon niet goed inschatten of mevrouw Parker blij was of niet, want ze glimlachte wel maar deed dat op een manier waaruit sprak dat we niet moesten denken dat ze op haar achterhoofd was gevallen. Ook haar opgetrokken wenkbrauwen vormden een serieuze waarschuwing dat ik het niet moest verknallen.

'Dank je wel, Andrew, dat is heel aardig,' zei ze ten slotte, en gebaarde naar *Hoedieookheette* dat hij naast me moest gaan zitten voor de presentielijst. Terwijl mevrouw Parker de namen opnoemde, waren alle ogen gericht op de Nieuweling die zenuwachtig mijn kant op schuifelde. Ik had toch wel een beetje met hem te doen.

'Adams.'

'Ja, mevrouw.'

'Bartlett.'

'Ja, mevrouw.'

'Brown.'

'Ja, mevrouw.'

'Die naam is een beetje lastig in het begin, ik weet het,' zei hij toen hij naast me was komen zitten. 'Het is Grieks,' vervolgde hij toen hij mijn verwarring zag.

Ik haalde mijn schouders op en knikte meelevend. Met een naam als Georgios wist ik dat de Nieuweling een onstuimig eerste semester tegemoet ging. Maar al kletsend kwam ik wat essentiële feiten te weten over het nieuwste gezicht van Bushey Meads. Georgios' vader had zijn eigen restaurant. Het gezin had eerst in Kingsbury in London gewoond en was toen verhuisd naar Radlett. Dat lag weliswaar niet zo dicht bij school als het huis van mijn ouders, maar toch ook weer niet zo ver dat we na schooltijd geen ongein zouden kunnen gaan uithalen, mocht het klikken tussen ons. Ik vermoedde ook dat Georgios' familie wat geld had. Radlett stond bekend als een welvarende gemeente. Maar net toen alles lekker leek te gaan, liep het gesprek muurvast. Het leek erop dat hij in heel andere dingen geïnteresseerd was dan ik: hij hield niet van voetbal en kon al helemaal geen enthousiasme opbrengen voor de Formule 1. We keken elkaar aan tijdens een stilte die heel ongemakkelijk dreigde te worden. Toen ik opkeek, zag ik mevrouw Parker sceptisch naar me kijken.

Verdorie, dit ging niet goed.

En toen, net op het moment dat ik dacht een enorme blunder te hebben begaan door deze verantwoordelijkheid op me te nemen, kwam de doorbraak.

'En van welke muziek hou jij?' vroeg ik.

Nu zag ik Georgios lachen. *Succes!* Ik had blijkbaar een gemene deler gevonden. Hij hield van Queen, zei hij, een uitstekend begin wat mij betreft. En terwijl klas 2A1 alle saaie werkjes uitvoerde die bij het begin van elk schooljaar nu eenmaal gedaan moeten worden, kletsten wij over Freddie Mercury, de vuurspuwende gitaren van Brian May en 'Killer Queen', het nummer dat ongeveer een jaar geleden was uitgebracht en waarmee de band een nieuw geluid liet horen. Het was ook een geruststelling dat Georgios van The Beatles en David Bowie hield. Toen we eenmaal ontdekt hadden dat we allebei fan waren van Elton John, bestond er geen twijfel meer over dat we op één lijn zaten. En terwijl we na de registratie naar de eerste les liepen, vlogen de titelnummers heen en weer. 'Benny And The Jets', 'Candle In The Wind' en het titelnummer van zijn laatste album *Goodbye Yellow Brick Road*, allemaal favorieten. Toen we gingen zitten voor onze eerste Franse les, hadden we het nog steeds over muziek. Ik was met mijn gedachten mijlenver weg; de les was nauwelijks begonnen of ik werd al op mijn vingers getikt wegens gebrek aan aandacht.

'Ridgeley, wat dacht je ervan dit jaar eens op een goede manier te beginnen?' zei een knorrige leraar, wat erop leek te wijzen dat ik het nu al weer verbruid had.

Toen ik opzijkeek naar Georgios, zag ik hem lachen en met zijn ogen rollen bij wijze van steun. Ik geloof dat hij wel oké is, deze jongen, dacht ik. Misschien wordt dit toch niet zo'n ellendig jaar...

Het schooljaar was nog geen uur oud of ik had een nieuwe vriend.

Georgios legde uit dat je zijn naam het beste kon uitspreken als Jorgo, wat klonk alsof je een bijzonder onaangename fluim ophoestte. Het was bijna onvermijdelijk dat dit vervolgens verbasterd werd tot Yoghurt, maar tot mijn verbazing lokte die bijnaam weinig reactie uit. Uiteindelijk besloot ik hem maar Yog te noemen, wat zo veel makkelijker was dan zijn eigenlijke naam. De onbeholpen poging van mevrouw Parker om zich aan de Griekse uitspraak te houden, werd op bedroevende wijze geëvenaard door haar collega's, tot ze het een voor een opgaven en hem gewoon George besloten te noemen, waarna iedereen behalve George' beste vrienden dat voorbeeld volgde. Als hij nieuwe mensen ontmoette, was dat ook de naam waarmee Georgios zich voorstelde, waarschijnlijk omdat hij dan weinig hoefde uit te leggen.

De daaropvolgende dagen ontdekte ik steeds meer over mijn nieuwe beste vriend. Het opmerkelijkste was dat hij behoorlijk gedecideerd kon zijn als dat nodig was, wat niet strookte met mijn eerste indruk van hem als verlegen en onzekere puber. Yog vond snel zijn draai op Bushey Meads.

Tijdens onze eerste lunchpauze leerde ik hem de kneepjes van het populaire spel King of the Wall, wat precies inhield wat de naam aangaf. De regels waren vrij eenvoudig: iemand beklom een muur en vervolgens moesten zijn tegenstanders hem daar op elke manier die de situatie maar vereiste, vanaf zien te krijgen. Geen beperkingen, geen scheidsrechters en geen genade.

Die middag zette ik mijn nét iets bovengemiddelde atletische vermogen in om de betonnen troon te bemachtigen. Ik was 'koning van de muur'. Ik maakte schampere opmerkingen naar mijn vrienden en duwde nog een paar tegenstanders weg, maar werd toen volkomen overrompeld. Het was Yog. Hij had genoeg van mijn praatjes en besloot me met een stoot in de rug uit mijn evenwicht te brengen. Ik belandde op het asfalt en moest vervolgens tot mijn schaamte toezien hoe hij grinnikend over zijn eigen bravoure over de muur paradeerde. Yog droeg zijn kracht misschien niet als zichtbare wapenrusting – en op het voetbalveld, destijds de plek bij uitstek om elkaar fysiek de maat te nemen, was hij niet veel waard gebleken – maar het was me duidelijk dat hij zich door niemand liet koeioneren.

Een week later nodigde hij me uit om mee te komen naar zijn huis; mijn vermoeden dat Yogs familie in goeden doen was, werd daarbij

Pele ✓ Cruyff ✓ Robson ✓ Ridgley ✗

Met mijn neefje Martin en een gouden plaat

bevestigd. Samen reden we met de schoolbus naar Radlett. Ik was onder de indruk van het vrijstaande huis met vier slaapkamers, de grote tuin en de chique veranda. Het was heel iets anders dan pa's en ma's twee-onder-een-kaphuis met drie slaapkamers. In tegenstelling tot onze bescheiden, zij het goed onderhouden bloemenperkjes had Yogs huis een groot gazon, dat vanaf de veranda achter het huis zachtjes omhoogliep. Op zomeravonden aten de Panayiotous buiten allerlei mediterrane heerlijkheden zoals dolmades, hummus en taramasalata. Het was in mijn ogen allemaal heel exotisch vergeleken met de traditionelere kost die ik thuis te eten kreeg.

Na zijn ouders begroet te hebben, gingen we naar boven. Yogs slaapkamer was onberispelijk opgeruimd en bleek een schatkamer vol coole souvenirs en muziekapparatuur. Mijn eigen kamer daarentegen was één grote chaos van kleren en tijdschriften, die alleen werd opgeruimd als mijn ouders dreigden met een ritje naar de vuilnisbelt. Yog had posters van sterren als David Bowie en Elton John aan zijn muur. Maar wat me het meest verbaasde, was dat Yog Spider-Manstrips verzamelde. Hij had er een hele stapel van en zelfs een eerste editie – ook toen al een zeer waardevol bezit. Yog vertelde me dat hij Elton John een jaar geleden live had zien optreden in het Watford FC's Vicarage Road-stadion en dat hij maar één keer naar een voetbalwedstrijd was gegaan, van Arsenal. Maar toen hij me zijn stereo wilde laten zien, waren mijn gedachten al weer heel ergens anders: aan het voeteneind van het bed stond een waanzinnig parelmoerblauw drumstel. Niet te geloven. Het was weliswaar niet van het kaliber dat bespeeld werd door een Phil Collins of Queens Roger Taylor, maar zag er niettemin indrukwekkend uit. Niemand die ik kende had een drumstel in zijn kamer, en vóór hij de kans kreeg om bezwaar te maken schoof ik op het krukje en roffelde een zware, oorverdovende vierkwartsbeat op de snare, twee toms, bassdrum en hihat.

'Nee, Andrew... *niet doen!*' riep Yog boven het kabaal uit.

Ik had hem boos gemaakt; aan de ontzette blik op zijn gezicht zag ik dat ik een grens overschreden had. Later begreep ik dat muziek maken bij de familie Panayiotou alleen op bepaalde tijdstippen was toegestaan, en dat was in elk geval niet nu. Enigszins bedremmeld kwam ik achter het drumstel vandaan en richtte mijn enthousiasme op de stereo in een hoek van de kamer.

'Ik neem op zondagmiddag altijd de top 40 op,' legde hij uit. 'Ik bewaar de nummers die ik goed vind...'

Mijn moeder had alleen een draagbare cassetterecorder, terwijl Yog hier een dubbele cassettedeck had staan waarmee hij rechtstreeks van de tuner kon opnemen. Dat was nogal een verbetering. We waren allebei grote liefhebbers van de hitparade, maar net als ik had hij moeite met de toon die de dj's van Radio 1 en Capital Radio aansloegen. We kregen de kriebels van het dik aangezette, joviale gebabbel van dj's als Dave Lee Travis en Tony Blackburn. Nu we elkaar hierin gevonden hadden, besloten we een paar persiflages van jingles en gesprekjes op te nemen. Een uur lang ploeterden we voort op Yogs cassettedeck en dreven de spot met de radiopersoonlijkheden die ons het belachelijkst voorkwamen. En hoewel we ons dat toen niet realiseerden, schiepen we op dat moment onze eigen kleine bubbel, met daarin de elementen die de basis zouden vormen van onze hechte vriendschap: muziek en comedy. We improviseerden sketches, vuurden ideeën op elkaar af en namen de volwassen wereld, die zichzelf veel te serieus leek te nemen, op de hak. Het horen van ons gerotzooi heeft Yogs moeder waarschijnlijk zowel gealarmeerd als gerustgesteld, in gelijke mate.

De hele avond bladerden we door zijn geniale platenverzameling. Yog had muziek van veel van mijn favoriete artiesten, onder wie Queen. Hoewel ik Bowie heel goed vond en een paar singles van hem had, zoals 'The Jean Genie', was Yog een grote fan en had hij een aantal lp's. Maar Elton John was een heel ander verhaal. Yog en ik bewonderden hem omdat hij een fantastische songwriter was. Hij was in zo veel stijlen thuis dat singles als 'Crocodile Rock' en 'Candle In The Wind' een compleet ander geluid hadden. Ik was iets te jong om zijn eerste albums bewust te hebben meegemaakt, maar vanaf *Goodbye Yellow Brick Road* was ik een groot fan en daarna kocht ik *Madman Across The Water*, *Honky Chateau* en *Don't Shoot Me I'm Only The Piano Player*. Het was aan Eltons talent te danken dat zijn muziek perfect uitdrukte wat tekstschrijver Bernie Taupin had geschreven, zeker in het geval van 'Candle In The Wind'. Bernie wist de woorden te vinden en Elton kon de emoties uitdragen via een melodie. Ze konden dat beter dan wie ook.

We hielden van Eltons persona, het fascinerende personage dat met een krankzinnige zonnebril en oversizede plateaulaarzen achter de piano zat. Op eenzelfde manier intrigeerde David Bowie ons. Beide artiesten waren 'larger than life'. Hun zorgvuldig geconstrueerde imago was een wezenlijk onderdeel van hun identiteit als zanger en we vonden die extravagantie prachtig, net zoals we van Freddie Mercury hielden. Met zijn catsuits, indrukwekkende haar en flamboyante poses was de frontman van Queen een charismatische artiest die je niet over het hoofd kon zien. En alle drie hadden ze hun naam veranderd – ook iets dat Yog niet was ontgaan.

Yog had ook nog een zwaardere, bredere smaak. Toen een vriend van de familie hem zijn hele platenverzameling van Led Zeppelin gaf, vonden we de band onmiddellijk fantastisch – we begrepen niet hoe we ze ooit over het hoofd hadden kunnen zien en waren al snel verknocht aan 'Whole Lotta Love', 'Kashmir' en 'When The Levee breaks'. Het was spannend om achteraf nog zo'n vernieuwende band te ontdekken en ons te verliezen in alle platen die ze ooit gemaakt hadden. In zijn latere leven wekte George de indruk louter te zijn grootgebracht op een muzikaal menu van David Bowie, Stevie Wonder en een hele reeks Motown-artiesten. En hoewel die platen zeker in zijn verzameling voorkwamen, was deze in werkelijkheid veel breder dan mensen geneigd waren te denken. Toen we die avond naar zijn lievelingsplaten zaten te luisteren en de teksten van de nummers en op de binnenkant van de hoes ontleedden, was ik verrukt: er bleek nog iemand te bestaan die net zo bezeten was van muziek als ik.

Het was al snel tijd om naar huis te gaan. Hoewel Lesley, Yogs moeder, bij het afscheid heel vriendelijk deed, was het duidelijk dat ze ook haar twijfels over mij had. Hoe ik ook mijn best deed, ze was niet meteen zo van me gecharmeerd als ouders van andere vrienden in het verleden. Te oordelen naar haar reactie toen ik vanuit mijn moeders auto gedag zwaaide, had ze zo haar bedenkingen over de zelfverzekerde nieuwe vriend van haar zoon. Ik kon me niet herinneren dat ik iets had gedaan of gezegd wat haar tegen de haren in zou kunnen strijken; ik was de hele avond alleen maar mezelf geweest. (Wat misschien genoeg was om dat voor elkaar te krijgen.) Maar heel erg zat ik er niet mee, want wat mij betreft was mijn eerste bezoek aan Yogs huis een feest geweest.

Het liep allemaal op rolletjes.

3. Parallel lines

Lesley's zorgen om Yog waren begrijpelijk, maar gezien de onwankelbare levenshouding van de Panayiotous was de kans dat haar zoon zou ontsporen vrij klein. Zijn vader Jack was op dat vlak een rolmodel: een harde werker en selfmade man. Hij heette eigenlijk Kyriacos Panayiotou en was in de jaren 1950, toen in Noordoost-Cyprus de spanningen tussen de Turkse en Griekse bevolking waren uitgemond in bloedig geweld, naar Engeland geëmigreerd. Eenmaal ontkomen naar Londen gebruikte Kyriacos de verengelste versie van zijn voornaam en verkortte hij zijn achternaam tot Panos. Vervolgens legde hij een arbeidsethos aan de dag dat hem de rest van zijn leven zou kenmerken. Hij werkte dag en nacht om rond te komen.

Later, toen Jack getrouwd was met Lesley, die hij in Londen had ontmoet, opende hij zijn eigen restaurant in Edgware. Toen ik Yog leerde kennen, werkte Jack nog steeds onvoorstelbaar hard. Hij was zelden thuis, maar zodra hij de gelegenheid had om tijd door te brengen met zijn gezin, was zijn aanwezigheid ook duidelijk voelbaar. Jack was een man van weinig woorden; de enkele keer dat hij iets tegen me zei, was hij kortaf en to the point, soms op het intimiderende af. Hij beschouwde me ook als iemand die een slechte invloed had op zijn zoon. Als Yogs vader thuis was, probeerde ik me zo gedeisd mogelijk te houden, maar later raakte ik wel zeer gesteld op Lesley, ondanks de bedenkingen die ze in eerste instantie misschien had over de vriendschap tussen mij en haar zoon. Ze was een heel leuke vrouw.

Er was ten minste één overeenkomst tussen Yogs achtergrond en die van mij: we waren allebei de zoon van immigrantenvaders. Mijn vader was in 1933 in Alexandrië in Egypte geboren als Albert Mario Zacharia, zoon van een Italiaanse moeder en een Egyptische vader van Jemenitische afkomst. Egypte viel destijds onder Britse heerschappij en Alexandrië was een culturele smeltkroes. Toen hij opgroeide, sprak mijn vader verschillende talen. Engels was geen probleem, want dat was de taal die hij thuis met zijn broer sprak, dus kon hij gemakkelijk aarden op de British Boys' School in Alexandrië. Na zijn eindexamen werd hij docent op diezelfde school. Maar er broeiden onlusten. Toen in 1956 de Suezcrisis uitbrak, werd mijn vaders familie tijdens een golf van nationalisme verdreven uit Egypte en vestigde zich in Essex. Net als Jack was mijn vaders familie gedwongen het eigen land te verlaten tijdens een periode van conflicten. Midden jaren 1950 bestond de dienstplicht nog, en toen men ontdekte dat mijn vader een aantal talen vloeiend sprak, stuurde de Royal Air Force hem naar de universiteit van St Andrews in Schotland om daar, ter voorbereiding op een rol bij de RAF in het Berlijn van de Koude Oorlog, Russisch en Duits te studeren.

De discriminatie die zijn familie in Egypte had ondervonden, was zo pijnlijk geweest dat mijn vader niets liever wilde dan integreren in zijn nieuwe thuisland. Voordat hij door de RAF naar St Andrews werd gestuurd, zag hij tijdens een busrit ergens *Ridgeley Gardens* op een straatnaambordje staan. Dat is wel een heel Engels klinkende naam, dacht hij. En Zacharia kan nadelig uitpakken, dus... De naam bleef en Albert Ridgeley, die vloeiend Arabisch, Duits, Russisch, Frans en Italiaans sprak, volgde na St Andrews nog de Joint Services School for Linguists, waarna hij in Berlijn werd gestationeerd als tolk voor de inlichtingendienst van de luchtmacht. Maar ondanks zijn multiculturele achtergrond voelde mijn vader zich onmiddellijk Engels, net als ik. Als kind was het me volkomen duidelijk dat mijn huid net iets donkerder was dan die van mijn vriendjes,

Wat een vrolijk, leuk kereltje!

terwijl ik toch deel uitmaakte van dezelfde cultuur: zo Engels als het tennistoernooi van Wimbledon of *bacon and eggs*; Yogs familie daarentegen leek nog altijd veel gehechter te zijn aan hun Cypriotische geschiedenis. En anders dan mijn vader, die volmaakt Engels klonk, had Jack nog een sterk accent.

Mijn ouders leerden elkaar kennen toen mijn vader in 1960 uiteindelijk vertrokken was bij de RAF en in een fotowinkel ging werken; dat vond hij leuk omdat hij ook een enthousiast amateurfotograaf was. Hij ontmoette mijn moeder, Jennifer Dunlop, toen zij nog maar achttien was en nog op school zat. Ondanks haar leeftijd was ze zelfbewust en zelfstandig, en ze werden verliefd. Toen ze zwanger raakte, trouwde mijn vader uit eergevoel en plichtsbesef met haar. Ik – de reden voor hun overhaaste huwelijk – kwam in januari 1963 en Paul Ridgeley volgde in februari 1964, maar het was pas op de dag van hun vijfentwintigjarige huwelijksfeest dat ik me

Een moetje in dorpse sferen. Albert Ridgeley en zijn nieuwbakken eega Jennifer, ergens in de zomer van 1962

realiseerde dat ze al drie maanden zwanger was toen ze in 1962 met mijn vader trouwde. Een minischandaal was voorkomen.

Het leven van de familie Ridgeley speelde zich in eerste instantie af in een klein huis in een socialehuurwijk in Egham. In de bescheiden woning klonken de stemmen van ma, pa en twee kleine jongetjes, plus die van mijn grootvader van vaderskant, die af en toe uit een compleet andere wereld getransporteerd leek. Mijn broertje en ik waren ons niet bewust van zijn vorige leven en de trauma's die hij tijdens de Tweede Wereldoorlog had opgelopen; we noemden hem 'Drac' vanwege zijn gelijkenis met graaf Dracula en het feit dat hij zelden lachte. Opa dronk het ene blikje cola na het andere en rookte

Mijn opa, John Frederick Dunlop, met baby Andrew Ridgeley.
Een prachtige, lieve man. En hij maakte me altijd aan het lachen.

als een schoorsteen. In 1968 verhuisden we naar een twee-onder-een-kapwoning uit de jaren dertig op Ashfield Avenue 40 in Bushey, maar opa bleef in Egham wonen, tot de sigaretten hem een paar jaar later uiteindelijk fataal werden.

Toen Paul en ik naar de kleuterschool gingen, kreeg mijn moeder weer de kans om aan haar carrière te werken; ze schreef zich in bij het Wall Hall Teacher Training College. Het oude, neogotische gebouw had een buitenzwembad en ma nam ons daar op warme dagen weleens mee naartoe. Ik vond het heerlijk om er in het water te spelen. Maar toen ik een tiener werd en rond mocht hangen in het verwaarloosde King George V-recreatiepark in Bushey, werd dat al

Vakantie in Devon, omstreeks 1972.
Toen de zon altijd de hele zomer scheen.

snel de plek waar mijn sociale leven zich afspeelde, voornamelijk dankzij het voetbalveldje, de tennisbanen en de cafetaria. Maar het zwembad was toch wel de allergrootste trekpleister. Na school racete ik naar huis, greep mijn zwembroek en sprintte naar het bad, in mijn ogen een waar waterparadijs. Urenlang oefende ik er op verschillende soorten bommetjes, die ik namen gaf als Predikant, de Blikopener en de Notenkraker. Stuk voor stuk hadden ze tot doel om de zonnebadende meisjes langs de rand zo nat mogelijk te spatten. Dankzij Wall Hall en het King George V-park waren de jaren 1970 één lange opeenvolging van eindeloze zomers.

Toen we op de lagere school zaten, begrepen Paul en ik dat we ons beter konden gedragen *of anders*... Ma was heel handig met een houten lepel en als haar geduld zo lang op de proef was gesteld dat het óp was, joeg ze achter ons aan door de tuin en mepte ons al rennend op ons achterste. Ik kan me niet herinneren dat ik een heel stout jongetje was, maar ik kon zeker nukkig zijn. En heel nieuwsgierig. Dus toen mijn ouders op een zaterdagavond eens een feestje hadden gegeven, stond ik de volgende ochtend heel vroeg op in de hoop te ontdekken wat de volwassenen de avond ervoor uitgespookt hadden. Ik was pas zeven en nu mijn ouders bij wijze van uitzondering eens uitsliepen, dwong ik mijn broertje mee te gaan. Samen slopen we naar beneden om op onderzoek uit te gaan.

Eerst vonden we een geopend blikje Watney's Party Seven-bier, in de jaren zeventig van de vorige eeuw een eerste vereiste op elk feestje. We namen allebei een teug, maar vonden het zo smerig dat we het meteen weer uitspuugden. Niet uit het veld geslagen openden we vervolgens ma's bewerkte houten kistje dat altijd gevuld was met sigaretten en alleen bij speciale gelegenheden tevoorschijn kwam. We pakten allebei een sigaret en een doosje lucifers, slopen naar de achtertuin, staken op en namen trekjes zoals de volwassenen dat deden, maar dan hoestend en proestend. We staakten ons onderzoek onmiddellijk en verborgen de bewijsstukken in een vuilnisemmer.

Maar we waren gespot.

Meneer Smith, onze nieuwsgierige buurman, had het allemaal gezien en schiep er veel genoegen in om het aan ma te vertellen, die daarop met het ultieme dreigement kwam: *wacht maar tot je vader thuiskomt*. De daaropvolgende uren brachten we door in angst voor de onvermijdelijke straf. Toen het zover was, werden we beneden geroepen en kregen een uitbrander om nooit te vergeten. Vervolgens gaf pa ons een pak slaag en stuurde ons zonder eten naar bed. Ik weet niet of de straf helemaal evenredig was met het misdrijf, maar het heeft wel gewerkt. Ik heb nooit meer een Watneys-biertje aangeraakt.

Een de Havilland DH 106 Comet, een Hawker Hurricane
en twee kleine jongetjes.

Mijn vaders opvoeding heeft op een aantal punten veel invloed op mij als kind gehad. Door zijn militaire achtergrond was pa gefascineerd door de Tweede Wereldoorlog, en hij had een abonnement op een aantal tijdschriften waarin de geschiedenis ervan beschreven werd. Als ze door de bus vielen, las ik ze altijd van voor tot achter door; gevechtsvliegtuigen uit die tijd herken ik nog altijd aan hun silhouet. Later breidde mijn belangstelling zich uit naar het maken van Airfix-schaalmodellen, en als twaalfjarige spendeerde ik vaak al het geld dat ik met mijn krantenwijk verdiende aan modelvliegtuigjes, -tanks en -schepen, inclusief de onmisbare lijm en verf.

Ik mocht van geluk spreken dat ik überhaupt geld had, want ik was waarschijnlijk de slechtste krantenjongen van de wereld: langzaam, onhandig en altijd aan het lanterfanten. Ik was zo snel afgeleid dat de kranten in het weekend meestal pas rond lunchtijd bezorgd waren. Abonnees begonnen te klagen. Mensen kwamen hun huis uit om te kijken waar ik bleef. Ze hadden het volste recht om

Albert Ridgeley, drummer in de marsband.
Ergens in Duitsland aan het einde van de jaren 50.

boos op me te zijn, zeker de dame die me op een zondagochtend betrapte toen ik in haar garage een slok nam van de mousserende wijn die ze daar had staan. Ik was er gloeiend bij en werd vol schaamte weggestuurd. Heel gek is het niet dat ik later werd ontslagen.

De andere grote invloed die pa op me had, was veel belangrijker – *muziek*.

Pa was drummer geweest in een militaire band van de RAF, en hij en ma stonden erop dat mijn broertje en ik een instrument leerden bespelen. Dus kreeg ik vanaf mijn zevende keyboardles. Thuis hadden we een piano, waar ik op oefende. Ik kwam er al snel achter dat ik behalve het spelen van de stukken in de oefenboeken ook graag zelf muziek schreef. Ik vond het bedenken van mijn eigen melodieen zelfs leuker dan het spelen zelf. Ik zag de piano gewoon als middel om dat te doen. Misschien is het geen verrassing dat ik later van pianoles af ging. Pas in mijn tienerjaren raakte ik weer geïnteresseerd in het instrument, toen ik, gedreven door een nieuwe passie voor muziek, weer liedjes wilde schrijven. Maar het kan niet anders of die eerdere lessen hebben hun vruchten afgeworpen.

Pa's grote trots was een stereo in onze eetkamer, waar hij het liefst naar luisterde door een dure koptelefoon van Sennheiser. Tijdens die zeldzame momenten van stilte in een huis dat omver werd gelopen door twee kleine jongetjes, zette hij zijn hoofdtelefoon op, leunde achterover, deed zijn ogen dicht en verloor zich in de muziek. Maar op zondagavond waren de luidsprekers voor het hele gezin, want dan schoven we er met ons allen omheen voor de top 40. En dan was er geen sprake van grappen maken, dansen of rotzooien. We kregen ons eten op schoot en luisterden op de met vinyl beklede bank naar bands als Sweet, Slade en Alvin Stardust. Het was een wekelijks ritueel dat mijn liefde voor pop en rock-'n-roll heeft bepaald en het idee van muziek als bron van levensvreugde heeft gevormd.

Onze platencollectie was dan misschien beperkt, hij is beslist van invloed geweest. Ik bladerde keer op keer door de verzameling van mijn vader en moeder en draaide muziek van The Beatles, The Everly Brothers en een Rolling Stones-compilatie die *Big Hits (High Tide And Green Grass)* heette met daarop alle vroege singles zoals 'Paint It Black', 'It's All Over Now', '(I Can't Get No) Satisfaction' en 'Get Off Of My Cloud'. De Stones klonken rauw, de muziek kwam uit hun onderbuik; ik werd blij van alles wat ze deden, maar in het rijtje van favorieten moesten ze het toch afleggen tegen platen als *Help!* van The Beatles en de compilatie *Twenty-Five Rock'n'Roll Greats*, waarop nummers stonden als Little Richards 'Tutti Frutti', 'Rock

Around The Clock' van Bill Haley and the Comets en 'Hound Dog' van Elvis. Met de volumeknop op tien danste en jivede ik door de voorkamer, maar alleen als ik zeker wist dat er verder niemand thuis was. Zodra ik de voordeur dicht hoorde vallen, dook ik naar de platenspeler, ging snel zitten en deed alsof ik niet buiten adem was. Halverwege een twist betrapt worden zou dodelijk gênant zijn geweest.

Ik weet niet meer wat het eerste singletje of eerste album was dat ik voor mijn verzameling kocht, maar de bakken met vinyl doorkijken op zoek naar iets waaraan ik mijn zakgeld kon uitgeven, werd al snel een avontuur. *Goodbye Yellow Brick Road* van Elton John was een van mijn eerste gedenkwaardige ontdekkingen. Ik had de plaat gekocht nadat onze buschauffeur hem tijdens een schoolreisje naar de Wye Valley non-stop had gedraaid op zijn supermoderne achtsporenrecorder. De uitvouwhoes, met de illustraties bij elke songtekst die aan de binnenkant was afgedrukt, maakte de plaat extra bijzonder. De tekeningen waren fantastisch: Marilyn Monroe bij 'Candle In The Wind', een pistool bij 'Roy Rogers' en een draak bij 'Grey Seal'. Eltons *Captain Fantastic And The Brown Dirt Cowboy* was nog overdadiger vormgegeven en bevatte drie of vier uitneembare onderdelen, waarvan er één een boekje met de songteksten was en een ander een boekje met tekeningen. Later hoorde ik dat er zelfs een versie bestond met een pop-uphoes.

Yog en ik gingen vaak samen platen kopen. Ik herinner me nog precies hoe we eens op de terugweg op metrostation Golders Green gebogen stonden over de hoes van *Out Of The Blue* van The Electric Light Orchestra uit 1977, met hun grote hit 'Mr Blue Sky'. Als tieners waren we allebei heel erg bezig met het ontwerp van platenhoezen, en ik kon urenlang kijken naar prachtige exemplaren zoals die van *Tales From Topographic Oceans* van progrockband Yes. Hoewel ik nooit een plaat kocht louter en alleen vanwege het ontwerp, kon je ook als je niet zo van de muziek hield wel degelijk waardering hebben voor de surreële kunst. Gelukkig hadden enkele van mijn favoriete bands zowel visuele flair als muzikaal talent. Genesis bijvoorbeeld, waarvan ik dankzij *The Old Grey Whistle Test* op BBC Two óf dankzij mijn vriend Roy, die een behoorlijk esoterische muzieksmaak had (Gong, Genesis en Captain Beefheart behoorden tot zijn favorieten) fan geworden was. Ik was dolgelukkig toen Genesis in 1976 *Wind And Wuthering* uitbracht, met op de voorkant een logo in reliëfdruk, wat de hoes een bijzondere uitstraling gaf. De muziek binnenin was al even goed.

Het duurde niet lang voor ik mijn lievelingsbands ook in het echt ging zien. Mijn eerste optreden was meteen onvergetelijk. Toen Queen in 1977 in Earls Court kwam spelen, ging ik er samen met Roy naartoe. Freddie Mercury maakte een overweldigende indruk op me, ook al stond ik zo ver van het podium als maar mogelijk was. Ik had het geluk de band twee jaar later nog een keer te zien in Alexandra Palace, nu samen met Yog. Ik was volkomen gebiologeerd door Freddie Mercury. Hij ging voor de gelegenheid gekleed in een bodystocking met harlekijnprint. De band speelde al hun grote hits – 'Crazy Little Thing Called Love', 'Fat Bottomed Girls', 'Bicycle Race' – en hoe indrukwekkend Brian May's unieke gitaarspel ook was, Freddie domineerde het optreden met een energie die ik bij geen enkele andere zanger ooit heb gezien, zelfs niet bij Prince.

Genesis was al net zo goed. Ik ging er in 1977 met Yog naartoe om kaartjes aan de deur te kopen. Tot onze verbazing kregen we plaatsen op de derde rij en het podium zag er spectaculair uit. Aan het plafond hingen Varilites, destijds een nieuw soort verlichting, die etherische witte stalactieten projecteerden. Dit was een overgangsperiode voor Genesis, waarin de stijl van de groep meer mainstream werd. Met het vertrek van Peter Gabriel waren ze beduidend minder alternatief geworden en albums als *A Trick Of The Tail* en *Wind And Wuthering* spraken Yog en mij meer aan dan hun eerdere werk.

Ik vond het prachtig om Phil Collins te zien spelen. Te drummen met de energie en stijl die hij had en tegelijkertijd te zingen, was ongelofelijk. Het jaar daarop zagen we hem nog eens, nu in Knebworth. Het was een fantastisch optreden, maar dit keer stonden we 400 meter van het podium en het kon onmogelijk tippen aan de intensiteit van die gedenkwaardige avond in Earls Court.

Als ik thuis een plaat van Genesis of Queen draaide, was ik altijd heel voorzichtig. Pa's stereo was een gekoesterd bezit en even waardevol als de auto of ma's trouwring. Heel breed hadden we het thuis niet. We kochten zelden nieuwe meubels, en dure vakanties waren een luxe die niet voor ons weggelegd was. De stereo was het enige kostbare bezit dat pa had en een van de weinige dingen in huis die heel erg van *hem* waren. Het was een voorrecht hem te mogen gebruiken. Terwijl mijn eigen muzikale smaak zich ontwikkelde, luisterden we nog steeds met ons allen rond de stereo naar de top 40. Maar het plezier daarvan verbleekte bij de donderdagavonden. Om half acht leek het hele land voor de televisie te kruipen om naar *Top of the Pops* te kijken. Het muziekprogramma, paradepaardje van BBC One, was in de jaren 1970 en nog een aantal decennia daarna een must voor iedereen die ook maar enigszins geïnteresseerd was in popmuziek. Zowel bij de familie Ridgeley als in huize Panayiotou werd er enthousiast naar gekeken.

Voor *Top of the Pops*-kijkers waren bands als T. Rex, The New Seekers en ABBA grote trekkers. Queen maakte indruk op me toen ze bij *Top of the Pops* 'Killer Queen' speelden, maar Blondie maakte op een regenachtige februariavond in 1978 indruk op *iedereen* dankzij de verschijning van zangeres Debbie Harry, die gekleed in niets anders dan een oversized rood overhemd en laarzen tot op haar dijen een en al seksualiteit uitstraalde. De volgende ochtend was Blondie op school het enige onderwerp dat het bespreken waard was. En Debbie Harry stond voor iets dat een grote rol zou gaan spelen in mijn leven: ik begon de macht van de popster te begrijpen.

4. Teenage Kicks

Iedere zichzelf respecterende tiener van halverwege de jaren 1970 wist dat de juiste look van levensbelang was voor respect binnen de vriendenkring, om nog maar te zwijgen over de kansen op amoureus gebied. Ik was daarop geen uitzondering. Al lang voor Wham! doorbrak, had ik een voorkeur voor opvallende kleren; ik had een bijzondere garderobe samengesteld die goed paste bij mijn extraverte karakter.

Op mijn dertiende betekende dat nog confectiekleding die in het nabijgelegen Watford verkrijgbaar was. Maar tijdens de tweewekelijkse bezoekjes met ma en Paul begon ik af en toe ook in mijn eentje over Watford Market te struinen, wat de opstap vormde tot een leven vol interessante kledingkeuzes, inclusief enkele betreurenswaardige outfits en al even betreurenswaardige kapsels. De uitstapjes naar Watford waren iets om naar uit te kijken. Op straat en in de winkels was het gezellig druk, vooral aan het eind van de hoofdstraat, waar ik vaak even bleef staan bij de koffiebranderij om de heerlijke geuren op te snuiven die er naar buiten dreven. Het was een kleine oase van individualiteit tussen alle bekende winkels van ketens als Woolworth's, Our Price en Safeway.

Wie ook maar een beetje modegevoelig was, wist dat je de hoofdstraat moest mijden – voor de laatste must-havedesigns moest je op de nabijgelegen markt zijn. En hier beging ik mijn eerste serieuze modeblunder: ik kocht er een opzichtige, flessengroene corduroy broek met hoge taille en vier knopen. Als ik mijn handen in de diepe

Wat was ik hier trots op mijn nieuwe jas in 'wet look'.
Afgaand op Paul's parka zou die er snel nog natter gaan uitzien.

zakken stak, leek het net alsof ik een bochel had. Niet dat ik daar ook maar enigszins mee zat. Mijn vrienden zagen er allemaal even idioot uit. Als we onder de broek ook nog plateauschoenen droegen, vonden we onszelf de coolste jongens uit Bushey.

Sommige aankopen waren extravaganter dan andere. Ik had acht pond gespaard, in 1975 een klein vermogen, voor een paar wijnrode schoenen. Als zich een belangrijke bijeenkomst voordeed, trok ik die aan in de hoop indruk te maken op mijn vrienden of op meisjes die ik zou kunnen tegenkomen. Nog geen half jaar later waren ze alweer uit de mode.

In het leven zoals ik het zag, waren er weinig beren op de weg. Ik liep over van zelfvertrouwen. Waar dat vandaan kwam kan ik niet met zekerheid zeggen, maar mijn thuisomgeving speelde waarschijnlijk wel een rol. Mijn moeder was nog maar achttien toen ze mij kreeg en is later lerares geworden; zij was blijkbaar in staat het leven te nemen zoals het kwam en daar het beste van te maken, wat ongetwijfeld zijn weerslag heeft gehad op mij. In het algemeen kreeg ik thuis alle ruimte om mijn zelfvertrouwen te ontwikkelen en werd ik op geen enkele manier beperkt. Mijn broer en ik mochten ons allebei (binnen aanvaardbare grenzen) uitdrukken zoals we wilden, of dat nu was door modelvliegtuigjes te bouwen, te voetballen, muziek te maken of wat dan ook. En hoewel mijn vader er geen geheim van maakte dat hij opleiding belangrijk vond, werd er op ons geen druk uitgeoefend.

Ik ben er niet zo zeker van dat dat ook gold voor Yog. Zijn vader was een zeer uitgesproken persoonlijkheid, die een vastomlijnd beeld leek te hebben van de manier waarop het leven geleid diende te worden en wat zijn zoon moest doen om iets te bereiken. Dat Yog misschien een gevoeligere jongen was dan ik, kan het effect daarvan alleen maar versterkt hebben. Naarmate ik ouder werd, begon mijn uiterlijk een grotere rol te spelen bij mijn gevoel voor eigenwaarde. Hoewel ik mezelf niet beschouwde als een bijzonder aantrekkelijke jongen, vond ik mezelf ook niet uitgesproken lelijk. Maar toen meisjes me zo rond mijn zeventiende, achttiende opeens zagen staan, begon ik steeds meer in mezelf te geloven. Ik had ook zelfvertrouwen opgebouwd door de manier waarop mensen me behandelden: ik had geleerd altijd beleefd en attent te zijn, met als gevolg dat volwassenen over het algemeen positief op me reageerden. En ik was niet overdreven snel geïmponeerd, wat een zeer nuttige eigenschap bleek toen we een band begonnen. Muzikanten hebben een ijzersterk zelfvertrouwen nodig om zich uit te drukken en hun persoonlijkheid te laten spreken via muziek. Om demo's onder de aandacht te brengen bij een platenmaatschappij of te vragen ergens te mogen optreden, moet je in jezelf geloven. Alleen al een podium op lopen vergt enige schaamteloosheid.

Dus hoewel ik me prima kon uitdrukken, was het niet altijd duidelijk welke boodschap er uit mijn kledingvoorkeur sprak! Aan de andere kant: als het om kleding ging, was ik beslist niet de enige met

Mijn imitatie van Nick Heyward

een probleem. Met zijn bril en weerspannige kuif had Yog vanaf het moment dat hij Bushey Meads Comprehensive binnenwandelde dringende behoefte aan een make-over. De twee voornaamste boosdoeners waren zijn bril, die hij haatte, en zijn haar, dat hij nog meer haatte. Als het nat werd, veranderde het in een ontembare massa weerbarstig kroeshaar, dus regen vormde een groot risico. Voor de bril was misschien makkelijker een oplossing te vinden. Yog was een van de eerste mensen in mijn omgeving die zijn bril verruilde voor contactlenzen; dat hij de verafschuwde 'neusfiets' nu eindelijk kon afwerpen, betekende een doorbraak. Toen hij in 1977 weer in de klas verscheen, was zijn gevoel van eigenwaarde aanzienlijk opgeknapt. Alleen leken de contactlenzen geen invloed te hebben op zijn smaak. Toen hij op een ochtend op school verscheen in een splinternieuwe jas, kon ik niet anders dan concluderen dat hij kleurenblind was.

'Ik vind hem echt heel mooi groen,' zei hij, hoewel iedereen duidelijk zag dat de jas bruin was. Ook de kleur rood leek problemen op te leveren, maar het zou nog jaren duren voor Yog ontdekte dat hij werkelijk kleurenblind was.

Ondanks dit alles hoefde ik Yog op school nooit te hulp te schieten, en hij mij ook niet, zeker niet op de manier die we later beschreven in 'Young Guns (Go For It!)': 'Back off, he's a friend of mine!' Hij had zijn draai gevonden op Bushey Meads en kon het met de meeste mensen goed vinden. We namen elkaar ook zelden op de hak. Ik wist hoe gevoelig zijn haar, bril en postuur lagen, dus 'Yoghurt' was zo'n beetje het gladste ijs waar ik me ooit op waagde. Alleen als het ging om onze kleren, was alles mogelijk.

De Bushey Meads Comprehensive-disco vond een paar keer per jaar plaats. Hij werd gehouden in de aula en was een evenement dat in onze verbeelding de glamour had van Studio 54 in New York of de Roxy in Covent Garden. Het was ook de enige gelegenheid waarvoor we ons helemaal konden uitdossen en daardoor de ultieme graadmeter van wat cool was. Maar respect van je vrienden was niet langer de enige reden om in stijlvolle outfits te investeren. Meisjes waren nu even belangrijk voor ons als de FA-cup of *Star Wars*. We naderden onze vijftiende verjaardag en ons libido draaide overuren. Goed gekleed gaan was plotseling van levensbelang, zeker als de disco aan het eind van de avond zicht bood op een schuifeldans. Heel veel succes had ik daarbij niet, maar dat belette me niet het te proberen.

Er was bij deze gelegenheden één ding dat ontbrak: *Yog*. Hoe ik ook op hem inpraatte, hij kwam zelden, omdat hij zo ver weg woonde. Zijn vader moest vaak tot laat in het restaurant werken en ik begreep dat Jack niet graag taxichauffeur voor zijn kinderen speelde. Dus maakte Yog niet mee hoe zijn schoolgenoten stonden te swingen op de klanken van Chic, Donna Summer, de Jacksons en de Bee Gees onder de armoedige lichtshow van de aula – niet veel meer dan een paar op de muur geprojecteerde zwijgende films en wat gekleurde peertjes om de dj bij te lichten. Yog was nergens te zien. Ik nam me stellig voor om hem mee te slepen naar het volgende feest.

In de maanden die volgden, was disco overal, mede dankzij de met een Oscar bekroonde film *Saturday Night Fever*, die in december 1977 was uitgekomen. De hoofdrol werd vertolkt door John Travolta, de soundtrack was van de Bee Gees en het verhaal speelde zich af in de clubscene van New York. Paraderend door de straten van de stad bracht Travolta's personage de muziek tot leven. De single van de soundtrack, 'Stayin' Alive', had het jaar daarvoor tijdens de schooldisco voor grote opwinding gezorgd en werd grijsgedraaid op de radio en in *Top of the Pops*. Yog en ik vonden het een fantastisch nummer. Het had een bondige energie die absoluut onweerstaanbaar was. Toen kwam in februari 'Night Fever' uit, met een geheel eigen sensualiteit en soepelheid.

Iedereen in onze klas had het over de film. Hij was een sensatie en bood een inkijkje in de wereld van seks, stijl en glamour dat we niet mochten missen. *Saturday Night Fever* maakte iets in ons wakker.

Er was alleen één struikelblok: de film was voor boven de achttien. Gezien het feit dat ik in 1978 amper vijftien was en Yog nog een paar maanden jonger, waren onze pogingen om het personeel van de Empire om de tuin te leiden tot een gênante mislukking gedoemd. Toch zetten we door, in de hoop dat ze erin zouden trappen als we maar voldoende grootsteeds en wereldwijs overkwamen. Eén manier om dat te doen, dachten we, was door te verschijnen met ieder een meisje aan de arm. Op de een of andere manier trok het vooruitzicht van gratis kaartjes, gratis popcorn en onbeperkt frisdrank twee meisjes uit ons jaar over de streep om mee te gaan.

Op de avond van de film was ik heel gespannen. Ik had een clowneske outfit samengesteld, met een abrikooskleurige broek die zo strak was dat zitten een risico vormde, een overhemd met brede kraag en zwarte leren puntschoenen met stalen punten. Ik was volkomen *on trend*. Gezien mijn vertrouwen in de goede afloop van het project, besloten we bij nadering van de Empire dat ik het woord zou doen. Yog en onze handlangsters liepen met een ontwijkende blik achter me aan. Ik stapte naar de kassa, blies me op tot mijn volle lengte en zette een lage stem op.

'Vier kaartjes voor *Saturday Night Fever*, alstublieft...' zei ik en schoof de caissière een briefje van vijf pond toe. Ze keek me over de rand van haar bril aan als iemand die al veel vaker heeft meegemaakt dat minderjarige kinderen zich binnen proberen te bluffen bij een film voor boven de achttien. Ze staarde naar het verfrommelde vijfje alsof het een half opgegeten worstenbroodje was. *Dit gaat niet lukken. Dit gaat niet lukken!* Er dreigde een vroege busrit naar huis. Ik zette een glimlach op en ze lachte terug. Bingo! Ze scheurde vier kaartjes van de rol en knikte naar de ingang van de bioscoop. We hadden ons binnen weten te zwendelen. *Eeuwige roem op het schoolplein gegarandeerd!*

Als de twee meisjes bang geweest waren dat op de achterste rij een onhandige poging tot seksuele verkenning zou plaatsvinden, dan hadden ze zich voor niets zorgen gemaakt. We waren niet in het minst geïnteresseerd. Toen we eenmaal zaten, gingen Yog en ik volkomen in de film op. Nog weken vormde hij in de klas aanleiding tot eindeloze discussies. Bij Yog thuis namen we een aantal melige radiosketches op, geïnspireerd op de film. In onze seksueel geladen tienerfantasie gingen sommige scènes uit de film een heel eigen leven leiden. *John Travolta's personage Tony Manero belandt met een meisje op de achterbank van een auto. Hij rommelt wat onder haar jurk en komt er dan achter dat ze eigenlijk een jongen is!* Het was allemaal behoorlijk kinderachtig, maar op dat moment vonden we het hilarisch.

Muzikaal gezien was *Saturday Night Fever* een bevrijding. Het zorgde ervoor dat dansen ook voor mannen een aanvaardbare bezigheid werd en bood de gelegenheid dichter bij vrouwen te komen – in alle opzichten. Tot dan toe werd dansen beschouwd als tamelijk ongepast voor een viriele man. *Saturday Night Fever* bracht daar verandering in. Opeens was het cool om als jongen op de dansvloer te staan. Vol nieuwe moed na ons succes bij de Empire babbelden Yog en ik ons vervolgens voorbij de portiers en tot op de dansvloer van de plaatselijke clubs. Later, toen ons zelfvertrouwen nog groter geworden was en de aandacht van onze ouders minder, gingen we naar obscure kelders in de West End, die allemaal meeliftten op het succes van Studio 54 en *Saturday Night Fever*. De zomer van 1978 brak aan. De punk bood een alternatieve uitlaatklep voor tienerhartstochten, maar wij waren verslingerd aan disco. In het jaar dat volgde, was er niets dat Johnny Rotten of Joe Strummer kon zeggen of grommen om ons daarvan af te brengen.

Het enige wat ik nog nodig had, was een vriendin. Dus toen mijn klasgenootje Jody me uitnodigde voor een feestje bij haar thuis, en ze tijdens wiskunde nog een aantal blikken over haar schouder wierp, zag ik mijn kans schoon. Ik vond Jody heel leuk, en Yog en ik verheugden ons op het feestje. Het idee was dat hij daarna bij mij zou blijven slapen. Op de bewuste avond had ik me schitterend uitgedost: een perzikkleurige broek van dunne ribstof, die er wel op gespoten leek te zijn, en een flinterdunne perzikkleurige angorawollen boothalstrui. De outfit was voor een jongen uit de voorsteden in die tijd beslist op het randje van acceptabel. Wat mijn ouders precies dachten toen ik van huis ging, weet ik niet. Ik denk niet dat mijn moeder zich al te druk maakte. Mijn vader vond het waarschijnlijk een gruwel. Eenmaal bij Jody thuis dronk ik wat uit een fles Bacardi, kletste met vrienden en begaf me tussen de dansende stelletjes, die al enigszins aangeschoten waren van de cider en shotjes. Plotseling pakte Yog me bij mijn arm. *Hij moest me iets vertellen.*

'Andy, ik weet niet hoe ik dit moet zeggen,' zei hij met een wat onbeholpen uitdrukking op zijn gezicht. 'Het gaat om mijn vader en moeder. Ze willen niet meer dat je bij me thuis komt...'

Ik schoot in de lach. Even dacht ik dat hij een grapje maakte. Je hoefde niet helderziend te zijn om te weten dat Lesley me in eerste instantie niet zo zag zitten, maar ik was inmiddels gesteld geraakt op Yogs moeder en zij op mij. Helaas wist ze ook dat ik voor afleiding kon zorgen, vooral omdat mijn houding ten aanzien van onderwijs heel anders was dan die van Yog. Hij deed zijn best: het zag ernaar uit dat hij het komende jaar de hoogste O-levelcijfers zou halen. En zijn ouders meenden dat hij uiteindelijk best op een redelijke universiteit terecht zou kunnen komen, als hij maar op het rechte pad wist te blijven. *Geen afleiding, geen negatieve invloeden.* En daar viel ik nu blijkbaar ook onder.

'Het punt is...' vervolgde hij. 'Als je niet bij mij thuis mag komen, moet ik misschien ook maar niet bij jou komen.'

Ik was totaal overdonderd. '*Wat?*'

Yogs logica ontging me. Maar voor ik de kans kreeg ertegen in te gaan, liep hij schouderophalend weg en verdween in een tuin vol dansende tieners. Ik stond perplex. Het ene moment stond ik me nog uitstekend te vermaken op een feestje, te dansen en ongein uit te halen, het moment daarop werd me verboden mijn beste vriend nog te zien. Yog had een mokerslag uitgedeeld, een die bedoeld was om ons uit elkaar te slaan – en dat ook nog met de zomervakantie voor de deur. Aangeschoten als ik al was, zette ik het in mijn verdriet nog harder op een drinken. Niet lang daarna zat ik onderuitgezakt tegen de keukenmuur en legde in tranen aan een andere goede vriend uit wat er was gebeurd, en ook, iets gênanter, aan Jody's moeder. De avond eindigde in één groot traumatisch waas. Mijn laatste concrete herinnering aan het feestje is dat ik van het midden van de straat werd weggesleept door de vader van Anthony Perkins – die politieagent bleek te zijn – tot een hand me bij mijn arm pakte en meetrok.

Tot mijn verbazing was het Yog.

'Kom, Andy,' zei hij meelevend. 'Laten we zorgen dat je thuiskomt.'

Het was drie uur 's nachts. De straten van Bushey waren uitgestorven, maar samen waggelden we naar huis, ik geduldig op sleeptouw genomen door Yog. Toen we het huis eindelijk binnenslopen, werd het al licht. Ik had een flink deel van de thuisreis doorgebracht in de bosjes en de Lieve Heer daarbij gesmeekt om een snelle en genadige dood, maar toen ik in de gang in de spiegel keek, zag ik er relatief ongeschonden uit. Dat kon ik van Yog niet zeggen. Zijn kleren zaten onder de viezigheid en troep en slobberden als een lappendeken van gebruikte theedoeken om hem heen. De geur die hij afgaf, was ook niet bijzonder aangenaam.

'Tjemig, dat was wel een ruige avond,' zei ik met een grijns.

Yog bekeek me van onder tot boven en schoot in de lach. 'Andy, hoe krijg je het voor elkaar.'

Ik haalde mijn schouders op. 'Hoe bedoel je?'

'Kijk ons nou! Zelfs als ik uitga in een smoking, zie ik er na afloop uit als een zwerver in pyjama. *Maar jij?* Jij hebt de afgelopen twee uur door de bosjes gekropen en elk haartje zit nog op z'n plek...'

Dat was zo. Hoewel ik wel een emotionele deuk had opgelopen. Maar Yogs hartelijkheid op de terugweg zei toch wel iets over onze vriendschap: we waren elkaars beste vriend, wat zijn ouders ook zeiden, en het zou ze heel wat moeite kosten om ons uit elkaar te rukken. Daar was ik meer dan ooit van overtuigd.

En dat gold ook voor Yog.

5. **Girls! Girls! Girls!**

De zomer van 1978 zou in ons aller leven een vormend hoofdstuk blijken. Mijn klasgenoten en ik stapten een wereld binnen van discohits, beschonken feestjes en seksuele verkenningen. Het was alsof alle aandacht van de ene dag op de andere gericht was op seks. Onze gemeenschappelijke ontdekkingsreis stond op het punt te beginnen. In de klas was de seksuele spanning bijna tastbaar en nu de vakantie naderde, kregen de jonge lusten vrij spel.

Tijdens de lange zomervakantie was er altijd wel ergens een huisfeestje. De meeste ouders van onze klasgenoten leken er merkwaardig weinig moeite mee te hebben dat het huis tijdens hun afwezigheid dienstdeed als feesttent. Toestemming werd verleend op voorwaarde dat het huis niet afgebroken werd en niemand zijn maag zou hoeven laten leegpompen. Als iedereen was uitgenodigd, kwam daar dan een enorme bende aanzetten om te drinken, te dansen en het andere geslacht hopelijk een heel stuk beter te leren kennen.

Naast alle gefoezel en eenmalig geflirt op feestjes, werd daten voor iedereen van onze lichting op Bushey Meads een steeds groter onderdeel van het leven. Voor iedereen – behalve Yog en mij, dan. Hoe ik ook mijn best deed, ik kon maar geen vriendin krijgen. Voor mij waren klasgenoten als Katie, Lara, Anna en Charlotte nu minstens zo sexy als de meisjes van Pan's People. Er was keuze genoeg. Uiteindelijk leek ik tijdens een schoolreisje naar de Wye Valley het geluk aan mijn zijde te hebben, toen Charlotte me aanmoedigde een hand onder haar truitje te steken. Bij een andere gelegenheid, tij-

dens een feestje, maakte Nina uit 4A2 me duidelijk dat ze het echt met me wilde doen. Aangezien ik tijdens al mijn dagdromen nooit verder was gekomen dan de wens om even te mogen voelen, werd ik door Nina's directheid volledig overrompeld. Ik mompelde een of ander onnozel excuus, vluchtte en liep me de rest van de avond in verwarring te schamen.

Dan waren de pornoblaadjes die Yog in het veld achter zijn huis had gevonden een veiliger manier om mijn tienerlibido aan te wakkeren. De eigenaar had een ruime selectie eersteklas literatuur verzameld, met onder meer de *Club International*, *Mayfair* en *Men Only*, en die bewaard in een blik. Wekenlang verscholen we ons tussen het koren en de gerst om ze onze onverdeelde aandacht te geven. Als vervolg daarop besloten we een paar toegankelijke erotische films te gaan zien. We begonnen met *The Stud* in de Odeon in Watford, gevolgd door *Emmanuelle* in de Empire, een film over een Française die naar Bangkok vertrekt. Wat ons vooral interesseerde, was wat ze deed toen ze daar eenmaal was. En toch, deze erotische films mochten dan nog zo'n verbetering zijn ten opzichte van het drukwerk, een beetje teleurstellend waren ze wel.

'Die films zijn wel wat braafjes,' zei ik tegen Yog. 'Volgens mij moeten we iets heftigers proberen.'

Hij was even in verwarring. 'Hoe bedoel je?'

'Nou, in de rosse buurt van Soho zijn allerlei seksfilms te zien. Waarom proberen we daar niet eens een bioscoop binnen te komen?'

Verder aandringen was niet nodig, dus maakten we samen een uitstapje naar Londen. En naar de Triple-X Cinema. Het was precies wat je verwachtte van een armoedige tent gespecialiseerd in pornofilms: smoezelig, vervallen en vol mannen in regenjassen die in hun stoel zaten te friemelen. Ik vermoed dat het niet de eerste keer was dat de man van de kaartverkoop twee nerveuze tieners voor zich had. Naar de blik op zijn verweerde gezicht te oordelen had hij zo'n beetje alles al eens meegemaakt. Het was ons al snel duidelijk dat sommige bezoekers de film zagen als een interactieve gebeurtenis. We vonden het allemaal maar benauwend en vertrokken bijna net zo snel weer als we gekomen waren.

Maar het Soho van de seventies had nog meer verleidingen te bieden: schimmige boekwinkels, steegjes die gloeiden van de neon, en deuropeningen die dansshows, striptease en, in één geval, live seksshows beloofden. *Mannen en vrouwen die het in levenden lijve doen, voor uw ogen?* Het idee alleen al was fantastisch. We benaderden de portier, die ons doorverwees naar de bar in de kelder. Dat we allebei overduidelijk net uit de korte broek waren, vond hij blijkbaar geen bezwaar. We waren net gaan zitten, toen een hostess in korset en kousen kwam vragen of we iets wilden drinken. Aangezien we ons geld verdienden met krantenwijken en autowassen, sloegen we het aanbod af.

'Sorry, schat, zo werkt dat niet,' zei ze. 'Huisregels. Elke klant moet een drankje kopen. Ieder eentje, plus een glas champagne voor de hostess, en dat ben ik. Alles bij elkaar voor twintig pond. Dus wat zal het zijn?'

Ik kuchte zenuwachtig. 'Eh, ik denk dat we ons vergist hebben. We zitten in de verkeerde zaak. Sorry voor de verwarring. We gaan al...'

Ogenblikkelijk voelde ik een hand op mijn schouder. De portier stond dreigend naast ons. Zijn postuur had veel weg van een Londense telefooncel.

'Jongens, als jullie de club op de gebruikelijke manier willen verlaten, zou ik die vriendelijke dame eerst betalen,' zei hij.

Alles in aanmerking genomen leek het een bescheiden prijs. Verlost van ons geld en zonder ook maar een glimp van de actie gezien te hebben, vertrokken Yog en ik, met onze waardigheid in duigen, maar verder alles nog genadig intact.

Het moment was aangebroken dat ik samen met Yog zou beginnen aan de laatste twee jaar van de middelbare school, want ik had nu mijn O-levels in Engels, natuurkunde, biologie en kunst gehaald, plus een certificaat in wiskunde. Ik had besloten door te gaan voor A-levels in Engels, aardrijkskunde en sociologie. Maar veel maakte dat eigenlijk niet uit, want mijn werkelijke interesse lag heel ergens anders. Ik was tot de conclusie gekomen dat de wereld van de semilegale onzedelijkheid niks voor mij was en verlegde mijn aandacht weer naar meisjes die dichterbij stonden dan die in de onderwereld van Soho. Ik had enkele minieme aanwijzingen dat er voor mij hoop gloorde aan het datingfront. Maar voor Yog verliep het hele proces vrij ontmoedigend. Hij had zichzelf geen dienst bewezen met de dappere aankoop van een strakke groene broek. Hij leek te denken dat de broek al zijn dromen waar zou maken. In werkelijkheid zou iedere weldenkende vrouw er gegarandeerd van op de vlucht slaan. Toen we na een avondje uit dronken naar huis liepen, gaf hij uiteindelijk snikkend uiting aan zijn frustratie.

'Ik had mijn nieuwe broek aan en helemaal niemand heeft er iets van gezegd,' jammerde hij. 'Ik zal er wel belachelijk uitzien!'

Maar al snel was er beter nieuws voor Yog op het liefdesfront. Zonder dat we het doorhadden, bleek er iemand te zijn die zich niet liet afschrikken door zijn onbegrijpelijke kledingstijl. Lesley was een aantrekkelijk meisje met lang, steil bruin haar dat sinds Yogs komst naar Bushey Meads bij ons in de klas had gezeten. Nu, in de vijfde, trok ze opeens ieders aandacht dankzij een mate van lichamelijke ontwikkeling die voorliep op die van haar leeftijdgenoten. Ze was leuk gezelschap en had een snel gevoel voor humor. Ik had al jaren een oogje op haar, maar in mij had ze nooit de minste interesse getoond. Zodra Yog in de buurt was daarentegen, kreeg ze iets onnozels, en hij hoefde maar een flauw grapje te maken of ze begon hysterisch te lachen. En toen onze vriend Tom een huisfeestje gaf, zagen Yog en Lesley hun kans schoon.

Tom woonde iets buiten het plaatsje en had bij wijze van noodopvang een grote tent in de tuin gezet. Die kon dienen als tijdelijk onderdak voor wie niet meer naar huis kon, en als veldhospitaal voor wie het wat had overdreven. Wetende dat ik mijn ouders de volgende ochtend pas onder ogen hoefde te komen, zette ik me enthousiast aan het drinken en flirten.

Het duurde niet lang voor ik in de tent annex veldhospitaal belandde, als slachtoffer van een bijzonder gemene Franse vermouth. In een poging lekker te gaan liggen, propte ik mijn hoofd in een kleine opening tussen het grondzeil en het canvas. Toen ik opkeek, zag ik een bekende figuur staan kronkelen tegen Toms garagedeur. Het was Yog! Hij was verstrengeld in een omarming met Lesley en had zijn handen overal. Oké dan, dacht ik, goed werk. Ik moet toegeven dat ik een beetje jaloers was, maar ik nam mijn petje af voor het succes van mijn vriend. Mijn beste maatje had het schijnbaar onmogelijke voor elkaar gekregen.

Yog had een vriendin.

Hoeveel lol we buiten school ook hadden, het leven in de vijfde klas werd steeds saaier. En ik was tot de conclusie gekomen dat ik maar één ding wilde in mijn leven: *een band beginnen.*

Ik had niets te verliezen. Gezien de toestand van het land in 1979, zag het leven na school er behoorlijk ontmoedigend uit. Engeland was een puinhoop, de voorpagina's stonden vol met nieuws over stakingen en de straten lagen vol afval. Alleen de ratten hadden het naar hun zin. Dat het groeiende leger werklozen een nationale crisis begon te vormen, hielp ook niet echt – iedereen was pessimistisch over de toekomst. Een band beginnen bood een uitweg. En je hoefde ook geen topmuzikant te zijn om ambities te koesteren. Punk had bewezen dat iedereen gitaar kon spelen – je had maar drie akkoorden nodig.

Als gevolg hiervan verbreedde mijn horizon zich. Op mijn negende leek het me leuk om een Concorde te besturen. Op mijn zestiende wilde ik alleen nog maar muziek maken; in een band spelen, nummers schrijven, platen maken en optreden voor het soort publiek dat ik had gezien in Earls Court, Alexandra Palace en Knebworth. Bands als The Specials en The Jam gaven de stemming in het land goed weer. Tegelijkertijd was ik het vertrouwen in de discoscene kwijtgeraakt, nu die zijn inspiratie bij de soulmuziek leek te zoeken. Toen McFadden & Whitehead in 1979 'Ain't No Stoppin' uitbrachten, voelde dat als een teleurstellend keerpunt. Jemig, wat gebeurt hier?, dacht ik bij mezelf, waarop ik mijn heil elders ging zoeken. Punk had me in 1977 even geprikkeld, maar meer vanwege de levenshouding dan vanwege de muziek. Het waren de opvolgers van punk die mijn kijk op muziek voorgoed veranderden.

New wave had alle energie van punk, maar dan zonder de onaangenaam agressieve toon. Bands als XTC, The Pretenders en Squeeze volgden een veel melodischere aanpak. Hier waren echte songwriters aan het werk en hun nummers waren even harmonieus als de muziek van The Beatles en The Everly Brothers, waar ik als kind naar geluisterd had. Toen 'Pump It Up' van Elvis Costello de eerste keer uit mijn radio kwam denderen, was ik net zo overdonderd als eerder van Elvis Presley's 'Jailhouse Rock'. Elke avond waren er weer spannende nieuwe bands op de radio te horen; groepen als The Police, U2 en The B-52s waren voor Yog en mij een openbaring. Ook de skarevival en de Engelse reggaescene, met Steel Pulse en hun album *Handsworth Revolution* voorop, waren een inspiratie. Het was een rijk en opwindend hoofdstuk in de geschiedenis van de hedendaagse Britse muziek, een inspiratiebron voor enkele van de grootste popartiesten van eind twintigste eeuw. Wham! was er daar een van.

Misschien waren er op Bushey Meads wel meer die het een leuk *idee* vonden om in een band te spelen, Yog bijvoorbeeld, maar ik geloof niet dat ik iemand ooit heb horen zeggen dat het een brandend verlangen was, terwijl het voor mij, al schreeuwde ik het niet van de daken, zo langzamerhand mijn enige doel in het leven was. *Ik moest muziek maken.* En het stond als een paal boven water dat ik dat met Yog ging doen. We zaten zo op één lijn als het ging om pop en rock – en het leven in het algemeen – dat het ondenkbaar was dat hij niet mee zou doen, al had ik nooit het gevoel dat zijn ambitie even groot was als die van mij. Ik geloof niet dat Yog op dat moment enig idee had van de omvang van zijn talent – net zomin als ik.

Welke muzikale aspiraties hij ook mocht hebben, hij leek niet van zins alles opzij te zetten om die na te jagen. Toen we veertien waren, had ik voor het eerst geopperd om samen muziek te maken, en later, eenmaal bezig voor onze O-levels, had ik voorgesteld een band te beginnen. Maar met de examens in het vooruitzicht vond hij het belangrijker om zich te concentreren op school.

'Volgend jaar, Andy,' had hij gezegd. 'Laten we eerst dit jaar afmaken...'

Ik vond het niet leuk om te moeten wachten, maar die paar maanden school hadden mijn enthousiasme niet bekoeld. Ik wilde nog steeds niets liever dan samen met Yog muziek maken. Hoewel het *idee* om alles opzij te zetten voor de muziek hem wel aansprak – en ik had hem er bijna non-stop over aan het hoofd gezeurd – ging hij niet graag tegen de wensen van zijn ouders in. Als het erop aankwam, was het heel wat makkelijker om nee te zeggen tegen mij dan tegen Jack en Lesley. En dus werkte Yog, met de verwachtingen van zijn familie zwaar op zijn schouders, onvermoeibaar verder aan het behalen van de juiste cijfers en beloofde hij me dat we nummers zouden gaan schrijven zodra de A-levels binnen waren.

Terwijl ik wachtte op Yog, gebeurden er andere dingen die leidden tot de oprichting van mijn eerste band. Mark Chivers, een vriend sinds de kleuterschool, was na een verblijf op kostschool teruggekeerd naar Bushey. Bij zijn stiefvader thuis aten we warme beboterde *crumpets* en liet hij me kennismaken met Joy Division. Hun geluid was een openbaring en ik was enorm onder de indruk van hun originaliteit en de verpletterende zielsangst in de zang van Ian Curtis; na het eerste nummer, 'Disorder', met Bernard Sumners stemmige, *ambient-guitar*spel, was ik verkocht. Toen ik de muziek daarna aan Yog liet horen, was ook hij geraakt. Joy Division zou voor ons uitgroeien tot een soort toetssteen, omdat hun sound zo uitgesproken anders was dan alles wat we tot dusver hadden gehoord. *Unknown Pleasures* en hun tweede album, *Closer*, werden twee van mijn dierbaarste lp's aller tijden.

Niet alleen liet Mark Chivers me kennismaken met nieuwe geluiden, hij was ook op andere manieren van invloed. Na zijn terugkeer in Bushey had hij met een paar oudere vrienden uit de buurt een poppy, postpunkband opgericht, The Quiffs. Ze oefenden regelmatig in het huis van zijn stiefvader in Bushey Heath en ragden er dan een aantal door gitaren voortgestuwde nummers uit. Hun muziek was behoorlijk goed, maar ook het rebelse van hun *gang*-mentaliteit trok me aan. *The Quiffs waren een team.* De camaraderie die ze uitstraalden als ze muziek maakten, titels voor nummers bedachten en fantaseerden over de dag dat ze misschien ooit mochten optreden op een legenda-

risch punkpodium als 100 Club in Oxford Street, was aanstekelijk. Het bijwonen van hun repetities wakkerde mijn eigen ambitie aan.

Bands als The Quiffs vormden vaak het middelpunt van een bepaalde sociale kring. Ze waren cool om mee om te gaan. The Three Crowns in Bushey High Street werd het centrum van ons sociale leven met The Quiffs. Op vrijdagavond was de ruimte één deinende zee van vrienden, veel van ons minderjarig. Ik heb er waarschijnlijk net zo veel muntjes van 50 pence in de jukebox gestopt als ik er ooit aan bier heb uitgegeven. Op een van de kroegavonden hoorde ik dat The Quiffs een probleem hadden: Mark had al een tijdje moeite een vaste drummer te vinden en net nu er een belangrijk optreden aankwam, had ook hun laatste aanwinst zijn biezen gepakt. Als hij geen vervanger kon vinden, legde hij uit, moesten ze het afzeggen.

Ik kreeg opeens een idee. 'Wat dacht je van Yog?' vroeg ik.

Mark luisterde naar mijn enthousiaste betoog over zijn talent, zijn timing en zijn *feel*. Uiteindelijk wist ik hem te overtuigen, hoewel ik Yog vanwege de regels die in huize Panayiotou golden ten aanzien van geluid, nooit *echt* tekeer had zien gaan op zijn drumstel. Maar in mijn ogen was het feit dat hij een drumstel in zijn kamer had voldoende bewijs dat hij er goed mee uit de voeten kon.

'Goed, breng hem maar mee naar een repetitie,' zei Mark. 'Wat kan het voor kwaad?'

Behoorlijk wat, bleek. The Quiffs wezen Yog na één bijeenkomst unaniem af. Niet vanwege enige ritmische tekortkomingen, maar puur op basis van zijn uiterlijk. Hij was absoluut niet 'anti-establishment'. Niets aan Yogs verschijning wees erop dat hij uit hetzelfde hout gesneden was als een lid van de Talking Heads of Siouxsie and the Banshees. Terwijl The Quiffs nu juist een coole 'kunstacademie-vibe' wilden uitstralen. Hoewel Yog het tijdens de auditie goed had gedaan, kon hij daar met geen mogelijkheid aan voldoen, gewoon omdat hij anders was. Toen Mark uitlegde waarom Yog niet tot bandlid verkozen was, was hij vreselijk ontdaan.

'Trek het je niet aan,' zei ik toen we na afloop naar huis liepen. 'Heel stom van ze. Daar gaan ze nog spijt van krijgen.'

En dat geloofde ik echt.

Waar ik niet op gerekend had, was het effect dat het besluit van The Quiffs had. Yog was altijd gevoelig geweest ten aanzien van zijn uiterlijk, zelfs voor een onzekere puber. En hoewel hij zijn twijfels over zijn haar, gewicht en kleding behoorlijk goed wist te verbergen, gaf Yog later toe dat de afwijzing een enorme klap voor zijn kwetsbare zelfvertrouwen was geweest. Ik wist wel dat hij er destijds wat ongelukkig over was, maar jongens van die leeftijd beschikken niet bepaald over grote voorraden emotionele intelligentie – en dat gold ook voor mij. Hoe verdrietig hij echt was, had ik niet gezien. En heel egoïstisch was ik ook een beetje opgelucht over de pijnlijke afwijzing. Ik had het idee mijn potentiële songwriterpartner te verliezen aan een andere band, niet onder ogen willen zien. Of The Quiffs de vergetelheid waar ze op afstevenden bespaard was gebleven als ze Yog wél hadden aangenomen, zullen we nooit weten. Wat Yog en mij betreft: ons leven nam kort daarna een heel andere vlucht.

6. **Rude boys**

Alles was veranderd. *Ik ging een band oprichten.* En Yog deed mee, of hij het nu leuk vond of niet. Wat mij betreft stond niets ons meer in de weg. We waren jong, we hadden dezelfde ambities en mijn enthousiasme was genoeg voor twee. Mijn zelfvertrouwen ook. Dankzij mijn pianolessen van een paar jaar terug wist ik dat ik keyboard zou kunnen spelen – tot op zeker niveau tenminste – en Yog had zijn drumstel. Samen zouden we wel een manier vinden om nummers te schrijven. Yog bleef volhouden dat de muziek moest wachten tot na het eindexamen, maar zijn woorden strookten niet helemaal met zijn gedrag. Ondanks zijn verhaal dat school op de eerste plaats kwam, nam hij af en toe de trein naar Londen om daar in metrostations te zingen, op gitaar begeleid door onze gemeenschappelijke vriend David Mortimer.

Toen Yog en ik kaartjes kochten voor Genesis in Knebworth, had David gevraagd: 'Waar ga je precies voor? De muziek, de meiden of de knokpartij?' Maar ondanks zijn soms wat machoachtige gedrag was David een leuke jongen, vlug van begrip en met een oprechte liefde voor muziek. Bovendien was hij Yogs oudste vriend, dus hij kon wel een potje bij me breken.

Terwijl Yogs studiezin misschien eventjes aan het wankelen was gebracht, had ik een moord gedaan voor verandering van omgeving. Ik was op geen enkele manier van plan mijn jaar op Bushey Meads af te maken. Het bestaan in de bovenbouw was niet het bruisende sociale leven waarop ik had gehoopt, en al snel werd ik heel bedreven in de kunst van het spijbelen: ik wist de handtekening van mijn moeder deskundig te vervalsen door een oud briefje van haar over te trekken met een lege balpoint. Als ik daarna de afdruk in het papier volgde met een vulpen, leverde dat een zeer geloofwaardige handtekening op die mijn leraren niet konden wegredeneren. Maar na een paar maanden kon ik niet meer om de waarheid heen. Sinds de school in september weer begonnen was, had ik helemaal niets uitgevoerd. Ik had er genoeg van, en dus benaderde ik mijn klassenlerares met het nieuws.

'Ik ga van school,' zei ik voor aanvang van de les na de kerstvakantie.

'O, dat is goed, Andrew,' antwoordde ze. 'Want we wilden je toch al vragen om te gaan.' Ik zou duidelijk niet gemist worden.

Oké, dacht ik. Maar ik was je voor, ouwe taart.

Lang kon ik hier niet bij stil blijven staan. Als ik oorlog met pa en ma wilde voorkomen, moest ik zorgen dat ik tijdens het oprichten van mijn band nog een tijdje een of andere opleiding deed. Ik belde het Cassio College, een verzameling moderne schoolgebouwen op het oude landgoed Cassiobury. Nadat ik mezelf binnen had weten te kletsen, mocht ik daar drie A-levels gaan doen: in Engels, sociologie en aardrijkskunde. *Mits* ik een proeftijd van drie maanden wist te doorstaan. Daar kon ik zonder problemen mee instemmen, aangezien ik niet in het minst geïnteresseerd was in het behalen van die A-levels. Mijn enige doel was nu om Yog ervan te overtuigen een band met me te beginnen.

Nu ik was aangenomen bij Cassio, belde ik hem thuis op.

'Yog,' zei ik. 'We gaan een band oprichten.'

Hoewel hij in eerste instantie tegensputterde, wist Yog dat hij weinig keus had. Ik was zo vol vertrouwen en zo vastbesloten dat hij geen kans maakte. Ik ging een band oprichten en hij deed mee – einde discussie. Maar hoewel ik hem voor het blok zette, wist ik dat ik in principe een gewillige handlanger had. Uiteindelijk zwichtte

Yog, en toen hij eenmaal besloten had om mee te doen, deed hij dat ook met hart en ziel. Ik wist dat hij nummers wilde schrijven en zingen, zijn talent en liefde voor de muziek wilde ontwikkelen. Ik gaf hem alleen maar, op wat later voor ons beiden een beslissend moment bleek te zijn, het laatste zetje in de goede richting.

Kort daarna viel alles op zijn plek. David Mortimer, Yogs medestraatmuzikant, sloot zich aan bij de formatie, samen met nog een gitarist, Andy Leaver, die bij mij in de straat woonde. Mijn broer Paul had zojuist voor Kerstmis een drumstel gekregen en werd er ook bij gehaald. We spraken af dat Yog en ik de band zouden leiden. Als zelfbenoemde frontmannen zouden wij de zang voor onze rekening nemen, terwijl ik dankzij die zo belangrijke pianolessen ook keyboard zou spelen. Hoewel dat uiteindelijk meer van pas kwam bij het schrijven van nummers dan tijdens liveoptredens.

Vanaf dat moment hield ik de agenda bij en regelde ik samenkomsten en een repetitieruimte. Aanvankelijk was dat vaak het huis van onze ouders. Pa en ma waren zo dapper om ons huize Ridgeley in gebruik te geven, op voorwaarde dat alle bandleden in gelijke mate verantwoordelijk waren. Maar hoewel de eerste repetitie plaatsvond in Yogs huis, werd Andy Leavers huis de favoriete locatie, vooral omdat zijn vader een elektrisch orgel had: een keyboard was het enige instrument dat nog ontbrak in onze formatie. Onze ouders hielpen vaak om onze beperkte uitrusting in en uit verschillende woonkamers en kerkgebouwen te slepen, en ze deden dat goedgehumeurd tot we een permanentere oefenruimte vonden.

In de nummers die we schreven, klonk duidelijk onze gedeelde liefde voor ska en reggae door. En de film *Quadrophenia* uit 1979 had ons wat stijlideeën opgeleverd. De film, een verhaal over Mods en Rockers op het strand van Brighton, was prachtig vormgegeven. Iedereen ging gekleed in strakke, simpel gesneden pakken, een look die in trek was bij The Jam en verschillende skabands, vooral bij The Specials. Ik wist vrij weinig van de Mod-scene uit de jaren zestig, maar ik vond de gedistingeerde nieuwe verschijning heel aantrekkelijk na de vormeloosheid en veiligheidsspelden van de punk. Ook *Saturday Night Fever* klonk erin door. In beide films had de hoofdpersoon van maandag tot en met vrijdag een geestdodend baantje en leefde hij alleen voor het weekend. Daar herkende ik me wel in. Tijdens mijn lessen op het Cassio College verheugde ik me voortdurend op mijn vrijdagavond in de Three Crowns. Het duurde niet lang of ik had een groene parka aangeschaft, zoals Phil Daniels die in *Quadrophenia* droeg.

Hoewel onze nieuwe band nog niet eens een naam had, gingen we al als routiniers met elkaar om. We riepen onophoudelijk beledigingen naar elkaar, en repetities ontaardden steevast in schreeuwpartijen. Dave stond, zoals alle gitaristen, eindeloos te improviseren. Mijn broer leek in plaats van gewoon het ritme aan te geven voortdurend op alle trommels tegelijk te willen slaan, een gewoonte waar Yog en ik dol van werden. Ik vond het heel leuk om te zingen en was vol vertrouwen in mijn kunnen en dat van onze band. En ondanks alle gekibbel nam mijn vertrouwen in de band toe naarmate we meer nummers schreven. Ik kan me nu niet meer voorstellen waarom. Ik had op school weleens in een toneelstuk gespeeld, maar nooit in het schoolkoor gezongen of opgetreden tijdens de jaarlijkse variétéshow. De enige bijdrage daaraan die ik me herinner, was een sarcastisch gesprek met Yog over de poging van een vriend om een paar covers van Genesis te spelen. En toch vond ik dat *onze* band anders was.

Destijds wees niets erop dat Yogs stem zou uitgroeien tot iets prachtigs. Aanvankelijk had zijn zang niet al te veel persoonlijkheid. Hij zong goed, dat wel, maar van zijn latere bereik en techniek was nog niets te merken. Persoonlijk én als zanger moest hij zich nog ontwikkelen. Hoewel hij zangers als Freddie Mercury en Elton John kon nabootsen, kon hij zich niet met hen meten als het ging om kracht of zelfvertrouwen. Die artiesten hadden een overtuiging en

Een zeldzame, vroege foto van een repetitie van The Excecutives.

Een hele vroege foto van The Excecutives, nog met z'n zessen.
George staat rechts, ik ben de tweede van links.

een charisma die Yog bij zichzelf nog moest ontdekken. Toch leek hij zich ook toen al thuis te voelen achter de microfoon.

Misschien hielp het dat we samen frontman waren van de band, want tijdens die eerste sessies was sprake van dezelfde chemie tussen ons die er op school en tijdens onze vriendschap was geweest. Bovendien bleken onze stemmen te harmoniëren, ook al was dit de eerste keer dat we serieus samen zongen. We hadden het weleens eerder geprobeerd, tijdens de vele uren die we in Yogs slaapkamer doorbrachten, maar nu ging het er echt om. We leken als duo onmiddellijk een krachtige en energieke uitstraling te hebben. We zongen samen het refrein en om beurten een couplet. Sommige nummers zongen we van het begin tot het eind samen, of meerstemmig. Het voelde van begin af aan goed. Ik had Yog eindelijk zover dat hij in een band zat. We waren samen muziek aan het maken. Ik was best tevreden met mezelf.

In de beginperiode namen we naar elke repetitie een cassetterecorder mee om onze nummers op te nemen. Een van de eerste nummers, 'Rude Boy', was beïnvloed door onze favoriete skabands. Yog en ik zongen de tekst op een stevige reggaebeat:

Rude boy, rude boy,
Naughty rude boy,
This ain't your party,
No one invited you.

In onze hoofden was het een gegarandeerde hit en vanaf dat moment schreven we snel, zeker één nieuw nummer per sessie. 'The Executive' was het volgende, met een tekst over de eentonigheid van een kantoorbaan. En dan mochten we nog van geluk spreken. Als de band geen daverend succes werd, was een uitkering waarschijnlijker. Maar we waren tevreden met de pakkende titel van het nummer en het enigszins wereldse beeld dat die opriep.

We werden The Executive.

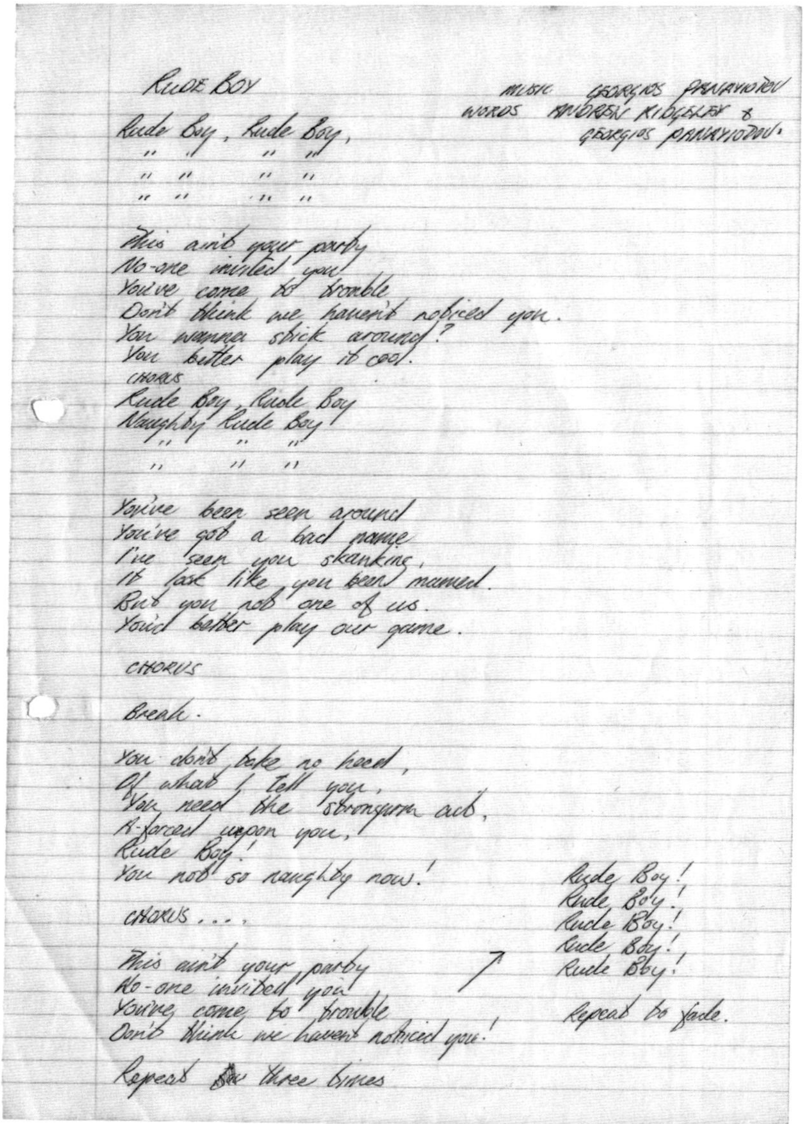

RUDE BOY

MUSIC GEORGIOS PANAYIOTOU
WORDS ANDREW RIDGELEY &
GEORGIOS PANAYIOTOU.

Rude Boy, Rude Boy,
" " " "
" " " "
" " " "

This ain't your party
No-one invited you
You've come to trouble
Don't think we haven't noticed you.
You wanna stick around?
You better play it cool.
CHORUS
Rude Boy, Rude Boy
Naughty Rude Boy
" " "
" " "

You've been seen around
You've got a bad name
I've seen you skanking,
It look like you been named.
But you not one of us.
You'd better play our game.

CHORUS

Break.

You don't take no heed,
Of what I tell you,
You need the strongarm act,
A-forced upon you,
Rude Boy!
You not so naughty now!

CHORUS . . .

This ain't your party
No-one invited you
You've come to trouble
Don't think we haven't noticed you!

Repeat three times

Rude Boy!
Rude Boy!
Rude Boy!
Rude Boy!
Rude Boy!

Repeat to fade.

Tijdens de repetities schreven Yog en ik met behulp van de instrumenten die op dat moment voorhanden waren en werkten de melodieën uit van de nummers die we zouden gaan zingen. De anderen schaafden ondertussen aan de drum- en gitaarpartijen, en zo kreeg een nummer langzaam gestalte.

Yog en ik gingen bijna op dezelfde manier te werk. Afgezien van mijn beperkte ervaring op de piano hadden we geen van beiden een instrument leren bespelen, dus schreven we op gevoel. Yog was duidelijk heel muzikaal en pikte nummers snel op. Hij had een oor voor melodie dat hem in staat stelde zich uit te drukken via muziek. Geen van beiden waren we in dat stadium bekwame muzikanten, maar we hadden voldoende ruw talent om de nummers te spelen. Het hielp natuurlijk wel dat ze geen van alle bijzonder ingewikkeld of moeilijk te spelen waren! Later in zijn carrière liet George zich nogal geringschattend uit over The Executive, maar op dat moment vond hij net zo goed als ik dat we het neusje van de zalm waren. En nadat we een paar maanden met elkaar gespeeld hadden, was ik des te meer overtuigd van onze mogelijkheden.

Dat kon ondertussen niet gezegd worden van mijn schoolloopbaan. Mijn A-levels interesseerden me op het Cassio niet veel meer dan op Bushey Meads, maar een omgeving waarin studenten zelf verantwoordelijk werden gesteld voor hun aanwezigheid, was me op het lijf geschreven. Als gevolg daarvan floreerde mijn sociale leven.

Feestjes! Muziek! Meisjes!

Er was zo veel te doen in het leven, dus ging ik met een paar schoolvrienden in Londen naar een concert van de Amerikaanse newwaveband The B-52s, die ik had ontdekt in het radioprogramma van John Peel. Daarna volgde een concert van Orchestral Manoeuvres in the Dark. Mijn horizon verbreedde zich net zo snel als mijn vriendenkring zich uitbreidde, maar Yog was nooit buiten beeld en The Executive bleef onze prioriteit.

Bemoedigend was ook dat het op het versiervlak steeds beter ging. Meisjes stonden in de gang te lachen – naar *mij*. Na al die jaren op Bushey Meads dat ik zwijmelend maar vruchteloos naar de helft van de meisjes in mijn klas had gekeken, leek ik op Cassio in een ander universum beland te zijn. En toen ontmoette ik mijn eerste echte vriendin, Hannah. Ik zag haar voor het eerst tijdens aardrijkskunde, toen ze aan het tafeltje voor me kwam zitten. Mijn oog viel onmiddellijk op haar golvende rode haar. Ze was prachtig en elegant, en toen we na de les wat bleven kletsen, ontdekte ik dat ze ook creatief was: Hannah ontwierp en vervaardigde haar eigen kleren, wat haar alleen nog maar aantrekkelijker maakte.

Ten slotte wist ik mijn zenuwen de baas te worden, vroeg haar mee uit en Hannah zei ja. Als twee gevoelige kinderen groeiden we langzaam naar een relatie toe. Althans, tot haar ouders een weekend weg waren en wij samen in het bed van haar ouders sliepen. Daarna was er geen weg meer terug. En toen mijn vader en moeder een paar weken op vakantie waren, stemde Hannah erin toe een keer te blijven slapen. De volgende ochtend lagen we nog te slapen toen het licht in de slaapkamer opeens aanfloepte. Daar stonden pa en ma! Eerder thuisgekomen, zonder waarschuwing. Ze hadden ons nog net niet op heterdaad betrapt, maar wel genoeg gezien om te begrijpen wat zich had afgespeeld. Het was meer dan pijnlijk. Ma was woest en het duurde een hele tijd voor ik in haar ogen weer iets goed kon doen. Maar in de tienerliefde kan het verkeren; een paar weken later maakte ik het uit met Hannah omdat mijn oog was gevallen op een ander meisje van school.

Ik was zeventien en het leven veranderde in adembenemend tempo. En muziek hoorde daarbij.

7. **One Step Beyond**

Mensen nemen vaak aan dat ik George volgde waar hij ook maar heen ging. Dat was misschien het geval tegen de tijd dat we in 1984 *Make It Big* opnamen, maar niet tijdens onze beginjaren. Misschien wist hij wel dat zijn toekomst in de muziek lag, maar geloofde hij nog niet genoeg in zichzelf om dat hardop uit te spreken. En hoewel het onwaarschijnlijk leek dat The Executive ooit de hitlijsten zou aanvoeren, nam het vertrouwen in zijn eigen talent toe naarmate de band meer nummers schreef.

Over mijn eigen talenten had ik die twijfels niet. Hoewel ik in latere jaren moeite had om Yog met al zijn talent creatief bij te benen, was ik hem in die periode in termen van onversneden, onwrikbaar zelfvertrouwen lichtjaren voor. Wat van meet af aan wel duidelijk was, was dat ons tweemanschap goed werkte. En ik was er heilig van overtuigd dat we iets zouden doen, *iets zouden bereiken*, al ging het me niet om roem, succes of geld. Het enige wat ik wilde, was dat een platenlabel of manager genoeg vertrouwen in ons en onze muziek had om ons een deal aan te bieden. Het was iets waar miljoenen jongeren wereldwijd van droomden. Behalve, leek het, Jack Panayiotou.

Ook al zat ik niet meer op Bushey Meads, Jack had nog steeds het idee dat ik Yog afleidde van wat hij zag als de juiste weg voor zijn zoon. Hij wilde dat George zijn opleiding zou afronden met een universiteitsdiploma, en de weinige keren dat ik hem zag, voelde ik dat hij mij beschouwde als iemand die zijn zoon op het slechte pad bracht. Maar ook de relatie tussen vader en zoon kon stroef zijn – en Yog was bang dat hij die door zijn muzikale ambities na te streven nog verder onder druk zette. In de hoop op een beetje bijval verzamelde Yog uiteindelijk genoeg moed om zijn vader een cassette te laten horen met nummers van The Executive. Het waren ruwe opnames, maar er zat genoeg melodie in om te horen dat er buiten de beperkingen van een geïmproviseerde studio in een voorstedelijke woonkamer best iets van gemaakt kon worden. Yog schoof de tape in de autoradio.

'Wat is dit?' vroeg Jack argwanend.

'Onze band, pa. Dit is waar we de laatste maanden aan gewerkt hebben.'

Jack was niet onder de indruk. 'Dit gaat nergens heen!' snoof hij. 'Toe nou, alle zeventienjarigen willen toch popster worden?'

Yog snauwde: 'Nee, alle *twaalfjarigen* willen popster worden!'

Zijn frustratie over Jacks gebrek aan steun werd tastbaar.

Niet dat dit onze voortgang in de weg zat. The Executive had zijn allereerste optreden geregeld – een grote dag voor onze band – in het honk van de 18th Bushey and Oxhey-padvinders. De groene verf bladderde er van de muren en in de meubels en gordijnen hing een schimmelige, vochtige geur, maar voor ons voelde het als Wembley.

We hingen op school en op mijn college affiches op en het nieuws deed snel de ronde. We zeurden onze vrienden net zo lang aan hun hoofd tot ze beloofden te komen. We repeteerden ook wat serieuzer. Helaas leek het vooruitzicht van een optreden de onderlinge prikkelbaarheid alleen maar te vergroten. Pauls omslachtige drumwerk mocht mij dan irriteren, Yog vloog ervan tegen het plafond. Maar ondanks eerdere aanwijzingen van 'muzikale verschillen' binnen The Executive, zetten we door.

The setlist voor de show stelde zichzelf samen. We hadden maar een stuk of tien eigen nummers, die we aanvulden met wat covers.

We zouden openen met een opzwepende skabewerking van Beethovens 'Für Elise', gevolgd door 'Rude Boy' en de rest van onze eigen maaksels, waaronder onze versie van Andy Williams' 'I Can't Get Used To Losing You'.

We waren toen nog armlastige tieners. We hadden geen van allen het geld voor de juiste look: de kenmerkende *rude boy*-outfit van de vaandeldragers van de skascene, zoals de bands van het label 2 Tone Records. Hun logo was een Mod in een zwart pak, wit overhemd en zwarte loafers. Iedereen had die kleding gezien bij *Top of the Pops* en ze gekopieerd, maar wij zagen er nog steeds uit als een zootje ongeregeld.

Om toch een beetje goed voor de dag te komen, was ik voor een podiumtenue naar een kringloopwinkel gegaan, waar mijn keuze was gevallen op een flessengroen leren jasje, een sjaal in schaakbordpatroon en een bolstaande wijde broek. Ons publiek was in opperbeste stemming toen we het podium op liepen, want ze waren al opgewarmd in de kroeg; het was ze een zorg of we al dan niet de juiste kleding aanhadden.

We staken van wal met 'Für Elise', maar vanwege alle opwinding speelden we het nummer veel sneller dan anders. Ik sprong op en neer achter mijn keyboard terwijl Yog losging met dansbewegingen die hij had afgekeken van Chas Smash van Madness. Er waren een stuk of honderd jongeren in de keet, die net zo op en neer deinden als het publiek dat Yog en ik bij optredens in Londen hadden gezien. En toen we de hele speellijst hadden doorgenomen en waren teruggeroepen voor een toegift, voelde het alsof The Executive op het punt stond de wereld te veroveren. Tenminste, tot we moesten gaan opruimen en alle spullen in de auto van onze arme ouders stouwden om naar huis gereden te worden. Maar dat beroofde de avond niet van zijn glans.

Ons eerste optreden was een succes geweest.

Het honk van de 18th Bushey and Oxhey-padvinders, waar The Executive voor het eerst optrad

De eerste promofoto's.

Ik was er nu meer dan ooit van overtuigd dat erkenning om de hoek lag. En beter nog: na ons eerste optreden dacht Yog daar precies zo over – hij had ervan genoten. Niet lang daarna vingen we een glimp op van wat ons zou kunnen wachten. Via een vriend van een vriend werd The Executive voorgesteld aan A&R-man Mike Burdett, een jonge jongen die als talentscout in dienst was bij het kleine platenlabel Florida Music Group. Mike wilde graag naam maken en kwam naar een repetitie van ons kijken. Hij leek onder de indruk van onze nummers, maar was van mening dat er nog wel wat bij te schaven viel. Niettemin zag hij iets in de relatie tussen Yog en mij en vond dat we op het podium een leuke uitstraling hadden.

Mike *leek* zeer geïnteresseerd en bleef maar naar repetities komen, wat aanleiding gaf te denken dat het moment van doorbraak naderde. Omdat alles op zijn plek leek te vallen, legden we wat geld bij elkaar en boekten een studio in de buurt van St Albans om een demo op te nemen. We lapten allemaal een tientje en rekruteerden zelfs nog een saxofonist uit de buurt om ons tijdens de sessie te komen versterken.

We besloten om met 'Rude Boy' te beginnen. Voor het eerst stonden Yog en ik in een echte studio achter de microfoon. Aan het eind van het nummer creëerden we een feestsfeer door onze bandleden uit te nodigen in de zangcabine en feestgeluiden op te nemen, een vondst die we later nog zouden gebruiken bij de intro van 'Club Tropicana'. We namen 'Für Elise' op met dezelfde puntige ska-energie waarmee we het tijdens ons eerste optreden hadden gespeeld, en sloten alles af met onze bewerkte versie van 'I Can't Get Used To Losing You'.

Om de kans op een platencontract te vergroten, organiseerden we onze eerste fotoshoot. Yog ging daarvoor gekleed in een verfrommeld crèmekleurig pak, met daarboven een minder succesvolle poging tot een Barry Gibb-baard. Om onverklaarbare redenen droeg ik mijn wijde broek en een gestreept T-shirt dat ik van Marcel Marceau geleend had kunnen hebben. De kans dat The Executive ooit de pagina's van *Sounds* of *Melody Maker* zou sieren, werd er met die foto's waarschijnlijk niet groter op. En, bleek later, ook met onze demo niet. Mike's bazen bij Sparta Florida waren niet onder de indruk en besloten niet verder met ons in zee te gaan. Het nieuws was een grote domper. We hadden goede hoop gehad en die was nu vervlogen, al werd de teleurstelling iets verzacht door het besef dat we probeerden te sprinten voordat we ook maar konden kruipen. Het was te mooi geweest om waar te zijn, maar we hadden de kans op een platencontract geroken en dat sterkte onze vastberadenheid. We hielden de moed erin.

En dat werd al snel beloond, want de inspanningen om onszelf op een livepodium geprogrammeerd te krijgen, wierpen hun vruchten af. Ons grootste wapenfeit was dat we de studentenvakbond van het Harrow College of Higher Education wisten te overtuigen om ons op te stellen in het voorprogramma van The Vibrators, een punkband die ooit in *Top of the Pops* had gestaan. Maar hoewel we dolgelukkig waren met de kans om met een bekende band te spelen, vroegen we ons wel af of we goed zouden vallen bij een zaal vol punkers. Tot onze verbazing hadden ze ons tien nummers en een toegift later in hun hart gesloten en konden we ontkomen zonder bespuugd te worden. Belangrijker nog, we hadden de aandacht getrokken van een plaatselijke journalist, die onze eerste recensie schreef.

'Je moet wel een heel goede reden hebben om niet te gaan dansen op de muziek van The Executive,' schreef hij. 'Zelfs twee gebroken benen lijken me geen excuus.' Later werden we geïnterviewd; ik herinner me dat ik toen klaagde over het feit dat we nog geen platencontract hadden. 'We weten nog niet zo goed hoe het werkt in de muziekindustrie,' zei ik. Ik legde uit dat het ons ongeveer dertig pond had gekost voordat we überhaupt konden optreden, en dat de zaal ons alleen had uitbetaald in bier. Maar eigenlijk zou ik de stu-

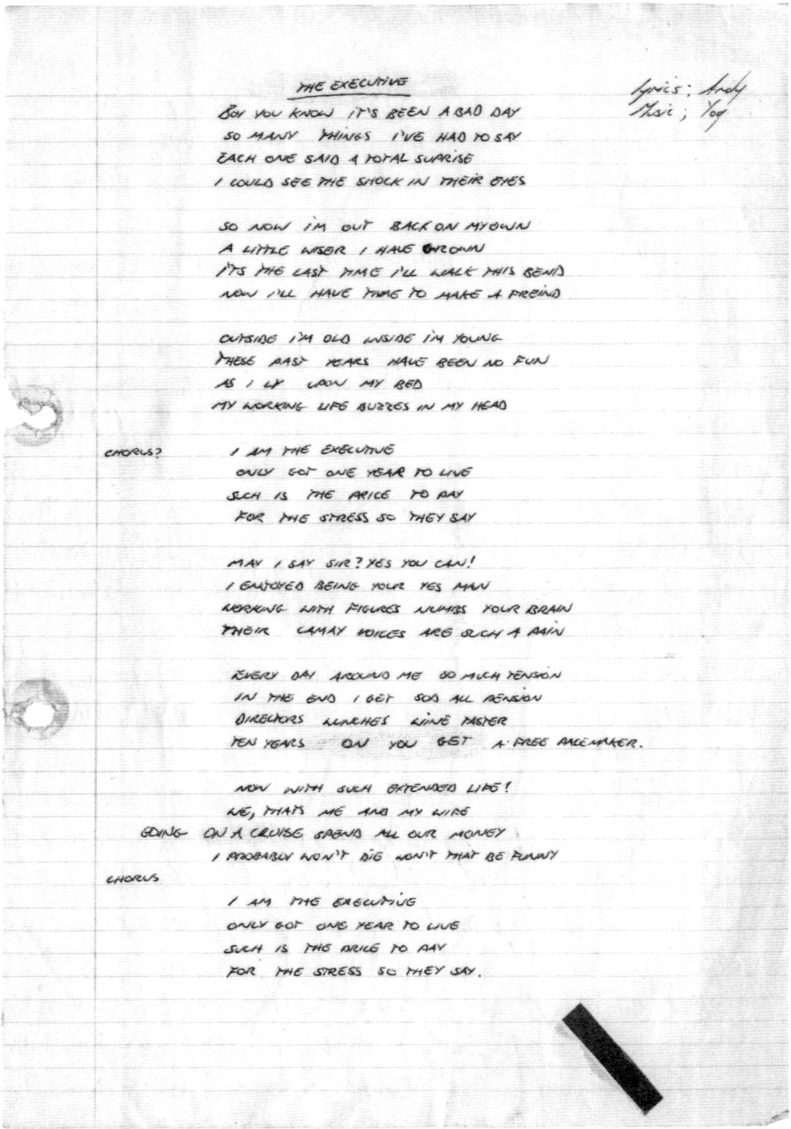

THE EXECUTIVE

Lyrics; Andy
Music; Yog

BOY YOU KNOW IT'S BEEN A BAD DAY
SO MANY THINGS I'VE HAD TO SAY
EACH ONE SAID A TOTAL SUPRISE
I COULD SEE THE SHOCK IN THEIR EYES

SO NOW I'M OUT BACK ON MY OWN
A LITTLE WISER I HAVE GROWN
IT'S THE LAST TIME I'LL WALK THIS BEND
NOW I'LL HAVE TIME TO MAKE A FREIND

OUTSIDE I'M OLD INSIDE I'M YOUNG
THESE PAST YEARS HAVE BEEN NO FUN
AS I LY UPON MY BED
MY WORKING LIFE BUZZES IN MY HEAD

CHORUS?
I AM THE EXECUTIVE
ONLY GOT ONE YEAR TO LIVE
SUCH IS THE PRICE TO PAY
FOR THE STRESS SO THEY SAY

MAY I SAY SIR? YES YOU CAN!
I ENJOYED BEING YOUR YES MAN
WORKING WITH FIGURES NUMBS YOUR BRAIN
THEIR CAMAY VOICES ARE SUCH A PAIN

EVERY DAY AROUND ME SO MUCH TENSION
IN THE END I GET SOD ALL PENSION
DIRECTORS LUNCHES DINE FASTER
TEN YEARS ON YOU GET A FREE PACEMAKER.

NOW WITH SUCH EXTENDED LIFE!
WE, THATS ME AND MY WIFE
GOING ON A CRUISE SPEND ALL OUR MONEY
I PROBABLY WON'T DIE WON'T THAT BE FUNNY

CHORUS
I AM THE EXECUTIVE
ONLY GOT ONE YEAR TO LIVE
SUCH IS THE PRICE TO PAY
FOR THE STRESS SO THEY SAY.

dentenvereniging van Harrow College met liefde betaald hebben om ons te programmeren! Later plakte mama het knipsel trots in een plakboek. Het feit dat de twee zangers van The Executive in het artikel Yog Ranos en Andrew Rodgeley werden genoemd, stoorde ons niet in het minst.

8. Melody Makers

Net toen de zaken voor The Executive eindelijk in de lift leken te zitten, liep alles spaak. Ons volgende optreden was op het Cassio College – een thuiswedstrijd voor mij. Dat was een spannend vooruitzicht. Al mijn vrienden zouden er zijn, het was een kans om te laten zien hoe goed we waren. Maar The Executive liep op zijn laatste benen. Na de oprichting hadden we Jamie Gould erbij gehaald als bassist en Tony, Lesley's broer, als extra gitarist. Met drie gitaristen moest er iemand wijken. We namen de moeilijke beslissing om Andy Leaver te vertellen dat we zonder hem verder zouden gaan. Maar toen, de avond voor ons Cassio-optreden, vertrokken ook Tony en Jamie. Vastbesloten om niet te annuleren, besloten we het optreden met ons vieren te doen. Hoewel hij tijdens de repetities hooguit wat had staan prutsen, slaagde Yog erin de baspartijen van onze hele set onder de knie te krijgen, alle tien de nummers! En op miraculeuze wijze wist hij het concert bijna tot een goed einde te brengen. Toen hij eindelijk over een paar baslijnen struikelde, zong hij de partij gewoon al improviserend in de microfoon. En ondertussen zorgde ik heel behulpzaam voor de ideale afleiding.

Op de avond van het optreden droeg ik kohl-eyeliner en was ik uitgedost in een van mijn gewaagdere outfits.

De opkomende New Romantic-scene hield van glamour, en onder invloed van mensen als David Bowie en T. Rex vervaagden de grenzen tussen de geslachten. Meisjes droegen hun haar kort, mannen gebruikten make-up en iedereen kleedde zich flamboyant. Bij de look hoorde een soundtrack van dromerige synthesizers en popmelodieën. Tubeway Army van Gary Numan brak door met de hit 'Are "Friends" Electric?' en maakte daarmee de weg vrij voor tal van andere bands, van Visage tot Duran Duran.

Mijn innerlijke New Romantic vond uitdrukking in een originele Stewart-kilt die ooit van mijn grootmoeder was geweest, met onder de rok een paar crèmekleurige kniekousen voorzien van kwastjes in verschillende kleuren. Toen ik die een keer aanhad naar een feestje bij Yog thuis, had dat Jack en Lesley alleen maar gesterkt in hun overtuiging dat ik een slechte invloed had op hun zoon. Eerlijk gezegd was zelfs Yog even van slag geweest. Toen hij de voordeur opendeed, bekeek hij me vol afgrijzen.

'Eh, Andy, zeg dat dat geen kilt is.'

'Jawel, wat dan nog?' zei ik alsof mijn neus bloedde. 'Cool, toch?'

Niet dat dat echt zo was. Maar tijdens het optreden op Cassio was het meer dan genoeg om de aandacht van mijn vrienden af te leiden van Yogs basgitaarspel. Ik kuierde de volgende ochtend met opgeheven hoofd de leerlingenkamer binnen. Daar waren we goed vanaf gekomen.

Nu Andy, Jamie en Tony uit beeld waren, keerde onze uitgedunde band terug naar de studio om opnames te maken. The Executive had zich door alle repetities en optredens ontwikkeld, en we hoopten sommige van de platenlabels die ons eerder hadden afgewezen met een nieuwe demotape duidelijk te maken wat ze gemist hadden. We zetten 'Blood Is Thicker Than Water', 'Why?', 'Donna', 'New Adventures' en het nummer met de bondige titel 'Tell Me Have We Met Somewhere Before' op tape. Yog en Dave Mortimer deden samen de baspartij; Yog en ik zongen; ik speelde gitaar, samen met Dave, en iedereen sprong bij met de achtergrondzang. Het resultaat was een enorme verbetering ten opzichte van onze eerste poging. De nummers waren beter – en van eigen hand – en het spelen ging ook beter. Deze keer meenden we het uitstekend gedaan te hebben. De muziekindustrie kon ons nu met geen mogelijkheid meer negeren. Yog en ik besloten persoonlijk bij de platenmaatschappijen te gaan aankloppen. Hij had nu wat meer vrije tijd. Hoewel hij harder werkte dan ik, had Yog muziektheorie laten vallen en deed nu alleen nog Engelse literatuur en kunst. Als vertegenwoordigers van The Executive togen we getweeën naar Londen om een platencontract te af sluiten. Ik had me serieus verdiept in de geschiedenis van de rock en geconcludeerd dat er maar één manier was om aandacht te krijgen, namelijk door bij een groot platenlabel naar binnen te stappen en erop te staan dat iemand van gewicht naar onze demo zou luisteren. 'U begaat een grote vergissing als u deze kans voorbij laat gaan,' zei ik dan. Iedereen wees ons af. Urenlang zaten we te wachten, in de ene hal of vergaderkamer na de andere, om vervolgens te horen te krijgen dat we het niet hadden. Het nieuws was verpletterend.

Anderen doen dit beter.

Er zit geen hit in.

Het is gewoon niet goed genoeg.

Hoewel Yog en ik begrepen dat we weinig kans maakten, dachten we het dit keer toch echt goed aangepakt te hebben. De klap kwam hard aan, en het zou nog erger worden.

Na het ontmoedigende fiasco bij de platenmaatschappijen richtten we onze hoop op liveshows. Dave vertelde ons dat hij nog een optreden voor ons geregeld had, op het Harrow College, dit keer als hoofdact, maar hij vertoonde ontwijkend gedrag en de details waren verwarrend. Data bleven verschuiven, en we konden maar geen concrete informatie uit hem krijgen. Uit frustratie vroeg ik of Yog naar mijn huis wilde komen om erover te praten. Omdat we het zat waren niet te weten waar we aan toe waren, besloten we dat Yog Dave zou bellen om achter de waarheid te komen. Halverwege het telefoongesprek draaide Yog zich naar me om en zei dat er geen optreden was. Het was allemaal één grote leugen geweest.

Ik was woest. Het optreden was veel belangrijker voor ons geworden sinds de teleurstelling over de demo, en Dave had ons om de tuin geleid. Hij had geen interesse meer in The Executive en had, naar wij later begrepen, al geflirt met een andere band. Dus Dave was weg. Hij wilde ons niet en wij wilden hem niet. Ik ging mijn broer het nieuws vertellen, om vervolgens te horen dat hij wegging om te gaan spelen bij een drieledige jazzfunkformatie genaamd Souls Valiant. Paul wilde in een band spelen waar hij zijn uitbundige stijl de vrije loop kon laten. En al dreef die stijl mij en Yog tot waanzin, Pauls vertrek was wel de nekslag voor The Executive.

Op een avond kwam hij thuis met een tape van zijn nieuwe band, maar weigerde hem aan iemand te laten horen, behalve aan pa en ma. Omdat ik mijn nieuwsgierigheid niet kon bedwingen, luisterde ik stiekem mee. Ik was weliswaar geen groot liefhebber van jazzfunk, maar eerlijk gezegd dacht ik: 'is hij *hiervoor* weggegaan bij The Executive? Ik weerstond de verleiding om hem te vertellen wat ik ervan vond, al vermoed ik dat hij dat wel wist. Maar de schade was al aangericht. Omdat Paul en Dave er niet meer in geloofden, waren Yog en ik aan ons lot overgeleverd, precies op het moment dat The Executive leek te gaan doorbreken. En dus hadden we alleen nog elkaar. Dat we samen muziek zouden blijven maken, was een uitgemaakte zaak. En we hadden al snel een nieuwe sparringpartner.

Shirlie Holliman was leuk, blond, heel knap en was me opgevallen in The Three Crowns. Ze had een klas hoger gezeten dan ik, maar was op haar zestiende van school gegaan en naar Sussex verhuisd om paardrij-instructrice te worden. Ze was net weer teruggekeerd naar Bushey. Toen ik eenmaal de moed bijeen had geraapt om me voor te stellen, klikte het meteen. Ze was warm en grappig en ik was opgetogen toen ze zei dat ze wel met me uit wilde.

Omdat we daar allebei veel zin in hadden, besloten we de volgende dag al af te spreken, wat niet zo'n goed idee bleek. Ik werd die dag achttien. Met wat vrienden had ik tussen de middag een paar biertjes gedronken. Ik weet niet wat me bezielde om Special Brew te nemen, maar het resultaat was dat ik 's avonds geen twee zinnen meer aan elkaar kon rijgen. Ik zwalkte naar huis en rolde met een tollend hoofd mijn bed in. Maar ik moest het Shirlie nog vertellen. 'Het spijt me vreselijk,' lalde ik door de telefoon, terwijl de kamer om me heen draaide als een plafondventilator. 'Ik heb wat verjaardagsbiertjes gedronken en het is een beetje uit de hand gelopen...'

Toen we elkaar uiteindelijk terugzagen, werd me duidelijk dat Shirlie van nature verdraagzaam, meelevend en begripvol was. Daarbij was ze een stuk wereldwijzer en zelfstandiger dan andere meisjes die ik kende. Toen ik haar de weinig verheffende details onthulde van een striptease in een arbeidersclub in Sheffield waar haar oudste broer me ooit op een zondagochtend mee naartoe had genomen, nam ze dat heel goed op, hoewel ze het behalve boeiend ook weerzinwekkend vond.

We waren al snel onafscheidelijk. Ik hield van haar vastberadenheid om alles uit het leven te halen. Ik vertelde haar over mijn mislukte poging om met The Executive de platenindustrie te veroveren, en hoe onzeker Yog en ik waren over onze volgende stap. Hij was onlangs uitgenodigd om auditie te doen bij een soulfunkgroep in Noord-Londen. Ik ging met hem mee naar de sessie en constateerde tot mijn opluchting dat ze de nadruk legden op techniek en niet zozeer op de liedjes. Mijn opluchting was nog groter toen Yog werd afgewezen.

'Jij bent niet wat we zoeken,' zei de oppersongwriter van de band, die godzijdank niet wist wat hij hier voorbij liet gaan.

Op de terugweg besloten Yog en ik onze samenwerking voort te zetten. En ik besloot dat Yog Shirlie maar eens moest ontmoeten. Er waren zo veel raakvlakken dat ik ervan overtuigd was dat ze elkaar zouden mogen. Toen we bij hem thuis kwamen, herkende ze hem onmiddellijk.

'O god, dat is die sul met die bril van school!' fluisterde ze toen we naar zijn kamer liepen om naar zijn platenverzameling te kijken. Gelukkig kwam ze haar verbazing snel te boven en het klikte meteen.

In de weken daarop gingen we regelmatig met z'n drieën uit. Maar voordat we naar tenten als Bogart's in South Harrow gingen, oefenden we in Yogs slaapkamer onze eigen dansbewegingen. We dansten op 'Planet Earth' van Duran Duran en 'To Cut A Long Story Short' en 'Chant No. 1' van Spandau Ballet. Ik ontwikkelde een zwierige trap in de lucht die wij alle drie geniaal vonden, maar er voor anderen bespottelijk uitgezien moet hebben. Het was onze voorstedelijke kijk op wat we in Londen gezien hadden, in Le Beat Route en de Wag Club, discotheken die binnen de New Romantic-scene golden als het summum van cool. We waren jong, ongecompliceerd en blij met elkaar. Mijn grootmoeder vroeg zich zelfs hardop af of er niet sprake was van een bizarre driehoeksverhouding, maar we voelden ons gewoon heel erg op ons gemak bij elkaar. Zozeer zelfs dat Shirlie me durfde te vertellen dat ze eigenlijk liever met Yog danste. 'Als ik met jou dans, heb ik het gevoel alsof ik op

Your BRIGHT new Mirror

WHAM goes to a party

WHAT a swell party it was. Wham's George Michael and dancing girl Shirley Holliman were clearly in close harmony. And their pop buddy Andrew Ridgeley joined in the fun, as you'll see if you turn to PAGE 3.

Picture: ALAN GRISBROOK

andermans fiets rijd,' zei ze op een avond. 'Je bent zo... *hoekig.*' Maar dat trok ik me niet aan. Niet heel erg, tenminste.

Op vrijdag- en zaterdagavond was er in Bogart's hoe dan ook niet veel ruimte om te dansen. Het was er altijd stampvol en in het weekend werd er meestal ook meer gedronken. Een ferme trap in de lucht zou eerder een gevecht hebben uitgelokt dan associaties hebben opgeroepen met John Travolta. Maar de dinsdagen waren anders, dat waren 'alternatieve' avonden. Met z'n drieën dansten we dan op coolere platen als 'Papa's Got A Brand New Pigbag' of 'Me and Mr Sanchez' van Blue Rondo à la Turk. Soms dansten Yog en ik met elkaar; op andere momenten deed Shirlie mee met onze doortimmerde dansjes. En al drinkende en dansende werd onze vriendschap steeds hechter en intenser.

9. Wham! Bam! (I Am! A Man!)

Heel 1981 was Engeland een kruitvat. Ik was me zeer bewust van de frustraties waarmee oudere vrienden geconfronteerd werden zodra ze klaar waren met school of universiteit. Ze konden met vlag en wimpel voor hun examens geslaagd zijn en toch eindigen als een van de vele werklozen. Er waren ongeveer 2,5 miljoen mensen zonder werk, en in de binnensteden escaleerden de spanningen tot rellen. En hoewel het vuur en de woede in Brixton, Toxteth en Handsworth cultureel en sociaal lichtjaren van ons af stonden, zagen Yog en ik wel hoe moeilijk het was om in de grimmige volwassen wereld je weg te vinden. Dus we leefden in het moment. We hadden plezier in elkaars gezelschap en vonden afleiding in de muziek, die dankzij betaalbare opnameapparatuur mogelijk een ontsnapping bood uit de verveling van een negen-tot-vijfbaan of, erger nog, werkloosheid. En dat was maar goed ook, want school of examens konden me gestolen worden.

Toen de zomer naderde, werd niettemin iets duidelijker wat de gevolgen konden zijn als ik mijn diploma niet haalde. Mijn blaséë houding had het geduld van de directeur van Cassio, meneer Strachan, danig op de proef gesteld en hij legde me nog een tweede proeftijd op. Ik had precies door hoe vaak ik in de les moest verschijnen om de schijn te wekken dat ik me aan een soort rooster hield, maar de pogingen van mijn docenten om me aan het werk te krijgen, waren vruchteloos. Ik was meer geïnteresseerd in pubs, muziek en Shirlie dan in welke opleiding ook. Uiteindelijk besloot ik maar geen examen te doen. Het was zinloos: ik had geen enkel studieboek gelezen en geen enkel paper geschreven. Ik nam me voor te wachten tot de uitslagen van de examens bekend waren en het slechte nieuws dan pas aan mijn ouders te vertellen, wat me nog een paar maanden respijt gaf om een excuus te bedenken.

Ondertussen deden Yog en ik alsof de verantwoordelijkheden van het echte leven niet onze zaak waren. David Mortimer, onze voormalige bandgenoot bij The Executive, had inmiddels een baan als badmeester in Watford. Vaak zochten we hem daar op. Hoewel Yog na *Jaws* gezien te hebben voor geen goud de zee meer in wilde, was het zwembad veilig terrein. Shirlie, hij en ik rotzooiden er middagen lang maar wat aan in het water. Bij mij thuis was er sinds kort voor rotzooien minder ruimte. Ma was plotseling heel netjes geworden. We waren verhuisd naar Chiltern Avenue aan de andere kant van het King George V-recreatiepark in Bushey en nu het ons wat beter ging, was ma veel meer waarde gaan hechten aan uiterlijke schijn en presentatie. In ons nieuwe huis was het niet zo gezellig meer als eerst. Achteraf kan ik dat best begrijpen. Ma had zich tientallen jaren van alles ontzegd omdat ze twee jongens grootbracht die ze nooit iets tekort liet komen. Ik was er trots op hoe ver pa en zij het geschopt hadden. Wat niet wegnam dat ik het irritant vond dat iedereen onder de achttien bij binnenkomst zijn schoenen uit moest trekken. De indruk dat je een koninklijk paleis binnentrad, leek me wat overdreven. Bovendien vroegen pa en ma mij een bijdrage van £ 20 per week voor het voorrecht in hun huis te mogen wonen.

Maar in huize Panayiotou had Yog het moeilijker. Jack had zijn zoon een ultimatum gesteld:

'Zorg dat je binnen een half jaar een platencontract hebt, zoek een baan,' zei hij, 'of *ga mijn huis uit*.'

Met die stevige trap onder zijn kont begon de tijd te dringen.

Het gevolg was dat Yog een reeks kleurloze baantjes aannam, om te beginnen als vaatwasser in het restaurant van zijn vader, de Angus Pride. Daarna volgde een korte periode in het magazijn van British Home Stores, maar hier werd hij uiteindelijk ontslagen omdat hij het bedrijfshemd en de bijbehorende stropdas niet droeg. Daarna werkte hij zwetend en zwoegend maar goedbetaald een paar weken op een bouwterrein, en werd toen aangenomen als zaalwacht in de Empire Cinema in Watford – het toneel van onze succesvolle poging om *Saturday Night Fever* te zien.

De twee steunpilaren van onze vriendschap waren altijd muziek en comedy geweest. Een paar jaar eerder hadden we *The Holy Grail* van Monty Python gezien en zo hard gelachen dat ik letterlijk in het gangpad gevallen was. Nu kon Yog me alles vertellen over de nieuwste komische films zodra ze in Engeland uitkwamen. En als er een nieuwe blockbuster in de bioscoop draaide, wist hij binnen een paar dagen de hele tekst op te zeggen. In die tijd draaiden films nog wekenlang in de bioscoop, zeker als ze een kassucces waren. Yog moest twee keer per dag, elke dag en wel een maand lang, dezelfde film uitzitten. Om de verveling te verdrijven deed hij een spelletje waarbij hij probeerde de tekst van een dialoog enkele seconden eerder uit te spreken dan de acteurs. Het is me een raadsel hoe hij dat volhield. Als ik steeds opnieuw dezelfde film had moeten zien, was ik krankzinnig geworden.

Maar Yogs arbeidsethos was robuust. Hij combineerde zijn baan bij de Watford Empire met werk als huis-dj in restaurant Bel Air in de buurt van Northwood. Hoewel dit in theorie misschien een droombaan leek voor een jongen die zo van muziek hield als Yog, was het in werkelijkheid een behoorlijk geestdodende belevenis. De Bel Air was een vrij goedkope diner-dansantgelegenheid, waar de klanten aan tafels rond de dansvloer een driegangendiner voorgezet kregen. Tijdens het diner, over het geluid van rinkelende glazen en kletsende koppels heen, draaide Yog muziek. Hij mocht er af en toe een pareltje uit zijn eigen platenverzameling doorheen gooien, maar over het algemeen werd hij geacht middle-of-the-roadmuziek te draaien. Bij te veel ABBA of The Jacksons zou de kip Kiev de mensen maar gaan tegenstaan.

'Goedenavond,' zei hij op het moment dat hij de muziek met zijn optreden kwam onderbreken. 'Welkom in Bel Air, en nu wat muziek...' Maar omdat hij met zijn draaitafel achter een pilaar stond, ging hij na deze introductie weer op in het karakterloze meubilair van het restaurant.

Yog mocht dan begrijpelijkerwijs lopen te mopperen, hij werd tenminste goed betaald en verdiende per week ongeveer zeventig pond. Dat gold ondertussen niet voor mij. Ik had ooit een vakantiebaantje gehad bij de zaak waar pa werkte, een handel in fotoapparatuur, J. J. Silber, waar ik genoeg had gezien om te weten dat ik er in het vervolg met een grote boog omheen wilde lopen. Het werk in het magazijn zelf had ik niet zo vervelend gevonden. De sfeer tussen de werknemers onderling was gezellig, en het was vrij gemakkelijk om me even te drukken. (Ik deed soms een dutje op een bed van kartonnen dozen ergens in de doolhof van apparatuur en voorraden.) Maar het had me gesterkt in mijn voornemen te ontsnappen aan het negen-tot-vijfleven en in plaats daarvan muziek te schrijven en te maken. Na mijn vertrek van Cassio liet ik de kans om terug te keren in de wereld van de camera-apparatuur aan me voorbijgaan. Maar door niet in pa's voetsporen te willen treden, werd ik het zoveelste getalletje in de werkloosheidsstatistieken van Maggie.

Als Yog en ik niet aan het werk waren of ons bij de sociale dienst meldden, gingen we dansen in onze favoriete clubs. Bij Bogart's draaide dj Gary Crowley van Capital Radio de laatste hits van bands als Spandau Ballet en de Talking Heads. En te midden van dat alles was daar de hiphop, in 1981 nog een relatief nieuw fenomeen, voortgekomen uit de straatfeesten in New York en mainstream geworden dankzij singles van Grandmaster Flash en The Sugarhill Gang met hun klassieker 'Rapper's Delight'. Yog en ik waren beiden fan en als Gary het draaide, was de verleiding van de dansvloer niet te weerstaan – zeker niet als Shirlie erbij was. Ze zag er fantastisch uit in haar strakke zwarte rok en geruite shirt, een brede riem strak om haar middel. Als we haar tussen ons in naar voren en naar achter en draaiden, een dansbeweging die we in Yogs slaapkamer hadden geoefend, leek het of we haar allebei wilden verleiden. Toen greep ik haar met één hand en bokste met de andere in de lucht.

'Wham! *Bam!* I am the man!' riep ik op de maat van de muziek.

Yog viel in en zei me de woorden na. *Wham! Bam! I am the man!* Aanvankelijk riepen we het voor de vuist weg; maar al snel werd het veel meer. 'Wham! Bam! I am a man!' was precies wat ons jonge vriendengroepje uitstraalde: lol, met vrienden dansen op geweldige muziek en daaroverheen wat kapsones. Het was een onweerstaanbare combinatie, een die ons zou kenmerken en waarmee we ons zouden onderscheiden.

Gezien onze jeugdige energie en enthousiasme was het niet verwonderlijk dat Yog en ik een nummer schreven dat harder en *sneller* was dan de muziek die ons geïnspireerd had. Het combineerde het staccato gesproken woord van de rap met disco, net zoals The Sugarhill Gang zijn eigen rijmpjes had ondersteund met de baslijn van Chic's 'Good Times'. Vervolgens voegden we wat pop toe, in de hoop daarmee een eigen geluid te creëren. We wilden ervaringen uit onze tienerjaren laten doorklinken in de liedjes. We hadden op school gezeten om vervolgens terecht te komen in baantjes zonder enig perspectief, of in de bijstand. Tegelijkertijd kenden we ook mensen die van een uitkering leefden, maar het weinige geld dat ze kregen vrolijk uitgaven in dansclubs en tweedehandswinkels, waar ze vintage kleding kochten die paste bij hun New Romantic-image. *Maar hoe deze ideeën samen te brengen?* Toen we een opzet maakten voor de tekst, werden de kreten die ik bij wijze van grap in Bogart's had gezongen onverwachts een springplank voor de rest van het nummer.

Wham! Bam!
I am! A man!
Job or no job,
You can't tell me that I'm not.
Do! You!
Enjoy what you do?
If not, just stop!
Don't stay there and rot!

De woorden waren doorspekt met de realiteit van onze late tienerjaren. Yog was het zat om steeds dezelfde platen te draaien voor een zaal vol onverschillige restaurantgasten, maar in Le Beat Route had hij de kracht van rapmuziek gezien, en hoe die een publiek kon pakken. Dus breidden we het nummer uit met een gesproken tekst in de vorm van vraag-en-antwoord en noemden het 'Wham Rap!'.

Do you want to work?
No!
Are you gonna have fun?
Yeah!
Said one, two, three, rap,
C'mon, everybody,
Don't need this crap!

Toen het nummer net uit was, werd ons wel verweten dat de tekst het leven als uitkeringstrekker zou verheerlijken, maar het was gewoon onze vrolijke, zijdelingse kijk op ons beider leven. Yog was de *soul boy* in 'Wham Rap!'; ik was de *dole boy*, de jongen met een uitkering. Geen van tweeën waren we van plan eentonig negen-tot-vijfwerk te gaan doen; daarnaast had Jacks ultimatum aan Yog ons een juweel van een oneliner opgeleverd: 'Get yourself a job or get out of this house!' Onder invloed van de glamour van de New Ro-

mantic-scene, hiphop en disco, plus de frustratie die het leven in het Engeland van de jaren 1980 teweegbracht, wisten we nu in welke stijl we onze nummers wilden schrijven.

Ons nieuwe enthousiasme had niet beter getimed kunnen zijn. Hoewel ik het niet zo'n punt vond om een uitkering te krijgen, werd Yog nerveus van de situatie. Zijn vader telde de dagen af, en om zich heen zag hij mensen die ondanks alles iets van hun leven aan het maken waren. David Mortimer was naar Thailand vertrokken nadat hij daar op de een of andere manier een baantje had weten te bemachtigen – maar niet voordat hij bijtende kritiek had geleverd op de muzikale ambities van zijn vriend. Yog ging hem uitzwaaien op Victoria Station. Toen de trein het station uit reed, riep David door het raampje: 'Yog, als je nummers goed waren, had je nu wel een platencontract. Je muziek is ruk!'

En toch had Yog inmiddels zo veel vertrouwen in zijn muziek dat het hem een zorg was wat Dave op dat moment dacht. Hij vertelde me zelfs pas jaren later over die trap na van Dave. Yogs vastberadenheid was net zo onwrikbaar als die van mij, en een hatelijke opmerking van een oude vriend kon daar geen deuk in slaan. Zeker niet nu we begonnen waren met het schrijven van een volgend nummer. We wisten dat we meer moesten hebben dan 'Wham Rap!' als we kans wilden maken op een platencontract.

'Club Tropicana' was geïnspireerd op onze eigen ervaring in clubs als Le Beat Route, Bogart's en het hedonisme van de New Romantic-clubs in Londen, zoals de Blitz. New Romanticism en de wedergeboorte van de clubscene in London had een jaar of twee eerder plaatsgevonden in tenten als Le Kilt, Club for Heroes en Billy's, waar regelmatig 'Bowie Nights' gehouden werden. De dansmuziek had zich ontwikkeld, en vanuit de disco was een aantal subgenres ontstaan. Begin jaren tachtig schoten nieuwe bands als paddenstoelen uit de grond. Zij vormden dance en funk óm tot een

alternatief geluid dat ook schatplichtig was aan punk en new wave. Op de radio bestonden de playlists uit zeer uiteenlopende muziek van bands als Haircut 100, Spandau Ballet, Blue Rondo à la Turk, ABC, The Monochrome Set en de Talking Heads.

Le Beat Route was een discotheek waar Yog, Shirlie en ik af en toe naartoe gingen. Androgynie was troef op de dansvloer; jongens en meisjes brachten ladingen foundation, oogschaduw en eyeliner aan en boetseerden hun haar met grote hoeveelheden mousse en haarlak tot vormen die de zwaartekracht trotseerden. De look werd afgemaakt met een om de hals gedrapeerde zijden sjaal en een wijde broek gestoken in korte laarsjes of piratenlaarzen. Sommige mensen zagen eruit alsof hun kleding rechtstreeks afkomstig was uit de modeateliers van St Martin's. Anderen, zoals ik, hadden hun fantasie losgelaten op wat ze tweedehands konden vinden. De outfits waren even exhibitionistisch als divers, en schatplichtig aan mensen als David Bowie of Siouxsie Sioux. En we vonden dat we er fantastisch uitzagen.

Le Beat Route was makkelijker binnen te komen dan de Blitz –

een club waar Mick Jagger volgens een beroemd verhaal ooit was weggestuurd. Niettemin moest je er je best voor doen. Iedereen die door het deurpersoneel te *provinciaal* werd gevonden, werd weggestuurd en moest vol schaamte afdruipen langs een lange rij die ver de straat op kronkelde. Er was geen denken aan dat Yog en ik zo'n verpletterende vernedering zouden ondergaan. Ik deed altijd extra mijn best, en Yog had een klein vermogen uitgegeven aan een lichtrood pak dat hij gekocht had bij een kleermaker op de toen übercoole King's Road.

De New Romantics waren niet de enige stam die er met zichzelf te koop liep. Gothics met gescheurde zwarte spijkerbroeken, felle lippenstift en vogelnestjeshaar hielden zich vaak op in de schaduw. Ik deelde hun enthousiasme voor Siouxsie en de Banshees en The Cure, maar ik was niet zo gecharmeerd van de veelvoorkomende vampierlook. Minder modieus waren rockabilly's met hun vetkuiven en de punkers, die nog steeds trouw waren aan de geest van 1977. Yog, Shirlie en ik voelden ons helemaal thuis als we aan het dansen waren tussen al deze uiteenlopende mensen. In 'Club Tropicana' probeerden we deze gevoelens van escapisme en saamhorigheid door te laten klinken. Ik was begonnen het nummer uit te werken op mijn gitaar, en Yog en ik putten daarbij uit onze clubervaring – terwijl we probeerden de pretentie en zelfgenoegzaamheid te vermijden die sommige New Romantics aankleefden.

We namen de te-mooi-om-waar-te-zijn-sfeer van het Londense uitgaansleven als uitgangspunt ('Het enige dat ontbreekt is de zee ...') en verwerkten die tot een popsong, ook verwijzend naar het hedonisme van een Club 18-30-vakantie, cocktails bij het zwembad, zonnebrandcrème en heel veel seks. Het was ook een wenk naar een nieuwe golf van New Romantic-bands die op onze radar was verschenen – onder andere Spandau Ballet. Chic maakte nog steeds deel uit van de mix, naast een vleugje latin jazz. Ook disco had mijn hart weer veroverd nu die opnieuw een interessante richting was

Tijdens de opnames voor 'Club Tropicana'.

ingeslagen. De single 'Burn Rubber On Me (Why You Wanna Hurt Me)' van The Gap Band hoorde ik voor het eerst toen ik in 1980 in bad zat met de radio aan. De synthesizerbaslick was wellustig; het nummer, dat begon met een zware drumfill, zou uitgroeien tot een funkklassieker en was een van de bepalendste singles uit mijn jeugd. Het was tegelijkertijd rauw en fris. Ik wist niet wat me overkwam. Dit was het effect dat we met onze muziek op mensen wilden hebben.

Nu de melodie en het funkritme van 'Club Tropicana' stonden, werkten Yog en ik de tekst verder uit tot we ongeveer half klaar waren. 'Wham Rap!' was al af, en ons plan om een reeks nummers te presenteren aan de A&R-afdeling van platenlabels nam langzaam maar zeker concrete vormen aan. Op de achtergrond kregen de bestanddelen van een andere demo gestalte: een verhaal over tienerliefdesverdriet en schuldgevoelens op de dansvloer, en de eerste ballad van onze naamloze band. Na dit nummer zou niemand meer op dezelfde manier kijken naar Georgios Panayiotou – de man die zou uitgroeien tot George Michael.

10. **The Edge of Heaven**

Ik heb het geluk gehad het ondermijnende effect van werkloosheid nooit ervaren te hebben. Ik heb niet lang genoeg een uitkering gehad om het gevoel te krijgen dat er geen uitweg meer was, of dat mijn identiteit ervan afhing. Het was wel weer iets nieuws, zo'n bezoek aan het arbeidsbureau. De eerste paar keer althans. Ik wist dat ik gewoon mijn tijd moest uitzitten tot het ging lopen met de nieuwe band. Gelukkig gaven pa en ma me de ruimte, maar zoals alle ouders waren ze waarschijnlijk wel bezorgd over wat ik in godsnaam met mijn leven ging doen.

Zelf maakte ik me geen zorgen. Ik zou met Shirlie naar Londen verhuizen, waar zij werk had gevonden in een buitensportwinkel in de West End. Haar tante woonde in Peckham en was bereid het appartement in haar souterrain voor een vriendenprijs aan ons te verhuren. De buurt zag er toen heel anders uit dan de welvarende buurt die het nu is. Veel meer de wereld van de kleine scharrelaars uit *Only Fools and Horses* dan van ambachtelijke bakkerijtjes en winkels met speciaalbier. Het appartement dat we huurden, was uitgewoond en naargeestig, dus probeerde ik het op te vrolijken met een likje verf. Dat hielp iets, maar deed niets af aan de ellende dat we bij gebrek aan een douche de oven aan moesten steken – met het deurtje open om het nog een beetje warm te krijgen – om ons vervolgens in een alsnog ijskoude keuken staande in een bak warm water te wassen.

Ondanks deze wat teleurstellende kant van het leven in Londen hadden mijn ambities voor het schrijven van liedjes een boost gekre-

gen door een prachtig cadeau dat pa en ma me voor mijn achttiende verjaardag hadden gegeven – een witte Fender Telecaster met een zwarte slagplaat en rozenhouten hals. Hij zag er fantastisch uit en werd een dierbaar bezit, van dezelfde orde als mijn platenverzameling. Elke avond borg ik hem liefdevol op in een koffer en schoof hem bij gebrek aan ruimte onder mijn bed. 's Avonds oefende ik urenlang, speelde nummers na die ik goed vond en probeerde interessante akkoordenschema's uit die ik samen met Yog verder zou kunnen uitwerken. Eentje in het bijzonder – die ik vlak voor mijn verhuizing naar Peckham had bedacht – riep een zekere treurigheid op en vroeg om een klaaglijke melodie en langzamer ritme. Een paar dagen later kwam Yog langs en ik speelde het hem voor.

'Wat vind je hiervan?' vroeg ik terwijl ik de akkoorden speelde.

Hij keek me wat verbaasd aan. 'Goeie god, Andy. Dat past perfect bij iets wat ik al een tijdje in m'n hoofd heb! Speel nog eens...'

In mijn piepkleine slaapkamer aan de Chiltern Avenue 73.
Het ziet er enorm opgeruimd uit.

Ik speelde door, en Yog zong iets wat later zou uitgroeien tot de indringende saxofoonmelodie uit 'Careless Whisper'. Door een verbluffend toeval vulden onze ideeën elkaar perfect aan. Ik weet niet of Yog zich zijn melodie had voorgesteld in het tempo waarin ik speelde, maar het werkte. Samen hadden we de basis gelegd. In de maanden daarop werkten we beetje bij beetje de coupletten, de tekst, het refrein en de details uit.

Soms werkten we bij Yog thuis in Radlett aan 'Careless Whisper'. Of we schreven in het appartementje in Peckham, hoewel dat niet bepaald een omgeving was die de creativiteit prikkelde. Het smoezelige souterrain had ook mijn relatie met Shirlie geen goed gedaan. We misten allebei onze vrienden in Bushey en ze had genoeg van haar bestaan als winkelbediende, dus het duurde niet lang voordat we terugverhuisden. 'Careless Whisper' kreeg vorm. De sequens die ik had bedacht, grotendeels in kleine terts, vroeg om een tekst vol emotie en spijt, en dus besloot Yog te putten uit zijn eigen ervaringen als adolescent. Het verhaal, over een minnaar die was vreemdgegaan en verteerd werd door schuldgevoelens, kwam voort uit zijn relatie met Helen Tye, die hij een jaar geleden bedrogen had. Hoewel Yog sinds zijn zomerse romance met Lesley in 1978 geen serieuze vriendin meer had gehad, was het met Helen wel meer dan vriendschap. Helen was een lang meisje met een exotisch uiterlijk uit zijn kunstklas – haar moeder was Zweeds en haar vader kwam uit Zuidoost-Azië. Yog had haar zelfs voorgesteld aan zijn moeder. Als je wist hoe hoog hij Lesley had zitten, was dat niet zomaar iets.

De problemen begonnen toen Yog weer in contact kwam met een meisje dat hij ooit had ontmoet op de ijsbaan in Queensway, toen hij daar was met zijn twee zusjes. Terwijl hij aan de kant toekeek hoe Melanie en Yioda over de baan schaatsten, raakte Yog in gesprek met een meisje met lang blond haar, Jane. Hij vond haar meteen leuk, maar worstelde nog met zijn uiterlijk en gebrek aan zelfvertrouwen; Jane had verder niet naar hem omgekeken. Toen, ongeveer een jaar later, was ze komen kijken naar een van de eerste optredens van The Executive. Het bleek dat ze net in Bushey was komen wonen. Yogs dikke bril was verdwenen, zijn haar was redelijk onder controle en in eerste instantie herkende ze hem niet. Maar toen ze verteld had dat ze onder de indruk was van zijn zang, waren ze achter Helens rug om iets begonnen. Tot Yog dat ten slotte aan Helen opbiechtte.

Toen we naast elkaar op de aftandse bank in dat appartementje in Peckham zaten, voelde hij zich schuldig genoeg om de tekst van 'Careless Whisper' te kunnen schrijven. Al wisten we allebei dat het wel enigszins cliché was:

Time can never mend
The careless whispers of a good friend.
To the heart and mind ignorance is kind.

We koesterden geen enkele illusie dat hier een poëtische klassieker was geboren, maar dat maakte niet uit: 'Careless Whisper' riep emoties op; en het nummer was net zo geschikt voor etentjes bij kaarslicht als om op te schuifelen.

Op het moment dat we mijn akkoorden combineerden met de saxofoonmelodie die George in de bus naar het Bel Air-restaurant was ingevallen, voelden we bijna meteen dat we iets bijzonders hadden. Hoewel niet iedereen daarvan overtuigd was. Yog vertelde later dat zijn zussen het nummer plagend 'Tuneless Whisper' hadden genoemd. Maar zelf twijfelden we er niet aan dat het nummer een hit kon worden, en ook in George' stem begon zelfvertrouwen door te klinken. Tijdens het schrijven van 'Careless Whisper' hoorde ik voor het eerst de emotionele kracht doorschemeren die zijn zang later zou kenmerken. In ons nieuwe nummer kon hij die voor het eerst laten zien.

Het schrijven van nummers mocht dan opschieten, de band had nog steeds geen naam. We hadden iets nodig dat precies weergaf wat ons onderscheidde – onze energie en onze vriendschap – en toen wisten we het:

Wham!

Het stond gewoon in ons eerste nummer. De naam lijkt nu zo vanzelfsprekend dat ik me niet eens kan herinneren wie van ons er als eerste mee kwam. Wham! was brutaal, direct, grappig en aanstekelijk. En het uitroepteken, geheel in stripboekstijl, trok de aandacht. Hoewel Yog en ik aanvankelijk niet helemaal overtuigd waren, vonden we dat Wham! bij gebrek aan een alternatief maar even moest voldoen. We zouden nog wel iets beters bedenken. Maar de naam bleef, en uiteindelijk konden we ons niets anders meer voorstellen.

Met drie nummers in verschillende stadia van voltooiing leek ons de tijd rijp om een eerste demo te maken. Gezien onze beperkte middelen was het huren van een opnamestudio geen optie. Yog had zijn ouders voor zijn verjaardag om een Fostex gevraagd – een taperecorder met vier sporen – maar had in plaats daarvan een paar antieke geweren gekregen, waaruit maar weer eens bleek hoe weinig vertrouwen Jack had in Yogs muziekcarrière. Het was een voortdurende bron van frustratie. Jack deed niets om de toenemende wrijving tussen vader en zoon weg te nemen. Gelukkig kenden we een vriend van een vriend die wel een Fostex had en bereid was deze voor twintig pond per dag aan ons te verhuren, zodat we de eerste demo van Wham! bij mij thuis konden opnemen. Mijn broer, die ik zijn onbezonnen uitstapje naar de jazzfunk inmiddels had vergeven, werd ingeschakeld voor de achtergrondzang. We hadden net genoeg geld om de taperecorder te huren plus één dag een Doctor Rhythm-drumbox, dus veel tijd hadden we niet. Voor Yog zat er nog meer druk achter. Hij besefte maar al te goed dat zijn kansen bijna verkeken waren; Jacks deadline hing als een zwaard van Damocles boven zijn hoofd. Als onze demo niet werkte, zou hij binnenkort lastige beslissingen moeten nemen over zijn volgende stappen.

Er stond druk op de ketel.

Aangezien 'Wham Rap!' het enige nummer was dat we helemaal af hadden, namen we dat als eerste op en zongen alle drie mee tijdens het refrein. Ik speelde gitaar, Yog zong natuurlijk, en allemaal rommelden we wat met de opnameapparatuur. De twee andere nummers moesten weliswaar nog bewerkt worden, maar nu we toch bezig waren, namen we ongeveer de helft van 'Club Tropicana' op en iets minder van 'Careless Whisper'. Ik wist dat 'Careless Whisper' het beste nummer was van de drie, en daarin was ik niet de enige. Ook Shirlie was onder de indruk toen Yog later in de auto een stukje van de tape aan Shirlie liet horen. Nu stond ons niets anders meer te doen dan de demo te slijten aan elke willekeurige platenmaatschappij die maar wilde luisteren.

Over zelfvertrouwen gesproken. We geloofden echt dat we genoeg op tape hadden staan om een platencontract in de wacht te slepen. Ik kan het nu nauwelijks meer geloven, maar toen dachten we werkelijk dat we zo goed waren. Waarschijnlijk hadden de nieuwe nummers ons moed gegeven. We wisten dat we een grote sprong vooruit hadden gemaakt en feitelijk drie hits hadden geschreven. Deze drie nummers vormden de hoeksteen van Wham! en ik was vastbesloten om elk willekeurig aanknopingspunt en contact aan te grijpen om ergens een voet tussen de deur te krijgen. Het kon me niet veel schelen bij welk label we terecht zouden komen, ik wilde gewoon een contract.

Toen ik eerder op zoek was geweest naar een contract voor The Executive, had ik een A&R-man genaamd Mark Dean leren kennen. Mark werkte voor Phonogram en was altijd op zoek naar nieuwe bands. En belangrijker nog, hij kwam uit de buurt en had een paar jaar vóór mij op Cassio gezeten. Hij had interesse getoond in The Quiffs, en in The Three Crowns praatte ik weleens met hem. Maar thuis bij hem langsgaan met een tape van The Executive was een ander verhaal. Helemaal kogelbestendig was mijn zelfvertrouwen nu ook weer niet, en dit zou een zeer zakelijk gesprek worden. Mark had mijn hoop destijds snel de bodem ingeslagen.

'Mwa', zei hij toen ik hem 'Rude Boy' en de rest had laten horen. 'Dat is een beetje ouwe koek. Het zou nog best iets kunnen worden, maar het is niks voor mij.'

Maar met 'Careless Whisper', 'Club Tropicana' en 'Wham Rap!' hadden Yog en ik nu iets degelijkers om te laten horen. In de tussentijd was Marks ster snel gerezen. Eind 1981 had hij Soft Cell, het synthpopduo dat dat jaar beroemd was geworden met hun hit 'Tainted Love', onder contract. Hoewel Mark nu werkte op hoogten die iets buiten het bereik van Wham! leken te liggen, stuurde ik hem toch onze nieuwe tape toe. In afwachting van zijn antwoord – als dat al zou komen – benaderde ik vast een aantal andere labels. Na onze pogingen met The Executive hadden we enige ervaring met het colporteren bij platenmaatschappijen, en Yog en ik hadden al snel een plan van aanpak. We zouden samen naar de receptie lopen

Het altaar aan Chiltern Avenue 73

en zeggen dat we voor een belangrijk gesprek kwamen. Als onze fictieve afspraak dan niet in de agenda bleek te staan, zouden we de druk opvoeren. Ik zou de receptioniste proberen te paaien, Yog zou zijn frustratie uiten. We konden een uitstekend komisch duo zijn als we wilden.

'We zijn helemaal hiernaartoe gekomen,' zou ik met een innemende glimlach zeggen. 'Kunnen we hem niet op de een of andere manier nog spreken?'

'Hoe bedoelt u, hij is er niet?' zou Yog snauwen.

Meestal mislukten onze pogingen jammerlijk en werden we weggestuurd. Iedereen wist dat dit een techniek was die in de jaren zestig voor een aantal bands had gewerkt. Maar begin jaren tachtig kregen ze dat bij de balie van platenmaatschappijen ook in de gaten. In het enkele geval dat ons trucje werkte (en ik weet zeker dat EMI ons wat tijd heeft gegund, om vervolgens vijftien seconden naar onze tape te luisteren en ons weer de deur te wijzen) werd Wham!'s demo afgedaan als ondermaats, nog niet af of irrelevant. *Jullie verdoen je tijd.* Maar geen van tweeën raakten we ooit zo ontmoedigd dat we er de brui aan wilden geven, en Yog werd steeds optimistischer nu hij de voorlopige versie van 'Careless Whisper' in het Bel Air-restaurant had gedraaid. 'Je gelooft het niet, Andy, maar mensen gingen er echt op dansen!' zei hij. 'Ik had het nog niet opgezet of er stroomden allemaal stelletjes naar de dansvloer...' Dit was het zoveelste bewijs dat onze nummers iets konden worden – alsof we dat bewijs nodig hadden.

En toen, in februari 1982, belde Mark Dean.

'Andrew, kunnen jullie vanavond naar The Three Crowns komen?' vroeg hij. 'Ik heb jullie wat te vertellen.'

Het ging gebeuren. Mark verklapte niets door de telefoon, maar waarom zou een A&R-man ons anders allebei willen zien? Ik zei tegen Yog dat hij zo snel mogelijk naar mijn huis moest komen en legde de situatie uit zonder mijn optimisme al te zeer te laten doorschemeren. Hoewel ik ervan overtuigd was dat Mark genoeg had gehoord om ons een kans te willen geven, wilde ik geen valse hoop wekken.

Ik had me geen zorgen hoeven maken. Toen we de pub kwamen binnenlopen, zat Mark al te wachten en gaf ons vijf pond voor een drankje.

'Ik bied Wham! Een contract aan bij mijn nieuwe label, Innervision,' zei hij en sprak daarmee de woorden uit waar ik al jaren naar smachtte.

Wat?

'Het wordt niet iets heel groots,' zei hij. 'Het is een gok voor mij. We proberen een single of twee op te nemen en kijken wat er gebeurt.'

Yog en ik keken elkaar aan en deden ons best onze gevoelens in toom te houden. We sloegen elkaar wel even op de rug, maar verder bleven we cool. Er was geen gejuich en geen high five. Zo deden wij dat gewoon niet. Maar het idee dat iemand echt iets in ons zag, was fantastisch. En we vonden het rechtvaardig. Ons harde werken en geloof in onszelf hadden vruchten afgeworpen. Wham! kon nu echt muziek gaan maken, en ik zou een plaat gaan uitbrengen met mijn beste vriend.

Pa, daarentegen, was niet in het minst onder de indruk. 'Dat is heel leuk, Andrew, maar wanneer zoek je nu eens een fatsoenlijke baan?' vroeg hij, nauwelijks opkijkend van zijn avondkrant toen ik hem het nieuws die avond vertelde. Wat hem betrof kon je voor je lol in een band spelen, maar was dat uiteindelijk niet waar het om ging. Hij zag het beslist niet als een serieuze carrière met kansen op promotie en een ziektekostenverzekering (plus een prettige pensioenregeling). Gelukkig snapte ma het wel. Ze was toen pas negenendertig en begreep het belang van wat er in The Three Crowns gebeurd was. Ze omhelsde me stevig.

Heel verassend was het niet dat Jack, in Radlett, langs dezelfde lijnen dacht als mijn vader. Hij belde zakenrelaties om te verifiëren dat Mark echt in dienst was bij een platenmaatschappij. Vervolgens nam hij een advocaat in de arm om na te gaan of het contract wel bonafide was. Dat was een paar weken voordat we uiteindelijk onze handtekening zetten.

Ondertussen boekte Mark in het Halligan Band Centre in Holloway een studio waar we met sessiemuzikanten een fatsoenlijke demo konden opnemen. Op de bas hadden we Brad Lang, die op het debuutalbum van ABC, *The Lexicon Of Love*, had gespeeld, en een drummer die eerder had samengewerkt met Dollar en Bucks Fizz. Ik speelde ritmegitaar en Yog zong: 'Wham Rap!', 'Careless Whisper' en nog twee andere nummers, 'Soul Boy' en 'Golden Soul' (die nooit zijn uitgebracht omdat ze niet zo heel goed waren). Toen die erop stonden, werkte Yog 'Young Guns (Go For It!)' verder uit. Een aantal mensen met wie we hadden opgetrokken in de pub leken opeens heel volwassen te worden. Ze gingen samenwonen, trouwden en kregen kinderen. In dit nummer bezong Yog hun nieuwe levens met een grote knipoog. En ons voornemen om zelf niet in die valkuil terecht te komen.

See me, single and free,
No tears, no fears, what I want to be.
One, two, take a look at you,
Death by matrimony!

Ook dit nummer had een stevig discoritme, en het leek een danshit die niet onderdeed voor 'Wham Rap!' en 'Club Tropicana'.

Terwijl we zo bezig waren met de opnames, kregen onze nummers voor het eerst duidelijk gestalte. Ze waren niet meer te vergelijken met de demo's die we in mijn voorkamer hadden gemaakt. Alles klonk fantastisch. Toen we ze na afloop hard door de speakers afspeelden, tekende het beeld van wat Wham! kon worden zich nog helderder en scherper af dan we ons hadden voorgesteld – in levendige kleuren.

Op 24 maart 1982 zetten Yog en ik eindelijk onze handtekening. Mijn moeder maakte een aantekening in het eerste van een hele reeks Wham!-plakboeken: 'Andrew en Yog tekenen opnamecontract bij Innervision... WHAM!'

Ons avontuur was begonnen.

En bijna meteen speelde ik het klaar om dat een beetje van zijn glans te beroven.

11. **Van Georgios naar George**

Het was volkomen míjn schuld dat Shirlie en ik uit elkaar gingen. We waren al een aantal jaren samen toen ik een ander meisje achter haar rug om meenam naar Bogart's. Ik was ervan uitgegaan dat ze die avond thuis zou blijven, maar toen ze samen met Yog de club binnen kwam lopen, hoefde ze geen helderziende te zijn om te begrijpen wat er aan de hand was. Begrijpelijkerwijs was ze heel kwaad en gekwetst; het duurde weken voordat ze zelfs maar weer met me wilde praten.

Het was bepaald geen episode waar ik trots op ben. Maar we waren nog jong. We hadden al samengewoond, zij het kort, en ook wel eens serieus over onze toekomst gepraat, maar ik was nog niet toe aan trouwen of settelen. Ik vond het natuurlijk leuk om een vriendin te hebben, maar al mijn aandacht ging uit naar het van de grond krijgen van een band met Yog, terwijl Shirlie als serveerster in een restaurant in Watford werkte en nog geen deel uitmaakte van ons muzikale project. Niets daarvan verklaart of rechtvaardigt mijn ontrouw werkelijk, maar zo zat het.

De weg vooruit voor Wham! was een stuk minder rommelig. Nu we op basis van een haastig in elkaar gezette demo bij Innervision hadden getekend, waren ons de valkuilen bespaard die nieuwe bands meestal tegenkomen. We hoefden niet eindeloos in pubs en bars te spelen voor een publiek van ongeïnteresseerde drinkers in de hoop opgemerkt te worden. Toch hadden we niet de illusie dat de weg naar de hitparade soepel en zonder teleurstellingen zou verlopen. Aan onze ambitie lag het niet, maar onze belabberde financiele situatie maakte het er niet makkelijker op. We waren blut. En hoewel we werden gepresenteerd als popster, woonden we allebei nog bij onze ouders. De 45 pond per week die we van Innervision kregen, was niet veel beter dan een uitkering. Met dít verschil natuurlijk dat we een doel hadden.

Ter voorbereiding op wat we hoopten dat een reeks optredens op tv of elders zou worden, repeteerden we bij Yog thuis. Als Jack en Lesley thuis waren, oefenden we danspasjes in zijn slaapkamer. Maar zodra ze een uur of twee weg waren, bouwden we hun woonkamer om tot dansstudio en maakten we een hele choreografie bij de nummers.

Om de zaak een impuls te geven, had Innervision wat cluboptredens voor ons geregeld: korte pauzenummers als de dj even geen hits draaide, waarin we een of twee nummers zouden playbacken. Toen de relatie tussen mij en Shirlie weer ontdooid was, lag het voor de hand om haar te vragen als achtergronddanseres. Gezien de band die we met ons drieën hadden, was het vreemder geweest om haar er níet bij te betrekken. Naast Shirlie rekruteerden we Mandy Washburn, een knap meisje dat ik kende uit ons kringetje bij The Three Crowns. Mandy was pas zestien, maar ze kon goed dansen, was zelfverzekerd en heel gezellig. Op de demo van 'Wham Rap!' oefenden we met Mandy alle bewegingen tot we met ons vieren synchroon liepen. We repeteerden zo graag dat we zelfs toen Yog een keer moest oppassen bij de buren, in hun woonkamer stonden te oefenen terwijl de kinderen boven sliepen.

Terwijl wij ons voorbereidden, trad de pr-machine van Innervision in werking en werd onze debuutsingle 'Wham Rap!' in de fabriek geperst. Op het label van de plaat stonden de songwriters vermeld als 'G. Panos/A. Ridgeley'.

In gedrukte vorm op een platenlabel dacht je bij 'G. Panos' niet meteen aan 'popster', en dat besef leidde tot een snel besluit. Zoals

David Jones zijn naam veranderd had in David Bowie en Farrokh Bulsara Freddie Mercury was geworden, begreep Yog het belang van de juiste naam. Georgios Panayiotou was geen succesformule. Als zijn docenten en vrienden zich er al geen raad mee wisten, maakten radio-dj's en tv-presentatoren helemaal geen schijn van kans. Zijn popcarrière vereiste iets dat makkelijker uit te spreken viel.

George Michael.

Hoewel zo'n move me aanvankelijk wat overdreven leek, moest ik toegeven dat 'George Michael' een zekere sterallure had. Het had iets hollywoodiaans, zoals Kirk Douglas of John Wayne, en zelf kon hij zich er snel in vinden. George was gewoon de verengelste versie van Georgios, en Michael was het onder andere geworden omdat hij op de lagere school een Grieks vriendje had gehad dat zo heette. Tegelijkertijd was George, zoals hij zich nu aan iedereen voorstelde, er altijd heel duidelijk over dat hij zich niet schaamde voor zijn Griekse afkomst – verre van dat. Alleen had hij voor een leven in de popwereld een naam nodig die van de tong rolde in plaats van tegenspartelde. Wat mij betrof: mijn vader had een dergelijke zet al overbodig gemaakt toen hij Albert Zacharia verruilde voor Albert Ridgeley.

George leek onmiddellijk beter op zijn gemak met zijn nieuwe naam, maar de verandering was meer dan alleen een cosmetische ingreep. *Hij bood George de kans een nieuwe identiteit aan te nemen.* Later zou hij regelmatig aangeven dat 'George Michael' een persona was, een die hem hielp de onzekerheden die hij op school had gekend te overwinnen en zijn weg te vinden in de wereld van de muziek en de schijnwerpers. Ik wist wel dat Yog weinig zelfvertrouwen had ten aanzien van zijn uiterlijk, maar ik was zelf ook pas negentien en ik zag niet hoe diep het werkelijk bij hem zat. Tijdens de voorbereidingen op de verschijning van Wham!'s eerste single waren we zo vol van alle spanning en verwachtingen en leek alles om ons heen zo positief, dat het gewoon niet ter sprake kwam. Maar hoewel het onze ontwikkeling tijdens die begindagen van Wham! niet in de weg stond, worstelde George vanbinnen nog met zijn uiterlijk, zijn gewicht en zijn zelfbeeld. Het nieuwe personage verschafte hem een psychologisch pantser.

In zijn autobiografie *Bare* uit 1990 staat George' bekende uitspraak dat hij een man had geschapen – naar het beeld van een heel goede vriend – van wie de mensen konden houden als ze wilden, 'iemand die mijn dromen kon laten uitkomen en een ster van me kon maken. Ik noemde hem George Michael.' Hij heeft nooit gezegd wie die vriend was, tegen mij noch tegen iemand anders; er zijn mensen die vermoeden dat hij mij bedoelde. Ik zou het echt niet weten, maar heel gek zou het niet zijn, want buiten Shirlie en mij waren er niet veel mensen uit wie hij inspiratie putte. Er waren wel mensen om ons heen die zagen wat de dynamiek binnen Wham! was. Onze uitgever, Dick Leahy, de voormalige eigenaar van GTO Records, zei altijd dat Wham! bestond uit George die voor mij en een vriend schreef. Alleen was die vriend toevallig George zelf.

HP5
26A
27

Misschien dacht George mijn uitstraling en zelfvertrouwen nodig te hebben om te kunnen doorbreken. Als hij daar ooit om gevraagd had, zou ik hebben gezegd dat hij mocht pakken wat hij wilde! Mij maakte het niets uit hoe hij zich noemde. En wat mij betreft mocht hij zijn inspiratie overal vandaan halen, als hij er maar iets aan had. Ik zat in Wham! met George Michael, maar Yog was mijn beste vriend. En van mij mocht hij alles hebben.

In de aanloop naar de release van 'Wham Rap!' deden George, Shirlie, Mandy en ik ons eerste optreden, ofwel *public appearance* (PA), in Level One, een zaal in Neasden. CBS, het grote label achter Innervision, was ervan overtuigd dat we een grote aanhang konden verwerven als we onze nummers in de clubscene ten gehore brachten. Ze wilden Wham! en hun danseressen zo veel mogelijk optredens laten doen. Gevieren wurmden we ons in een minibusje. Toen we uiteindelijk in Level One aankwamen, bleek het een enorme ruimte ter grootte van een vliegtuighangar te zijn. Het was er stampvol, en toen de dj Wham! aankondigde, constateerde ik een groot probleem. Er was geen podium. We moesten optreden te midden van een grotendeels beneveld uitgaanspubliek. Zodra de achtergrondtape werd ingezet, kregen Shirlie en Mandy wat ongewenste aandacht van een paar jongens die zich hadden aangesloten bij de kring van dansers om ons heen. George en ik probeerden zo te bewegen dat we hen nog enigszins konden beschermen, maar dat viel niet mee. Onze eerste PA was niet helemaal het feest waarop we gehoopt hadden.

Maar dit was nu eenmaal de weg die we waren ingeslagen. De daaropvolgende maanden reed Wham! kriskras over de snelwegen en speelde voor mensen die ófwel niet geïnteresseerd waren, óf te dronken om ons op te merken. Maar of mensen nou keken of niet – en soms waren dat er maar een of twee – we deden bij elke PA ons uiterste best, in de overtuiging dat dit de beste manier was om de hitparade te bereiken. We gedroegen ons als profs, maar het was ploeteren. Soms deden we drie of vier optredens per avond. Omdat de locaties waar we speelden nachtclubs waren, was er zelden een kleedkamer; vaak kleedden we ons om in het toilet of op een parkeerterrein.

Veel ruimte voor een vrolijke noot was er niet, maar ik herinner me wel dat ik tijdens een optreden in London even opzijkeek en George net een bijzonder energieke trap omhoog zag doen, waarop zijn schoen het publiek in vloog, rakelings langs het gezicht van iemand op de voorste rij. Zonder een spier te vertrekken schopte George zijn andere schoen ook uit en maakte de blunder onderdeel van de act; vervolgens gleed hij de rest van het optreden op zijn sokken over de spiegelgladde dansvloer. Ik denk niet dat iemand opgeluchter was dan hij toen het nummer ten einde was.

Niet geheel tot onze verbazing was Innervision zuinig met het vergoeden van onkosten, en ik was aangesteld als beheerder van de kas. Dat was vooral pijnlijk als we Shirlie en Mandy betaalden, die het label wonder boven wonder had toegezegd te financieren. Ik had een kasboek gekregen waarin ik hun povere inkomsten moest noteren op carbonpapier. Het was de antithese van wat het leven van een popmuzikant zou moeten zijn. En het had iets ongemakkelijks, omdat de meisjes weliswaar een belangrijk onderdeel van ons team vormden, maar, in tegenstelling tot wat het publiek vaak dacht, niet in Wham! zaten. Maar we zetten door met z'n vieren. Als we 's avonds naar onze volgende PA reden, probeerden George en ik de grotere zalen, zoals Stringfellows, te zien als kleine stapjes op weg naar een grotere prijs: Wham! in de hitparade krijgen.

Uiteindelijk lag Mandy's hart niet echt bij de muziek; ze had altijd in de schoonheidsbranche willen werken. Toen ze op een dag te laat was voor een gesprek met CBS, besloot George dat ze maar beter kon vertrekken. In haar plaats kwam Diane Sealy, ook bekend als D.C. Lee, en onze shows verliepen soepeler dan ooit. Toen we in de homoclub Bolts in Londen kwamen spelen, kregen we tot onze verbazing livemicrofoons. Vervolgens zette dj Norman Scott de instrumentele B-kant van 'Wham Rap!' op en hadden we geen andere keuze dan het live te zingen. Gelukkig ging dat vlekkeloos, wat nog maar eens benadrukte dat er niets ging boven een liveoptreden. Dat was voor mij altijd een belangrijke drijfveer geweest, en een van de voornaamste redenen dat ik zo teleurgesteld was toen The Executive uit elkaar ging.

We zouden uiteindelijk nog genoeg kansen krijgen om live te spelen, maar eerst diende 'Wham Rap!' gepromoot te worden. En Innervision presenteerde ons ondertussen aan de pers als niet veel minder dan de redders van de Britse jeugd:

> Wham! De frisse wind waar Engelse jongeren naar snakken. Iets uitzonderlijks, eerlijks en jongs. Wham! is hier om aan die vraag te voldoen. Met alle vitaliteit van Londen maar niets van de bijbehorende pretenties, zullen George Michael en Andrew Ridgeley gestalte geven aan de denkbeelden, ambities en het

plezier van elke adolescent, en platen maken die het Engelse tienerleven *zijn*.

Deze invalshoek had veel te maken met de sociaal betrokken tekst van 'Wham Rap!', maar geen van beiden hadden we de behoefte een bijdrage te leveren aan het politieke debat – dat konden we beter overlaten aan bands als The Specials of Billy Bragg. Maar we wilden wel zo veel mogelijk platen verkopen; als Innervision meende dat deze manier van aanprijzen de beste reclame was, gingen George en ik daar met alle plezier in mee.

En het werkte. Er belden al snel muziektijdschriften en kranten voor een interview, maar als het ging om het promoten van ons imago als jong, energiek muzikaal duo was de karige financiering van Innervision wel een probleem. Een stylist hadden we zeker niet. De witte espadrilles die een belangrijk onderdeel van de Wham!-look waren, kostten £ 9,99 en kwamen van de Dolcis. Na een paar fotoshoots zagen ze er bepaald groezelig uit. En George was er in Stringfellows al een paar kwijtgeraakt. George' favoriete spijkerbroek kostte maar een tientje bij Chelsea Girl en was niet eens van hem. Hij had hem 'geleend' van Shirlie en nooit meer teruggegeven. We hadden samen één overhemd met print en korte mouwen. Ik droeg het tijdens een interview met de *Melody Maker* en George nam het mee naar een fotoshoot en interview met *The Face*, waardoor ik het moest doen met een gaatjeshemd dat George had gedragen tijdens een fotoshoot op Corfu. Verder had ik nog ongeveer drie shirts en één broek.

Zelfs met onze beperkte garderobe was de reactie op 'Wham Rap!' positief. *Sounds* typeerde onze muziek als 'sociaal bewuste funk'. De *Watford Observer* noemde 'Wham! een band om in de gaten te houden. Maar ondanks alle lovende recensies kwam 'Wham Rap!' niet verder dan nummer 91 in de Top 100. Het was een bittere teleurstelling. Bezorgd belden onze uitgevers verschillende platenzaken met de vraag waarom zo'n goed ontvangen single zo matig had verkocht. Het bleek al snel dat 'Wham Rap!' niet op grote schaal verspreid was. Wie een exemplaar had willen kopen, had daar veel moeite voor moeten doen. Dit nieuws maakte bij George iets los. Hoewel hij de gevoeligheid had van een kunstenaar, beschikte hij ook over een scherp zakelijk inzicht; in dat opzicht was hij dan weer wél uit hetzelfde hout gesneden als zijn vader. Na het floppen van onze debuutsingle raakte hij geobsedeerd door de distributie, verkoopcijfers en hitlijstdata van elke Wham!-release – zo graag wilde hij onze naamsbekendheid vergroten. Wat ook niet hielp, was dat de single enige controverse had uitgelokt. Er werd ons verweten dat we het bijstandsbestaan verheerlijkten, wat helemaal niet het geval was. Maar we vermoedden dat dit had bijgedragen aan het feit dat we zo weinig gedraaid waren op de radio. Eén fan hadden we wel: de legendarische John Peel van Radio 1. Maar aangezien zijn programma pas tegen middernacht werd uitgezonden, was het onwaarschijnlijk dat hij onze doelgroep zou bereiken.

Vervelend genoeg miste het geld dat Innervision wél aan ons uitgaf vaak zijn doel. Voorafgaand aan de release van 'Wham Rap!' werden George en ik naar New York gestuurd om de single te remixen met studioproducent François Kevorkian. Hij was bekend vanwege zijn samenwerking met het Amerikaanse duo D-Train, de band achter de hit 'You're The One For Me' uit 1981, en we waren dolenthousiast. New York was een stad waar we van droomden sinds we *Saturday Night Fever* hadden gezien, maar van meet af was het een reis met hindernissen. Het was Innervision niet gelukt op tijd onze werkvisa te regelen, dus moesten we op de dag van vertrek nog langs de Amerikaanse ambassade. Na een halsbrekende rit kwamen we een paar minuten voor vertrek op Heathrow aan. Normaal gesproken zou dit niet al te veel problemen hebben opgeleverd, maar ik had tijdens een potje voetbal in Regent's Park een middenvoetsbeentje gebroken. De pijn was niet te harden, rennen naar de gate was uitgesloten. Terwijl ik met een vertrokken gezicht en de krukken brandend in mijn oksels over het vliegveld hupte, hád George het niet meer.

'Jezus, Andrew!' schreeuwde hij. 'Kun je niet wat sneller?'

Ik keek hem aan. 'Ik doe dit niet expres, weet je...'

Dit soort woordenwisselingen was niet ongebruikelijk tussen George en mij. We erkenden geen van beiden graag een nederlaag en kwamen eindeloos terug op onenigheden. We gunden elkaar niet al te makkelijk het laatste woord, vielen elkaar aan op kleine dingetjes. We brachten zo veel tijd met elkaar door en kenden elkaar zo goed dat we bijna broers waren. Dus kíbbelden we ook als broers. Maar onoverkomelijk waren de ruzies nooit, niet op muzikaal gebied en niet op andere vlakken. We lieten ze niet escaleren. En maar goed ook, want toen we bij de gate kwamen, koppelden ze de slurf al los. We smeekten het personeel ons nog binnen te laten, maar het mocht niet baten.

Toen we eindelijk, vierentwintig uur te laat, in de Big Apple aankwamen, gingen we rechtstreeks naar het Mayflower Hotel aan Central Park West – een oud gebouw uit de jaren 1920 dat vrij bescheiden was, maar comfortabel genoeg. Of liever: dat zóú het geweest zijn als Innervision geen kamer met tweepersoonsbed voor ons had geboekt in plaats van eentje met aparte bedden. Nu moesten we in het midden kussens stapelen om onszelf te verzekeren van gepaste slaapomstandigheden. Maar om de een of andere reden was het hotelpersoneel er niet gerust op. Hoewel we hen ervan wisten te overtuigen dat het geen punt was dat George en ik een bed deelden, waren de problemen nog niet ten einde. Halverwege ons verblijf klopten midden in de nacht twee beveiligers op onze deur.

'Heren, we hebben de administratie nagekeken en de kamer is nog niet betaald,' zei een van hen.

Ik begreep het niet. 'Hoe bedoelt u, niet betaald? Onze platenmaatschappij heeft de rekening voldaan.'

De heren schudden hun hoofd. We moesten vertrekken. Ondanks Mark Deans verzekering dat 'alles geregeld was', was dat duidelijk niet het geval. Een paniekerig telefoontje naar CBS in New York later die ochtend redde ons uiteindelijk van een beschamende uitzetting. En gelukkig brachten we te weinig tijd in het hotel door om het ons erg aan te trekken.

Na *Saturday Night Fever* was het bezoeken van de beste clubs van de stad onze prioriteit, want we waren heel benieuwd naar het kloppende hart van Manhattans dansscene. Tot onze verbazing ware de hipste tenten niet meer dan grote lege ruimtes in een oude loods of pakhuis. De meeste waren grimmig en weinig toegankelijk, maar álles wat moeilijk toegankelijk voor mij, want ik liep op krukken.

Wat het er niet beter op maakte, was de jetlag. Ik herinner me één avond waarop ik zo moe was dat ik die slapend naast een gigantische speaker heb doorgebracht, terwijl George bevriend raakte met een groep jonge New Yorkers. Toen ik wakker werd, bleken ze van plan nog ergens anders heen te gaan en George wilde graag mee. Aanvankelijk maakte ik me een beetje zorgen. We waren een godvergeten eind weg van het centrum en New York had toen de naam een behoorlijk ruige stad te zijn. Maar George had zin in een leuke avond en was niet van plan zich iets van mijn zorgen aan te trekken.

Gelukkig verliep de avond zonder verdere incidenten. Dat kan niet gezegd worden van François Kevorkians remix. Toen we die na onze terugkeer in Londen opgestuurd kregen, was het verre van wat we gehoopt hadden.

We vonden het vreselijk.

Als ons eerste reisje naar Amerika Wham! iets geleerd had, was het wel dat het leven van een popster vreemd kan lopen.

12. **Party Nights en Neon Lights**

En toen was daar *Top of the Pops*.

Ons optreden in hét muziekprogramma van de BBC hadden we te danken aan een bizarre samenloop van omstandigheden. Niet dat het ons iets kon schelen hoe het zo gekomen was – we wilden maar al te graag. 'Young Guns (Go For It!)' was in september 1982 uitgekomen, maar omdat die niet verder kwam dan nummer 73 op de hitparade, werd de kans dat Wham! internationaal zou doorbreken met de dag kleiner. Hoewel we geen van allen verwachtten binnen te komen in de top 20, was dit een grote teleurstelling en iedereen, van onze radioplugger tot Mark Dean, was wat nerveus aan het worden. Toen echter de week daarop de hitlijsten bekend werden, was 'Young Guns' op nummer 48 terechtgekomen. Opeens was er zicht op een plaats in de top 40 en op de zo belangrijke playlists op de radio. Maar toen werd de bodem onder onze wereld weggeslagen. In week drie na de release zakte de single naar nummer 52. Ondanks alle PA's die we hadden gedaan en de stapels drukwerk waarin we werden binnengehaald als band om in de gaten te houden, leek de totale mislukking onvermijdelijk. Het was rampzalig en George was er kapot van. Ook ik maakte me serieuze zorgen, maar ik kon gewoon niet geloven dat dit het einde was.

'Kom op, zo erg is het niet,' zei ik terwijl onze tweede single nog verder kelderde op de hitlijst. 'We zijn al een heel eind gekomen. Het is even een hobbel in de weg.' Maar George zag er geen gat meer in. En daar had hij alle reden toe. Er was niets meer dat we konden doen om het lot te keren. Dat wist ik en dat wist hij. Jaren later bekende hij dat hij op het moment dat de single bleef steken, zelfmoordgedachten had gehad. Het idee dat het allemaal voorbij zou zijn voordat het goed en wel begonnen was, was ondraaglijk.

En toen, van het ene moment op het andere, lachte het geluk ons toe. Wham! was opgemerkt door het kinderprogramma *Saturday Superstore*. We hadden ergens in Londen opgetreden voor het zoveelste ogenschijnlijk ongeïnteresseerde en dronken uitgaanspubliek, maar toch was iemand in de zaal gegrepen door het nieuwe en de energie van onze 'Young Guns'-vertolking. En zij bleek redactrice te zijn bij dit programma. We werden uitgenodigd om het weekend daarop te komen optreden. Het was een ongelofelijke ontwikkeling! Het programma stond destijds hoog aangeschreven en er traden altijd bands in op die de jonge kijkers zouden aanspreken. Iedereen wist dat een goed optreden in de studio wonderen kon verrichten voor een nieuwe band. Veel kijkers die 's ochtends naar *The Superstore* hadden gekeken, bleken 's middags hun zakgeld uit te geven aan een plaat. Het was een uit de hemel gezonden reddingsboei die we met beide handen vastgrepen.

We wisten dat dit de doorbraak kon worden waaraan we zo'n behoefte hadden. En we maakten er een echte show van. Gesteund door een begeleidingsband en geflankeerd door twee Amerikaanse oldtimers, speelden we 'Wham Rap!' en 'Young Guns'. Het optreden deed wonderen. 'Young Guns' schoot omhoog op de hitlijst, al was het niet voorbij nummer 42. We waren nog niet beland in de zo belangrijke top 40. Hoewel het een enorme stap in de goede richting was, wisten we nog niet precies waar we aan toe waren. 'We komen alleen op de radiohitparade als we op de een of andere manier de top 40 weten te bereiken,' zei George gefrustreerd. '*Top of the Pops* vraagt ons echt niet als we maar op 42 staan.'

Dat viel niet te ontkennen.

Hoewel er tv-programma's bestonden die iets verder keken dan de top 40, zoals *The Old Grey Whistle Test*, richtten die zich bijna uitsluitend op rockbands of folk- en countryartiesten. Even leek het erop dat ons optreden bij *Saturday Superstore* het duizelingwekkendste hoogtepunt zou worden van onze carrière. En als beide Wham!-singles roemloos ten onder zouden gaan, was de kans groot dat Mark Dean zijn handen van ons af zou trekken. Nu we zo ver gekomen waren, was het ondenkbaar dat we hier zouden stranden.

Wat hierna gebeurde, was de op een na belangrijkste gebeurtenis in de geschiedenis van Wham!. Onverwacht, wonder boven wonder, had *Top of the Pops* besloten dat ze ons in de uitzending wilden hebben. De reden daarvoor is nog steeds een raadsel, maar blijkbaar had een of andere band op het laatste moment afgezegd. Ik weet niet welke dat was en dat hebben we ook nooit te horen gekregen, maar het lot verschafte ons de kans van ons leven. Op zoek naar een vervangende band, een die op korte termijn kon komen opdraven, hadden de producers de hitlijsten van die week bekeken. Wham!

viel hen om twee redenen op. De eerste was dat we stegen op de lijst en nu een positie net onder de top 40 hadden bereikt. De tweede was dat we een Engelse band waren en onze agenda waarschijnlijk makkelijk konden omgooien. Ze belden Innervision om te vragen of we konden komen. *Daar was maar één antwoord op.* Deze kans gingen we niet voorbij laten gaan.

Als iemand me op mijn twaalfde zou hebben gezegd dat ik ooit in *Top of the Pops* zou staan, dan had ik hem compleet voor gek verklaard. Yog en ik waren allebei al zo lang fan van *TOTP*... Dat we nu in de voetsporen van een paar van onze favoriete bands mochten treden, leidde tot een hoop opwinding. De nacht voor de opnames sliepen we geen van tweeën erg goed. En hoewel dat gedeeltelijk te wijten was aan de zenuwen, hielp Innervisions gebruikelijke aandacht bij de voorbereidingen ook niet echt. De nacht voor de grote doorbraak van Wham! hadden ze een kamer voor ons geboekt in een hotel in King's Cross waar de bedden waarschijnlijk per uur werden verhuurd. Het was al een vervallen boel, en dan hadden ze George ook nog de slechtste kamer gegeven.

'Wat is dat in godsnaam?' zei hij, wijzend op een kinderbedje in zijn kamer. 'Moet ik daar serieus in slapen?'

Het beddengoed was van een soort nylon, en daaronder lag een plastic zeiltje om te voorkomen dat het bevlekte matras nog viezer werd. Mijn beddengoed was niet veel beter, maar mijn bed had tenminste wel fatsoenlijke afmetingen. Met zijn voeten over de rand van het matras sliep George die nacht niet lekker. Een kamer kostte tien pond per nacht en zelfs dat was afzetterij. Toen we op de afgesproken tijd, half acht, arriveerden in de BBC-studio, waren we allebei moe en prikkelbaar. We vroegen ons af waarom we zo nodig twaalf uur vóór de uitzending aanwezig moesten zijn.

Maar daar bleef het niet bij. Als voorbode van wat nog komen zou, ging alle aandacht uit naar George' haar, zodat hij uren doorbracht bij de make-upafdeling van de BBC. Zijn krullen werden geföhnd, recht-

getrokken, met haarlak bewerkt en getoupeerd tot hij tevreden was met zijn verschijning. Voor de rest van de wereld zag het er precies zo uit als vóór die hele rimram. Omdat ik aanvoelde dat grapjes over zijn haar elk gevoel voor humor om zeep zouden kunnen helpen, liet ik George zijn gang gaan. Ik weerstond de verleiding hem te plagen.

Tv-studio's, ontdekte ik al snel, konden frustrerende locaties zijn. *De Top of the Pops*-ervaring was er een van uitersten: stressvol én ongelofelijk saai. We waren allebei wat zenuwachtig, en de tirannieke manier waarop het programma gerund werd, was niet bevorderlijk. Men liet er geen twijfel over bestaan hoe de machtsverhoudingen lagen tussen *TOTP* en een nieuw bandje zoals wij. De hele dag door werden we uit de hoogte behandeld en in het rond gecommandeerd. We werden onmiskenbaar gezien als een eendagsvlieg die niet met respect behandeld hoefde te worden. Keer op keer moesten we onze act oefenen. We hadden al weken getoerd en de dansroutine zat er echt heel goed in, dus ons leek alle drukte zeer overdreven. Het was heel iets anders dan het onthaal dat we hadden gekregen bij *Saturday Superstore*.

Maar het was het waard.

Toen we later die avond onze show gingen opnemen, heerste er een nerveuze sfeer in de studio. Bij optredens in clubs voelde ik me steeds beter op mijn gemak, maar nu ging het er echt om. Terwijl we backstage stonden te wachten, keek ik naar George. Dit was onze kans, de dag waarvan we gedroomd hadden, zelfs toen we nog The Executive waren. Radio 1-dj Mike Smith zat klaar om ons aan te kondigen en de begeleidingsband verzamelde zich op een klein podium. George en ik gingen met Shirlie en Dee in het midden staan, terwijl het studiopubliek om ons heen stond te wachten. Er stond een hele batterij camera's, lampen en opnameassistenten met clipboards. Ik knikte George toe. Daar gaan we. En toen zette de muziek in, met een aanzwellend funkritme en snerpende trompetten.

Hey sucker!
(What the hell's got into you?)

George zette zijn rap in. Ik stond achter Shirlie te dansen terwijl zij ronddraaide in een strakke witte jurk.

Hey sucker!
(Now there's nothing that you can do.)

Aan de andere kant schudde Dee haar vinger naar Shirlie, zoals we dat uitgebreid geoefend hadden. Maar de camera's hadden vooral aandacht voor George.

Well I hadn't seen your face around town awhile,
So I greeted you with a knowing smile.
When I saw that girl upon your arm,
I knew she'd won your heart with a fatal charm.

George had een blote borst onder een bruin mouwloos leren jack en zag er dankzij al die maanden club-PA's fit en slank uit. Op-en-top de popster. Het beeld was al even pakkend als zijn optreden opzwepend was.

See me, single and free.
No tears, no fears, what I want to be.

Wham! was gearriveerd.

Toen de muziek wegebde en het applaus en gejoel opsteeg, keek George opzij naar mij en straalde.

'Andrew, dit is het,' zei hij toen we samen het podium af liepen. 'Dit wil ik de rest van mijn leven doen.'

Ik knikte en dacht: 'en nu staat niets ons meer in de weg...'.

Ik kreeg gelijk. Mijn geloof in Wham! bleek terecht. Niet snel daarna stond 'Young Guns' op nummer 3 in Engeland en waren we de popband waar iedereen het over had. Onze band zou radio en tv bestormen, en Innervision maakte plannen voor een volgende single en een studioalbum. De wereld die we kenden, zou voorgoed veranderen. Toen ik die avond thuis door de voordeur stapte, trok ma een fles champagne open om het te vieren. De kurk vloog met een luide knal tegen het plafond en maakte een deuk in een polystyrenen tegel. Het zou een blijvende herinnering vormen aan de avond waarop het land Wham! in zijn hart sloot.

DEEL TWEE

MAKE IT BIG!

13. **Freedom**

'Young Guns (Go For It!)' maakte veel los, en de hits bleven komen. 'Wham Rap!' werd opnieuw uitgebracht in januari 1983, waarna het meteen naar nummer 8 in de Britse hitlijsten schoot, mede dankzij ons goed getimede eerste optreden in *Top of the Pops* (én dankzij het feit dat het gewoon een verdomd goed liedje was!). Het nummer kreeg een goede zet mee door een videoclip waarin we de strekking van het liedje tot leven brachten: George die somber door de straten loopt, gehuld in een leren jasje en een wit T-shirt; ik, onderuitgezakt in een stoel in het huis van mijn fictieve ouders. God mag weten wat Jack Panos gedacht moet hebben toen hij de twee acteurs die mijn ouders speelden, het zinnetje hoorden schreeuwen waarvan hij zélf de inspiratiebron was geweest toen zijn zoon het liedje maakte: 'Get yourself a job!' ('Ga een baan zoeken!'). De opvolger, 'Bad Boys', behaalde de tweede positie in de hitlijst en leverde ons weer een optreden in *Top of the Pops* op. Wham! begon nu aardig naam te maken.

Maar George had het niet makkelijk. Hij stond onder druk om weer een hit af te leveren en schreef 'Bad Boys' volgens dezelfde formule als 'Wham Rap! en 'Young Guns', opnieuw met tienerfrustraties en de teleurstelling van ouders als thema's.

Dear Mummy, dear Daddy,
Now I'm nineteen as you see,
I'm handsome, tall, and strong.
So what the hell gives you the right to look at me
As if to say, 'Hell, what went wrong?'

'Bad Boys' was absoluut geraffineerder en stijlvoller dan 'Wham Rap!' en ik vond het een geweldige single. Maar George vond de tekst te geforceerd. Zelfs de ruige sfeer van denim en leer die we in de videoclip hadden gebruikt, stond hem tegen. En dáár was ik het eigenlijk helemaal mee eens. Die vormgeving sloot helemaal niet aan bij de uitgelatenheid die we wilden overbrengen. In plaats daarvan bevestigde het alleen maar het label van maatschappijkritische artiesten dat sommige muziekjournalisten op ons hadden geplakt. Dat hadden we nog wel zien zitten toen het pr-team van Innervision die koers inzette, maar we leerden snel bij. We moesten zelf kunnen bepalen wat ons imago was en hoe onze muziek klonk. En George, die vond dat hij 'Bad Boys' puur op bestelling had geschreven, distantieerde zich van het succes van het nummer. Ondanks de populariteit bij het publiek, werd het slechts met tegenzin opgenomen in de *greatest-hits*collectie *The Final*, en weggelaten van het overzichtsalbum uit 1997, *The Best of Wham!: If you Were There*. Maar toentertijd betekende het mooi wel dat we al bijna half klaar waren met ons debuutalbum, dat we *Fantastic* noemden.

Een vierde nummer, 'Club Tropicana', werd ontdaan van zijn demostatus en uitgewerkt in Maison Rouge Studio's in Londen – net als de rest van het *Fantastic*-album – door producer Steve Brown. Zoals veel van ons vroege materiaal was 'Club Tropicana' het resultaat van gezamenlijke inspanning. De ritmische baslijn die Deon Estus speelde, had de sfeer van latinmuziek, en hij en ik maakten samen de grooves waarmee het nummer begon. Het nummer werd gelaagder, ik wilde de sfeer van zon, seks en sangria versterken. 'Als we het nummer nou eens beginnen met wat geluidseffecten,' zei ik tijdens de opnames, waarbij ik in mijn hoofd al een auto hoorde die de oprit van een luxueus hotel opdraait, het geklikklak van hoge hakken op weg naar een feest, en een stuwend bas- en gitaarritme dat bij elke stap steeds luider wordt. Ik ging naar een geluidsbibliotheek, waarna ik de samples combineerde van een feest in volle gang, het geluid van naaldhakken op een stoep en het gegrom van een MGB GT-sportauto die tot stilstand komt. Dit karakteristieke intro zette de toon voor de uitbundige muziek die erop volgde.

Naarmate de opnames vorderden, begon George zich steeds meer thuis te voelen in de studio. Officieel was het Steve, die eerder had samengewerkt met Elton John, die de rol van producer had, maar George deed een hoop werk zelf. Hij stuurde het hele proces aan, en het was toen al duidelijk dat hij wist hoe hij een hitalbum moest maken. Dat wisten we allebéí wel. In onze vormingsjaren die we samen hadden doorgemaakt, hadden we een muzikale gevoeligheid ontwikkeld die ons vaak op hetzelfde spoor zette van wat we wilden realiseren. En we hadden een sterk gevoel van hoe ons debuutalbum zou moeten gaan klinken. Natuurlijk klonken de uiteindelijke arrangementen op sommige punten een beetje anders dan we het in ons hoofd hadden gehad, maar dat kwam doordat we nu toegang hadden tot muzikale middelen als blazerssecties en geluidseffecten. Gedurende het hele *Fantastic*-project had George de leiding. Hij genoot ervan aan het roer te staan. Later was het ook geen verrassing te noemen dat hij een kundige producer van zijn eigen platen werd. Hij was in staat om het hele opnameproces in goede banen te leiden, terwijl ik er genoegen mee nam om daar maar een onderdeel in te zijn.

Ons debuutalbum was bijna klaar en Innervision werd steeds enthousiaster over wat Wham! tot stand wist te brengen. Maar George en ik begonnen ons te storen aan hoe we werden behandeld. Want ook al hadden we nu drie hitsingles, we kregen nog steeds maar een mager honorarium. Zelf hadden we het gevoel dat we met dat groeiende succes wel een grotere beloning mochten krijgen, maar Innervision wilde er niets van weten. We zaten vast aan de oorspronkelijke deal. En dat bleek, toen we ons wat beter lieten informeren, een ongelooflijk armzalige deal. Het werd een bron van behoorlijk wat wrij-

ving tussen ons en Mark Dean. Het album was nu zo goed als klaar, maar George was zo gefrustreerd over de weigering van Innervision om het contract open te breken, dat hij besloot om de originele banden bij zich te houden. Hij was van plan om ze mee naar huis te nemen en te begraven in zijn achtertuin. Uiteindelijk wist onze uitgever, Dick Leahy, hem van deze drastische stap te weerhouden.

'Zorg eerst dat het een hitalbum wordt, George,' zei Dick. 'Daarna heb je een betere uitgangspositie om alsnog een goede deal voor jezelf binnen te halen.'

Het was duidelijk dat Wham! een of andere vorm van management nodig had om alles uit te zoeken en ons uit de buurt te houden van nog meer zakelijke valkuilen. Dat management kwam er, in de combinatie van Jazz Summers, een voormalig legermuzikant die manager was geworden, en popimpresario Simon Napier-Bell – die naam had gemaakt als manager van de Yardbirds, Marc Bolan en Ultravox en als coauteur van Dusty Springfields eerste nummer 1-single, 'You Don't Have To Say You Love Me'. Samen noemden ze zich Nomis – 'Simon' omgekeerd. In de tijd van de afronding van *Fantastic* maakten George en ik kennis met hem, in Simons elegante Londense huis aan Bryanston Square, waar hij samenwoonde met zijn twee mannelijke partners. Ik mocht Simon. Hij was een charismatische figuur, voor wie het glas nooit halfvol was, maar *overstromend*. Hij was onderhoudend, onstuimig en gevat. En *erg* goed gezelschap, zoals elke muziekmanager zou moeten zijn. Simon had bovendien een aantrekkelijk-ondeugende, tegen de gevestigde orde gerichte kant. Hij sloot goed aan bij Wham!'s unieke imago.

Jazz was de perfecte aanvulling op Simon. Terwijl Simon vol zat met prachtige ideeën en grote plannen, was Jazz de man die zich met de fijne details bezighield die nodig waren om die plannen uit te kunnen voeren. Hij was de brug tussen concept en werkelijkheid. Ik mocht Jazz ook erg, maar ik voelde een sterkere band met Simon.

Met Simon Napier-Bell

Mijn vader en moeder hadden mij en mijn broer nooit belemmerd of ingeperkt, dus ik was, net als Simon, altijd geneigd om mijn dromen te volgen en te geloven in mijn idealen.

George was strenger opgevoed. De hoge verwachtingen die zijn ouders van hem hadden toen hij nog op school zat, maakten hem misschien voorzichtiger. Dat kan ook de reden zijn geweest dat hij tijdens de eerste twee ontmoetingen met Jazz en Simon meer twijfelde aan hun manier van werken. Maar die houding nam hij zo langzamerhand tegen iedereen aan die zich met onze zaken en financiën bezighield. Managers, agenten, juristen en accountants: hij benaderde ze allemaal met een behoorlijke dosis scepsis, totdat de persoon in kwestie zichzelf voldoende competent en betrokken had getoond, het liefst meerdere malen. Eén fout of een klein misverstand kon vaak al genoeg zijn voor een vernietigend oordeel. En vanaf het begin hadden Simon en Jazz een heel grote taak op hun schouders rusten.

Wat ons betreft, waren zij degenen die ons moesten bevrijden van Innervision. En dat moest ook snel gebeuren.

Terwijl *Fantastic* in de jaren 1982 en 1983 langzamerhand vorm begon te krijgen, moesten er ook nog andere beslissingen worden genomen. Wham! was een ambitieuze band en George en ik hadden heldere doelen voor ogen. Bovenaan de lijst stond een nummer 1-album, zowel in het Verenigd Koninkrijk als in Amerika – want als we de grootste popband van de planeet wilden worden, was Amerika van groot belang. (Nog zo'n klusje op onze lijst…) We wilden over de hele wereld toeren en concerten geven tot in Australië en het Verre Oosten. En het was ook belangrijk dat we in arena's en beroemde stadions zouden spelen. Om de druk nog wat verder op te drijven, wilden we onszelf een deadline stellen. George en ik wisten allebei dat de muziek die wij maakten, voortkwam uit onze uitbundigheid als tieners; daar ontleende de muziek zijn jeugdige energie en optimisme aan. Wham! was geen band die we almaar wilden blijven ontwikkelen en verder laten rijpen. We wilden een sensatie van kortstondige aard zijn, een naam die kort maar helder schitterde – een paar jaar, misschien – voordat we er in één klap mee zouden stoppen. We wilden geen van beiden dat Wham! langer bleef dan de band welkom was. We hadden al besloten dat als onze doelen bereikt waren, we er een einde aan zouden breien. Geen toegiften, geen comebacks.

Maar er was achter de schermen nog een andere beslissing genomen, die van veel grotere directe betekenis was voor mijzelf: omdat we wilden proberen onze doelen sneller te bereiken, besloten we dat George in het vervolg als enige de liedjes zou schrijven. Ik had het heerlijk gevonden om samen met mijn beste vriend muziek te maken en nummers uit te werken, maar er was een aanzienlijk verschil tussen ons. Ik was in staat om een akkoordenschema te maken, een melodie te componeren en ideeën aan te leveren voor een tekst, zoals

wel bleek uit 'Wham Rap!', 'Careless Whisper' en 'Club Tropicana', maar George was opeens met astronomische snelheid vooruitgeschoten. Zoals de grote Steve Martin zei: 'Sommige mensen kunnen zich heel goed uitdrukken, en andere mensen... o, eh, nou ja, fout.' George behoorde overtuigend tot de eerste groep. Hij had dan wel een hekel aan 'Bad Boys', maar de manier waarop hij de tekst en de *hooks* had gecreëerd, was indrukwekkend. Daar kon ik duidelijk niet aan tippen. We voelden allebei dat als we een kans wilden hebben om met Wham! alle gestelde doelen te bereiken, ik een stapje achteruit moest doen. Aanvankelijk bracht geen van ons beiden het onderwerp ter sprake, en George gaf later toe dat hij mij niet buiten het hele creatieve proces wilde houden. Maar langzamerhand bouwde zich binnen én buiten de studio een bepaalde spanning op, totdat duidelijk werd dat we er wel over móésten praten. We spraken bij mijn ouders thuis af en toen we alles hadden doorgepraat, besloten we dat hij in het vervolg alles moest schrijven. Ik kon het er alleen maar mee eens zijn dat het de beste manier was om met Wham! dat nummer 1-album te krijgen waar we zo naar verlangden. Het was een opluchting dat we er open over waren geweest en dat we een beslissing hadden genomen. De druk lag nu absoluut helemaal op zijn schouders, maar we wisten allebei dat we er goed aan deden.

'Club Tropicana' zou onze volgende single worden. Het stond heel ver af van alles wat we tot dan toe hadden uitgebracht, qua stijl en inhoud, maar om nog langer in de richting van 'Wham Rap!' en 'Young Guns' te werken, voelde toch als een doodlopende weg aan, zoals ook George' onvrede met 'Bad Boys' al had aangetoond. Maar verder wisten we ook niet zo goed wat we nu moesten gaan opnemen. We hadden gewerkt aan twee nummers, 'Golden Boy' en 'Soul Boy', maar beide stelden niet veel voor. Nu George zijn eigen gang kon gaan, waren zulke keuzes makkelijker gemaakt. Helaas was mijn eigen tijd van liedjes schrijven voorbij.

Het was de juiste beslissing voor de band, maar ik kon het niet helpen dat ik er later nog wel wat bedenkingen bij had.

Het is vrij zinloos dat ik me achteraf afvraag of stoppen met muziek schrijven op mijn twintigste niet een beetje te snel besloten was. Want uiteindelijk was ik nou ook weer niet een absolute kluns als het ging om nummers maken. Ik had meegeschreven aan 'Club Tropicana', 'Wham Rap!' en 'Careless Whisper', en dat waren alle drie enorme hits geweest. Ik had ook veel lol beleefd aan het hele creatieve proces. Het gaf voldoening en plezier om een popsong tot stand te brengen. Achteraf bezien had ik misschien beter én die stap kunnen doen toen de druk zo hoog was in de studio, én in stilte kunnen doorwerken aan mijn eigen materiaal. Al vanaf het begin was ik in staat geweest een heel nummer te schrijven; er was geen reden om aan te nemen dat ik geen nieuwe bijdragen had kunnen leveren. Toch achtte ik de kans heel klein dat ik een song kon schrijven die goed genoeg was om op een Wham!-album terecht te komen, dus ik gaf het componeren gewoon helemaal op. Ik zag er het nut niet van in om George iets aan te reiken terwijl hij zelf zo'n uitzonderlijk goed materiaal aan het schrijven was. George was toen al een hele goede songwriter, en uiteindelijk zou hij een geweldige worden. Maar dat deed er niets aan af dat onze gezamenlijke beslissing mij hard viel.

Het valt niet te ontkennen dat nu ik geen liedjes meer hoefde te schrijven, ik iets meer afstand had tot Wham!. Niet zo veel dat mijn hart niet meer in de band zat, maar het was toch niet meer hetzelfde. En hoewel ik echt de smoor in had, het liedjesschrijven was nooit zo'n sterke roeping voor mij geweest zoals het dat nu zo duidelijk voor George was. Voor hem leek het nu het middel geworden waarmee hij de persoon naar buiten kon halen die hij wilde zijn. Ik wist precies wie ik was. Ik had een doel voor mezelf gesteld: een wereldsucces maken van mijn band, en voor die ambitie leefde ik. Maar toch was ik jaloers op George' aangeboren talent – ik was erdoor gefascineerd en ik bewonderde hem intens om zijn creatieve gaven. Het zou natuurlijk fantastisch zijn geweest als iets van die genade míj eigen was geweest, maar hij was ook mijn vriend, dus was het een genoegen en een voorrecht om te zien hoe goed hij gebruikmaakte van zijn talenten.

De creatieve druk was nu van me af, en ik begon meer en meer te genieten van het leven in de schijnwerpers. Ik feestte er aardig op los, maar niet zo heftig als sommige mensen later wel gesuggereerd hebben. George schilderde me soms af als een feestbeest, een seksmachine die van nachtclub naar nachtclub raasde en met alle vrouwen naar bed ging. En ook al kan ik niet ontkennen dat daar iets van waarheid in zat, ik was een stuk ingetogener dan de playboy die George van me maakte. Na het succes van onze eerste singles, toen we de Camden Palace en de Wag Club begonnen te bezoeken, werden we vaak drinkend en dansend gefotografeerd met leden van bands als Spandau Ballet, Duran Duran en Bananarama. We kregen toegang tot de coolste locaties, enkel door onze reputatie, en we hoefden nooit in de rij te staan als we ergens naar binnen wilden. Ik werd dronken en soms maakte ik er een zootje van, maar we kwamen niet voor in verhalen over cafégevechten en vernielingen in hotelkamers. Al had ik het goed naar mijn zin, ik was me er terdege van bewust dat het niet altijd feest kon zijn. We moesten een album afmaken en er moest aan de pr worden gewerkt. Dat zouden we nooit voor elkaar krijgen als ik elke nacht om vijf uur een café uit kwam rollen.

Toen *Fantastic* uiteindelijk klaar was en op 9 juli 1983 uitkwam, was het helemaal waarop we gehoopt hadden. Het album kwam op nummer 1 te staan en hield die positie twee weken vast, om daarna in totaal 116 weken in de hitlijsten door te brengen. In feite was het een plaat met vier singles. Het valt niet te ontkennen dat de rest pure opvulling was. Een deel van de resterende liedjes is zo weinig memorabel, dat zelfs ik moeite moet doen om me de titels ervan te herinneren! Maar als debuutalbum diende het zijn doel. *Fantastic* toonde de schrijftalenten van George Michael aan, en het presenteerde Wham! als een popfenomeen in wording. Met onze volgende single hadden we een make-over voor ogen waarmee we hoopten in de hele wereld een snaar te raken. 'Club Tropicana' stond op het punt uit te komen, met een videoclip die de nieuwe identiteit van onze band zou laten zien.

Van nu af aan zou niemand nog langs ons heen kunnen kijken.

14. **Onthullingen**

De jaren 1980 waren de dageraad van een nieuw tijdperk. De videoclip deed zijn intrede: het medium van een zelfbewuste popgeneratie met een grote ambitie om zijn imago via film uit te dragen. Er werd kwistig geïnvesteerd om popsterren hun meesterwerken van drie minuten te laten maken voor MTV. De tv-kijkers die het geluk hadden een satellietschotel in NASA-stijl in hun tuin te hebben, werden algauw getrakteerd op de aanblik van de bandleden van Duran Duran, zich in safarikledij vermakend in de jungle van Sri Lanka. Maar ook op zaterdagochtend stonden deze clips op het programma. Kinderen die *Saturday Superstore* of *Swan Shop* aanzetten, werden gebombardeerd met ambitieuze videoclips van artiesten als Michael Jackson, Cyndi Lauper en Billy Idol. Als Wham! een van de grootste bands ter wereld wilde worden, dan moesten we bij deze trend aansluiten.

'Club Tropicana' was helemaal geschikt om gestalte te geven aan die ambitie. Het had niets van de arrogante *too-cool-for-school*-sfeer die heerste in de dancings van Londen. In plaats daarvan bood het een soort van fantasie over een zomervakantie van tieners. Het was ook heel anders dan de quasi ruige sfeer van onze eerdere singles. Voor de oplettende kijker was het duidelijk dat George en ik onszelf niet al te serieus namen. En dat gevoel van plezier en escapisme zou ons opstuwen naar de top.

Toen Simon en Jazz ons lieten weten dat ze bij Innervision geld hadden weten los te kloppen voor Wham! om de videoclip voor

'Club Tropicana' op Ibiza te maken, was ik door het dolle heen. We waren geen van beiden ooit eerder op dat eiland geweest; het was toen sowieso nog een relatief onbekende bestemming voor Britten van onze leeftijd. Acid house en de Balearische muziekscene, die de clubcultuur van het einde van de eeuw zouden gaan bepalen, verkeerden nog in een pril stadium en Ibiza maakte nog geen deel uit van de reisbestemmingen van Club 18-30. Het draaiboek voor de videoclip was, net als het liedje zelf, anders dan al het andere wat we daarvoor hadden gedaan. De eerste helft van 'Wham Rap!' was gefilmd in een bescheiden rijtjeshuis met twee slaapkamers en draaide om een jongeman die van zijn ouders te verstaan kreeg dat hij een baan moest zoeken óf vertrekken. 'Club Tropicana' draaide om zonneschijn, cocktails, zwembadfeestjes en zeer onthullende zwemkleding.

Het verhaal, als je het zo kunt noemen, draaide om twee jonge kerels die in een mediterraan hotelcomplex verblijven, omgeven door Europa's mooiste mensen. Extra inspirerend was dat als locatie voor het grootste deel van de clip het Pikes Hotel diende, een luxe toevluchtsoord in de noordwestelijke hoek van het eiland, beroemd om bezoekers als Elton John en Freddie Mercury. De Queenzanger hield er later zijn beruchte eenenveertigste verjaardagsfeest, waarbij 350 flessen Moët & Chandon-champagne werden opgeslurpt, begeleid door een extravagante vuurwerkshow die vanaf Mallorca te zien was. Het was perfect.

De videoclip gaf precies weer wat George en ik ons voorstelden toen we het liedje schreven in de huiskamer van mijn ouders, zonder dat we het ooit in het echt hadden gezien. Pikes was zo verfijnd en elegant. Vóór de opnames dineerden Simon, George en ik op het dakterras. Terwijl de zon onderging, tjirpten de krekels op de achtergrond. We dronken Marqués de Murrieta, een witte rioja, die de zoete witte wijn die mijn vader in Sainsbury's kocht in een heel ander daglicht stelde. O, allemachtig, dacht ik terwijl ik er een slokje

Op Ibiza voor de opnamen van "Club Tropicana'.

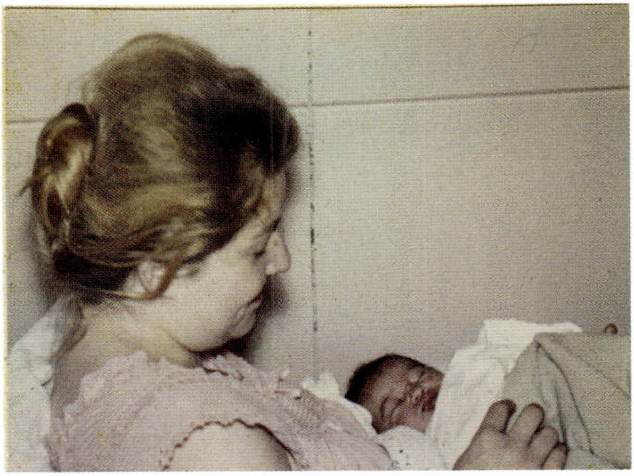

Een jonge Jennifer Ridgeley en een nog jongere Andrew John Ridgeley, 26 januari 1963.

Pa tijdens een 'rustig middagje' in de tuin van Roundway 23.

Een van de zeer weinige foto's van het hele gezin. Meestal nam pa de foto's, dus stond hij er zelf zelden op.

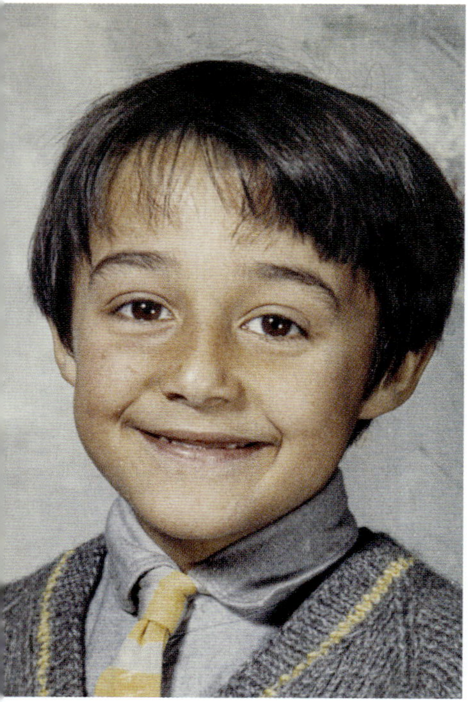

In het uniform van de Merry Hill Infant School.

Een idyllische zomerdag op de Theems, 1970. Een mooie herinnering.

Gedurende vele gelukkige jaren ons huis: Ashfield Avenue 40, Bushey.

Ma, Paul en ik tijdens een zomervakantie in Swanage, 1967. De klassieke Engelse vakantie-outfit: sokken en sandalen!

De jaarlijkse schoolfoto van de Ashfield Primary School, mei 1972.

Jumbo en Spitfire Willy in de achtertuin van Ashfield Avenue 40, voorjaar 1972.

Zomervakantie, en rechts met pa in Swanage, 1970.

Moeder en zoon met een benauwd kijkende Slinky Podge.

The Executive in de definitieve samenstelling.

Die trui!

Wij met z'n drieën. Dat waren de beste jaren.

Iek! Die korte broekjes! De Club Fantastic tour, 1983. Die pakjes! Onze band heeft het ons nog altijd niet vergeven.

We love Shirlie!

'Andy, Andy, ik heb het!' Vlooienmars.

'...en voor mij een extra grote graag.'

Chillen in China.

Nee, niet weer die trui!

Boven: Die limousines waren in 1983 ook al oud.

Links: Pret over een of ander onnozelheid.

Onder: Een Engelsman in het buitenland.

'George! Andy! Even een foto met die petten op?'

De residentie van de ambassadeur, Beijing.
En aan die ongelukkige tronies te zien, duidelijk geen Ferrero Rocher!

Rechts: De Chinese Muur. Alweer. *Vraag*: Hoe vaak lukt het de wereldpers dezelfde foto maken? *Antwoord*: Tot ze dat nier meer kunnen.

Rechtsonder: Yog die nauwelijks zijn lachen kan inhouden tijdens mijn bespottelijkje praatje bij het welkomstdiner van de Communistische Jeugdbond.

Linksonder: Wham! in China

Boven: Aanstellers
Linksonder: Hinkstapsprong
Rechtsonder: Halvegaren

Boven en rechts: Ik genoot altijd van tournees.

Onder: Feestje ter ere van onze eerste nummer 1-hit, 'Wake Me Up Before You Go-Go' in The Angus Pride, het restaurant van Georges vader in Edgware, 1984. Achter ons in het zwarte Wham!-T-shirt Georges moeder, mijn moeder is de tweede van rechts.

Op locatie in Miami voor de opnames van de 'Careless Whisper'-video in 1984.

Weer zo'n fotoshoot

Jawel, een bh…

40p (Eire 62p inc VAT) AUGUST 18-31 1983
Smash HITS
CARMEL
SPANDAU BALLET
THE STYLE COUNCIL
THE TRUTH
STING
WHAM!
PHEW-WHAT A SCORCHER!
HIT SONGS BY JoBOXERS, MADNESS, LEVEL 42, GALAXY, HAIRCUT ONE HUNDRED AND STACKS MORE

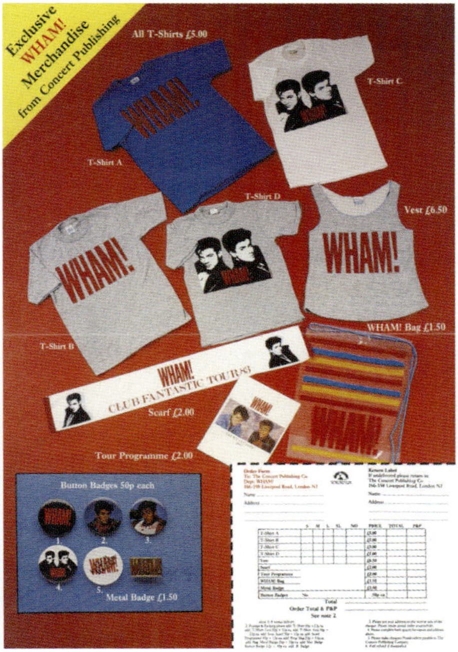
Exclusive WHAM! Merchandise from Concert Publishing
All T-Shirts £5.00
T-Shirt A
T-Shirt C
T-Shirt D
Vest £6.50
T-Shirt B
WHAM! Bag £1.50
WHAM! CLUB FANTASTIC TOUR 83
Scarf £2.00
Tour Programme £2.00
Button Badges 50p each
Metal Badge £1.50

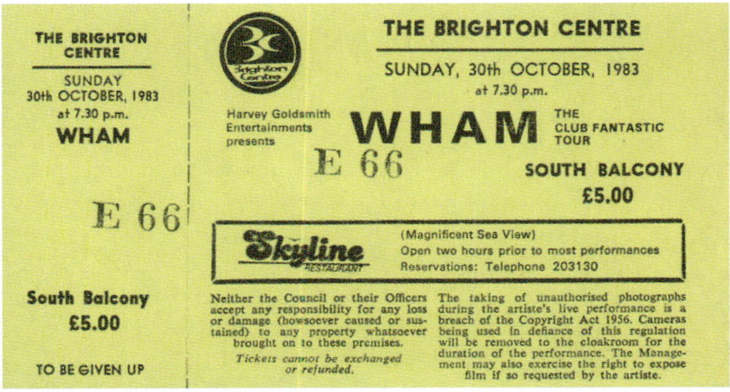
THE BRIGHTON CENTRE
SUNDAY 30th OCTOBER, 1983
at 7.30 p.m.
WHAM
E 66
South Balcony
£5.00
TO BE GIVEN UP
THE BRIGHTON CENTRE
SUNDAY, 30th OCTOBER, 1983
at 7.30 p.m.
Harvey Goldsmith Entertainments presents
WHAM
THE CLUB FANTASTIC TOUR
E 66
SOUTH BALCONY
£5.00
Skyline RESTAURANT
(Magnificent Sea View)
Open two hours prior to most performances
Reservations: Telephone 203130
Neither the Council or their Officers accept any responsibility for any loss or damage (howsoever caused or sustained) to any property whatsoever brought on to these premises.
Tickets cannot be exchanged or refunded.
The taking of unauthorised photographs during the artiste's live performance is a breach of the Copyright Act 1956. Cameras being used in defiance of this regulation will be removed to the cloakroom for the duration of the performance. The Management may also exercise the right to expose film if so requested by the artiste.

BIG TOUR
1984-1985
AUDITORIUM ONLY

DECEMBER
26
1984
Special Enclosure
ROW
SEAT
47
TO BE GIVEN UP
WEMBLEY ARENA
HARVEY GOLDSMITH ENTERTAINMENTS IN ASSOCIATION WITH NOMIS MANAGEMENT
PRESENTS
WHAM!
BIG TOUR 84
Wednesday, 26th December, 1984
at 7.00 p.m.
SPECIAL ENCLOSURE
TO BE RETAINED
See conditions on back
DECEMBER
26
1984
ENTER AT NORTH DOOR
SPECIAL ENCLOSURE
ROW
SEAT
47

Met Hare Majesteit bij een polo-evenement in Windsor. We waren aan haar voorgesteld door de zeer betreurde Bryan Morrison. De koningin was buitengewoon aardig tegen ons (ik denk dat ze geen idee had wie ze voor zich had) en sprak met ons over onze recente reis naar China.

ANDY, ANDY, ANDY, ANDY, ANDY, ANDY, ANDY, ANDY, George, ANDY, ANDY . . .

WHAM! The Final,
zaterdag 28 juni 1986.
Geen slechte manier
om het doek te laten vallen!

Rock in Rio, 1991. En ik dacht dat er in Wembley veel mensen waren!

Met Pepsi en Shirlie tijdens ons eerbetoon aan George.
Ik vond het ook belangrijk om het verdriet van het publiek onder woorden te brengen.
Tot dan toe was daar niet werkelijk gelegenheid voor geweest.

van nam. Dit begint er meer op te lijken... George en ik moeten twintig jaar jonger geweest zijn dan de andere hotelgasten, maar we hadden het recht verdiend om daar te zijn. We hadden alle reden om het er even goed van te nemen.

Toen de opnames achter de rug waren, werd ik de volgende ochtend wakker door de luid rinkelende telefoon naast mijn bed – het was George.

'Hoi, Andy... Wil je even langskomen? Ik wil even met je praten.' zei hij. Ik keek op mijn wekker. Het was laat in de morgen en omdat er niets op het programma stond voor die dag, nam ik aan dat we het even over het ontbijt zouden hebben, of over onze plannen voor de komende twee dagen. (We hadden besloten dat we nog twee dagen op het eiland zouden blijven, zodat we nog wat konden relaxen.) Toen ik de gang overstak en George' kamer binnenstapte, was Shirlie daar al, uitgestrekt op een sofa in de suite. George lag nog in bed. Hij glimlachte toen ik binnenkwam.

De stemming in de kamer was erg relaxed en intiem. Toch was duidelijk dat wat George op het punt stond te onthullen, heel ingrijpend voor hem was.

'Ik wist niet goed of ik je dit moest vertellen...' zei hij, terwijl hij een blik naar Shirlie wierp.

'*Ga door...*'

'... maar ik vertel het je nu: ik ben homo.'

Ik vroeg me af of George verwachtte dat ik negatief zou reageren, of dat hij zich had voorgesteld dat ik geschokt of teleurgesteld zou zijn. Maar later hoorde ik dat hij het eerst aan Shirlie had toevertrouwd. Ik denk dat hij bij haar de bevestiging zocht dat ik er goed op zou reageren. Shirlie kende mij beter dan de meeste anderen en had hem snel gerustgesteld.

'Wat denk je nou?' had ze tegen hem gezegd. 'Natuurlijk zal hij het prima vinden, hij is je beste vriend. Doe niet zo raar...'

Ze had gelijk. Ik was inderdaad zijn beste vriend. En natuurlijk vond ik het prima. Ik nam totaal geen aanstoot aan George' seksuele voorkeur. Ik wilde gewoon dat hij gelukkig was.

'O, oké.' Ik haalde mijn schouders op. 'Nou, ik ben wel een beetje verbaasd!'

George vertelde dat hij er al een tijdje mee bezig was in zijn hoofd. Toen we aankwamen op Ibiza, had hij een paar jongens uit Barnsley ontmoet, van wie ik aannam dat ze homo waren door de manier waarop hij naderhand over hen sprak.

'Hoewel ik niet zeker weet of ik nou homo ben of biseksueel,' voegde hij er later aan toe.

Nu hij het nieuws verteld had, was hij duidelijk meer op zijn gemak, waarschijnlijk omdat hij zich realiseerde dat het voor mij helemaal niets uitmaakte. In zulke situaties hebben mensen vaak de neiging om er een grap of twee tegenaan te gooien, om een eventueel ongemakkelijk gevoel te verjagen, maar er hoefde hier helemaal niets verjaagd te worden. George leek blij te zijn dat hij het verteld had. Het maakte voor Shirlie en mij echt allemaal niets uit, en we gingen met z'n drieën ontbijten alsof er niets was gebeurd. En er wás ook helemaal niets gebeurd. Voor drie hechte vrienden ging alles gewoon verder.

Dat ik George' bekentenis al weer snel uit mijn hoofd zette, zei misschien meer over de aard van onze vriendschap dan welke ondervraging of discussie ook duidelijk had kunnen maken. We waren op heel veel manieren close met elkaar, maar relaties, liefde en liefdesverdriet kwamen gewoon nooit ter sprake. We hadden het over muziek en comedyseries, konden urenlang met veel plezier over nieuwe bands en tv-sketches praten, met allerlei insidersgrappen tussendoor, maar we hadden het nooit over elkaars gevoelens. Dat hoorde gewoon niet bij onze vriendschap.

Ergens vroeg ik me wel af waarom George het mij niet eerder had durven vertellen, maar het was ook weer niet echt een verrassing. Als het om liefde ging, hadden wij elkaar *nooit* iets toevertrouwd.

Na die morgen in Pikes begreep ik ineens meer van sommige aspecten van George' leven. Ik had me soms wel afgevraagd waarom hij nooit een echte vriendin had gevonden. Er waren er natuurlijk wel een of twee geweest, in de zesde klas, maar ook dat was buiten onze vriendschap gebleven. Het idee dat we ooit een *double-date* zouden doen, kwam ons volkomen belachelijk voor.

Er is nooit overwogen om George' seksuele voorkeur in de openbaarheid te brengen. Dat vonden we geen van beiden nodig. Het was destijds veel lastiger om homoseksueel te zijn dan het nu is, en George voelde dat het hem problemen kon opleveren, zowel professioneel als persoonlijk. Hij wist dat zijn vader hoogstwaarschijnlijk niet blij zou zijn met het nieuws. En hij vreesde dat het nadelig zou uitpakken voor zijn carrière, die net vorm begon te krijgen.

De meisjes die onze platen kochten, vonden het een aantrekkelijk idee dat twee jongens samen een tof avontuur meemaakten. 'Bad Boys' en 'Club Tropicana' hadden elk over de 400.000 exemplaren verkocht; 'Wham Rap!' was de grens van een kwart miljoen singles gepasseerd. En hoewel die grote aantallen de suggestie wekten dat ons publiek niet alleen uit tieners bestond, was George zich zeer bewust van hoe ons imago bijdroeg aan ons succes. Hij vond het een risico om uit de kast te komen. Hij wilde een beroemd artiest worden en zijn privéleven moest daar geen rol in spelen. Voor nu zouden we het in ieder geval verborgen houden.

Muzikaal stond George niet stil. Hij was erop gebrand een definitieve versie van 'Careless Whisper' op te nemen. Er was al een volledige demoversie opgenomen voor Innervision, en het label had ook geprobeerd het nummer uit te brengen, maar Dick Leahy had hen tegengehouden. Nu *Fantastic* hoog in de hitlijst stond, geloofde George dat de tijd gekomen was om zijn ambities als songwriter verder gestalte te geven. Dat kon heel goed met 'Careless Whisper' in een verbeterde versie, met volwassener thema's, een lyrische saxpartij en een onweerstaanbaar refrein.

Dick Leahy bracht George op een interessant idee: waarom neem je 'Careless Whisper' niet op in Muscle Shoals in Alabama? Gezien George' liefde voor de klassieke Atlanta-soulmuziek leek de legendarische studio, waar zo veel van die muziek was opgenomen – inclusief grote namen als Otis Redding, Wilson Pickett, Aretha Franklin, Paul Simon en de Stones – een inspirerende keuze. Bovendien waren Jerry Wexler, de vaste producer van Muscle Shoals, en zijn begeleidingsband van sessiemuzikanten het neusje van de zalm in hun vak. George hapte meteen toe.

O, mijn God, dacht George toen hij eenmaal take na take aanhoorde en probeerde uit te leggen waar hij precies naar op zoek was: deze kerels zijn grandioos, maar ze begrijpen het gewoon niet.

Als het zo perfect gespeeld werd, kwam George' lyrische, gekwelde melodie vlak en zielloos over. Dit besef bracht hem van zijn stuk. Toen hij met de mastertape naar huis terugkeerde, voelde ik dat er iets niet goed zat. Maar in eerste instantie hield hij zijn gedachten voor zich.

Hij had zo'n kolossaal respect voor Wexler. Jerry's reputatie sprak voor zichzelf, maar misschien lag daar het probleem juist wel. George had met het nodige ontzag een stap achteruit gedaan en Wexler toegestaan de opnames te leiden. Maar: hoe gepolijst het resultaat ook was dat Wexler en zijn band afleverden, het kwam niet in de buurt van het beeld dat George zelf van het liedje had.

Er werden twee sessiemuzikanten ingevlogen uit LA en New York, die ieder mochten proberen om de juiste sfeer te treffen in de karakteristieke saxintro. Zonder succes. Geen van beiden slaagden ze erin de frasering voor elkaar te krijgen die het liedje zo pakkend maakte. De melodie moest echt over de *backing track* heen zweven, en daarvoor was het nodig dat de saxpartij iets voor de tel uit werd gespeeld.

George liet me plaatsnemen in een van de kantoren van ons managementteam. 'Wat denk je hiervan, Andy?' zei hij terwijl hij de opname van de Muscle Shoals startte.

Ik luisterde aandachtig, en mijn hart zonk in mijn schoenen. Alle magie uit onze oorspronkelijke demo was weggepoetst; deze nieuwe opname had geen ziel. Ik voelde dat George wachtte op mijn oordeel voordat hij lucht zou geven aan zijn eigen bezwaren.

Ook al werkten we niet meer samen als songwriters, ik was het hem verschuldigd om eerlijk te zijn over wat hij had opgenomen. George hechtte nog steeds waarde aan mijn mening, en we waren allebei nog altijd 100 procent bereid om een idee te verwerpen als we voelden dat het niet werkte. Rond diezelfde tijd hadden we het door glamrock geïnspireerde 'Wham! Shake', een demo waarmee we aan het worstelen waren geweest, op de planken gelegd. Maar 'Careless Whisper' moest George' meesterstuk worden. De laatste akkoorden van de nieuwe opname stierven weg.

'Nou, het haalt het op geen stukken na bij de demo, toch?' zei ik uiteindelijk.

15. **Soul Boy (Let's Hit The Town)**

Het album verkocht goed en het was tijd om te gaan toeren, al wist ik niet precies wat ik moest verwachten van de eerste tournee van Wham! door het Verenigd Koninkrijk. We hadden nog weinig opgetreden, en dan nog met bandopnames ook, dus veel speelervaring hadden we niet. Desondanks was ik vrij relaxed over de uiteindelijk geplande toer met dertig optredens. *Aberdeen, Edinburgh, Glasgow.* Live optreden was al een ambitie van me toen George en ik als zestienjarige jongens The Executive oprichtten. *Leicester, St Austell, Bristol.* En een echte tournee betekende een kans om de liedjes die ik en George hadden gemaakt in huiskamers en slaapkamers, te spelen voor een echt, levend, betalend publiek. *Londen, Whitley Bay, Poole.* Ik keek ernaar uit om deel uit te maken van wat het popequivalent beloofde te worden van een boek van Enid Blyton. Een avontuur met in de hoofdrol vier (redelijk) onschuldige kinderen van in de twintig. *Swansea, Birmingham, Brighton.*

De Vier Op Tournee.

Maar voor George betekende het vooruitzicht om onze nummers uit te voeren voor een echt publiek alleen maar meer druk. De muziekpers had vervelende dingen geschreven na het uitkomen van 'Club Tropicana', terwijl de boulevardbladen ons omschreven als een hartenbrekende boyband. Daardoor was George bang dat we niet serieus zouden worden genomen. The Club Fantastic Tour was onze kans om te bewijzen dat de twijfelaars het bij het verkeerde eind hadden, maar als we daarin wilden slagen, dan moest alles wat

13th August, 1983 New Musical Express—Page 9
WHAM!
OCTOBER 1983
Mon 10th ABERDEEN Capitol Theatre £5.00 £4.50 £4.00
Tues 11th EDINBURGH Playhouse Theatre £5.00 £4.50 £4.00
Thurs 13th GLASGOW Apollo Theatre £5.00 £4.50 £4.00
Fri 14th LANCASTER University £4.00
Sat 15th NEWCASTLE City Hall £5.00 £4.50 £4.00
Sun 16th MANCHESTER Apollo £5.00 £4.50 £4.00
Tues 18th LIVERPOOL Royal Court Theatre £5.00 £4.50 £4.00
Wed 19th SHEFFIELD City Hall £5.00 £4.50 £4.00
Fri 21st LEICESTER De Montfort Hall £5.00 £4.50 £4.00
Sat 22nd ST AUSTELL Coliseum £5.00 £4.50 £4.00
Sun 23rd BRISTOL Studio £5.00
Mon 24th SWANSEA Top Rank £5.00
Thur 27th HAMMERSMITH Odeon £5.00 £4.50 £4.00
Sun 30th BRIGHTON Centre £5.00 £4.50 £4.00
NOVEMBER 1983
Tues 1st NOTTINGHAM Royal Court Theatre £5.00 £4.50 £4.00
Wed 2nd POOLE Arts Centre £5.00 £4.50 £4.00
Thurs 3rd CRAWLEY Leisure Centre £5.00
Fri 4th LEEDS University £4.25
Sun 6th BIRMINGHAM Odeon £5.00 £4.50 £4.00
THE CLUB FANTASTIC
TOUR!
WHAM!
FANTASTIC
WHAM!
THEIR NO. 1
ALBUM & CASSETTE

we live brachten puntgaaf en loepzuiver zijn. Onze muziek en George' schrijftalent moesten schitteren. Natuurlijk moest het ook gewoon leuk blijven, maar als we met ons repertoire het land in gingen, dan behoorde alles net zo goed te klinken als in de studio.

Die taak leek te overzien, maar George en ik koesterden geen illusies. Onze platen waren niet ontstaan in oefenruimtes of tijdens jamsessies. Niets was uitgewerkt op de achterbank van een tourneebus, niets had tijd gehad om langzaam te rijpen. George en ik hadden nummers als 'Wham Rap!' netjes opgeschreven en daarna zorgvuldig opgenomen. Op die manier bezat Wham! een lijst van liedjes, op maat gesneden in de studio en nooit live uitgevoerd. We beseften dat we de gechoreografeerde dansroutines die de fans in *Top of the Pops* bij 'Young Guns' en 'Bad Boys' hadden gezien, ook mee moesten nemen in de tournee. Dat was tenslotte waar ze voor zouden betalen. Als we dat niveau van entertainment niet wisten te verwerken in onze optredens, dan kregen we waarschijnlijk te maken met behoorlijk wat teleurstelling, en we hadden geen zin om hoe dan ook tegen te vallen.

We moesten de liedjes ook precies zo brengen als ze waren opgenomen. Wham! was niet bepaald uit hetzelfde hout gesneden als Genesis, Pink Floyd of Emerson, Lake & Palmer, en er zou geen ruimte zijn voor eindeloos herhaalde grooves of geïmproviseerde solo's. We beseften dat Wham!-fans de hits wilden horen, luid gespeeld, net zoals ze op de radio klonken. Er was geen plaats voor egotripperij.

Al was George dan bang dat onze muziek niet voldoende gerespecteerd werd, onze optredens moesten wel de jeugdige energie en het plezier van de band uitdragen. 'Club Tropicana' was puur hedonisme, dus het leer en de denim van 'Young Guns' moesten eruit. In plaats daarvan stelde ik zelf sportkledij voor. Dat zou beter het gevoel van vrijheid en escapisme overbrengen waarvan we ons publiek wilden laten genieten.

Om de feeststemming te versterken, besloten we als voorprogramma niet een band te nemen, maar dj Gary Crowley van Capital Radio. Gary was een van de eerste dj's geweest die Wham! promootten, dus dat klopte op de een of andere manier mooi. Om de clubachtige buurtfeestsfeer helemaal af te maken, hadden we een breakdancegroep met de naam Eklypse, die tijdens Gary's set optrad. Het hele Club Fantastic-concept was direct gericht op Wham!'s jonge vrouwelijke fans. De eventuele ontevreden broers en vriendjes die voor de gelegenheid werden meegesleept naar het concert, moesten maar zien dat ze er iets leuks van maakten voor zichzelf.

Een eerste indruk van wat ons te wachten stond, kregen we een paar weken voor het eerste concert van de tournee. Wham! was uitgenodigd om op te treden in een radioprogramma van Capital Radio, 'Best Disco in Town', dat werd uitgezonden vanuit het Lyceum Theatre in Londen. Dit was de eerste keer dat we speelden in een setting die in de buurt kwam van een liveoptreden. Onze eerste optredens in clubs waren in dat opzicht niet echt een goede voorbereiding. Zodra we het podium op liepen, weerkaatste er een oorverdovend geschreeuw door de zaal. De hele ruimte zat volgepropt met gillende meisjes die zwaaiden met spandoeken en vlaggetjes. Je kon het in je hele lijf voelen. Er werd een teddybeer op het podium geworpen. En vervolgens iets wat veel op een bh leek. Ik wierp George een blik vol ongeloof toe.

'Godverdomme,' schreeuwde ik over het lawaai heen. 'Dit had ik niet verwacht!'

Maar wat konden we eigenlijk anders verwachten? 'Club Tropicana' had de verbeelding van het publiek aangewakkerd in een mate waar we niet van hadden durven dromen. En op de achtergrond was onze manager, Simon, bezig om het vuur alleen maar verder aan te wakkeren. Hij had de showbizzredacteuren van letterlijk elk dagblad in het land mee uit eten genomen en zich er zo van verzekerd dat onze namen in het hele land dagelijks op de krantenpagina's prijkten. De hoeveelheid tekst die aan ons besteed werd, was enorm, zelfs voor een industrie die bekendstond om haar overdrijving. Je kon er een dagtaak van maken om feiten van fictie te scheiden. Het merendeel van de krantenkoppen viel absoluut in de laatste categorie en, als er ooit al enige twijfel aan bestond, bevestigden die het aloude adagium dat seks verkoopt.

Een van de verhalen die 'per ongeluk' door Simon waren doorgegeven aan de *Evening Standard*, suggereerde dat George had voorgesteld om met z'n vieren in één suite van het hotel van Pike te slapen. Deze kamerschikking moest natuurlijk wel leiden tot seksuele uitspattingen. Simon had dit verhaal uitgesponnen tijdens een lange, met drank overgoten lunch, en stelde later dat hij er spijt van had. Maar tegen de avond stond er in schreeuwende koppen op de voorpagina van de *Standard*: 'Wham! Orgie!'

Natuurlijk was het verhaal van begin tot eind verzonnen, maar in Simons visie was het allemaal koren op onze eigen molen. Zolang je de fans maar in je ban hield, was het oké. Wij als band beseften dat als we met de pers net zo vrijpostig omgingen als zij met ons, dit een uitstekend middel was om de monotonie van alle interviews te doorbreken. Dit hele proces stond ons geen van beiden écht aan, maar toen we ons in de herfst van 1983 voorbereidden op de komende concerten, zagen we in dat we het spel gewoon mee moesten spelen. Simon kende het pr-spel als geen ander; volgens hem was Wham! in het nieuws houden de beste manier om kaartjes te verkopen. We spraken met de ene journalist na de andere, en ik begon te beseffen dat wát ik ook zei, of hoe mooi ik het ook zei, geen enkel verschil uitmaakte. Het verhaal bleef gewoon dat we een stel overseksete jongens waren die aan hét avontuur van hun leven begonnen, en niets van wat we zeiden was voor hen aanleiding van dat verhaal af te wijken.

Om onszelf te amuseren, begonnen we zelf verhalen te verzinnen – verhalen van zogenaamde seksuele escapades, tot in het absurde doorgedreven. Maar wat weinig méér was dan een middel om de verveling te verdrijven, zag er op papier niet zo sterk uit. Onze antwoorden waren altijd speels, maar de ironie wilde dat, terwijl we bang waren dat onze muziek niet serieus genomen werd, onze uitlatingen in interviews op buitengewoon veel respect konden rekenen. Bij een bepaalde gelegenheid vertrouwde ik een journalist toe dat ik een 'fantastische minnaar' was.

'Ik leer een meisje graag kennen bij een diner met kaarslicht,' vervolgde ik. 'Als we elkaar leuk vinden, gaan we naar haar woning of naar een hotel… Nu we zulke idolen zijn geworden, zorgen we heel goed voor ons uiterlijk. George zoekt meteen een zonnebank op zodra hij een beetje bleek begint te worden, en ik streef ernaar om niet meer op mijn slippers naar de supermarkt te gaan.'

Wat?!

Mijn poging tot brutale humor was niet zo heel erg geslaagd, maar werd wel gebruikt om pagina na pagina van de krant te vullen. Citaten werden in grote letters afgedrukt onder de kop 'Wham Bam!' Op de foto's die erbij stonden, ontleend aan de fotoshoot

voor 'Club Tropicana', hingen we verleidelijk rond in strakke boxershorts.

George en ik lachten steeds weer in ongeloof als we de ochtendkranten lazen. Het was ronduit belachelijk.

Maar als pr-middel werkte Simons strategie wonderwel. De Club Fantastic-tournee kende alleen maar uitverkochte concerten.

De Whamania was begonnen.

16. **Tieneridolen**

Op de avond van ons eerste optreden in het Capitol Theatre in Aberdeen konden we in de kleedkamer van pure opwinding nauwelijks wachten tot we het podium op moesten. We waren geen van beiden in staat om rustig te blijven zitten. We stuiterden zo'n beetje rond bij het vooruitzicht om ons eerste echte optreden als hoofdact te doen. En we waren niet de enigen.

Toen onze tournee op gang kwam, met als eerste haltes Aberdeen, Edinburgh en Glasgow, begonnen ook de hype en de hysterie. Op het podium deden we alles om die verder aan te wakkeren, want we waren maar al te blij met ons nieuwe playboyimago. Om de tournee te financieren, hadden Simon en Jazz een deal voor elkaar gekregen met het sportkledingmerk Fila, vooral bekend van de witte Wimbledon-outfits waar veel beroemde tennisspelers in rondliepen. Helaas bleek de kleding die wij kregen toegestuurd, in heldere tinten rood en geel, nogal belachelijk. De nauwsluitende trainingsbroeken contrasteerden sterk met onze navelshirtjes en sportieve jasjes, die we van plan waren met elkaar uit te wisselen in een serie verkleedpartijen. Maar het waren de tennisbroekjes die iedereen zich herinnert. Ze leken meer op hotpants. George en ik kwamen er nog min of meer mee weg, maar bij sommige leden van onze begeleidingsband viel onze kledingkeuze minder goed in de smaak.

Het hele idee van een beetje dollen met een sportief imago in onze navelshirts en sportbroekjes was eigenlijk vrij onschuldig, maar vaak dreven we de grap door tot het randje. De temperatuur onder de jonge vrouwelijke fans steeg aanzienlijk als George een batmintonshuttle tevoorschijn haalde en daarmee verleidelijk over zijn arm streek, alvorens hem in zijn sportbroekje te laten vallen. Oh, godverdomme… *nee*, dacht ik, de eerste keer dat George de shuttle er vervolgens weer uit viste en hem in de voorste rijen van het publiek wierp. Ik keek elke avond ongelovig toe hoe duizenden tienermeisjes helemaal uit hun dak gingen als George dit staaltje ongewone massaverleidingstechniek ten beste gaf. Op sommige momenten was het nauwelijks te bevatten wat er gebeurde.

God mag weten wat mijn arme ouders hiervan denken, dacht ik toen ze zouden komen kijken. Mijn vader bleek totaal verbijsterd toen hij meemaakte hoe zijn zoons bijdrage aan de jarentachtigpop geheel overstemd werd door duizenden schreeuwende meisjes. De muziek van Wham! en de aantrekkingskracht ervan op een groot publiek, waren een groot raadsel voor hem; hij kon er met zijn pet niet bij hoe twee twintigjarige jongens al hetzelfde commerciële succes hadden als sommige van de grootste bands uit zijn eigen tienerjaren. Mijn moeder moest even van de eerste schok bekomen, maar daarna leek ze het geweldig te vinden. Ze vertelde me hoe trots ze was op mijn succes. Maar mam was zelf ook nog maar veertig. Het idee dat haar zoon voor uitverkochte zalen met hysterische fans speelde, moet voor haar onbevattelijk zijn geweest.

Dat was het trouwens voor ons op het podium ook. Het geschreeuw en het geloei waren natuurlijk oneindig vleiend. Whamania had niets van doen met muzikale erkenning, maar dat deed er voor mij niet toe – die aanbidding door het publiek was ook wat waard. De meiden die ons elke avond toe gilden, waren *onze* fans, *ons* publiek, en daarom waren we gek op hen. Ik was simpelweg dankbaar dat ze Wham! aanbaden. Nooit maakte ik de fout om te denken: O, mijn God, ik ben opeens *echt* aantrekkelijk voor vrouwen. *Maar het viel niet te ontkennen dat het best wel een beetje een kick gaf.*

WEMBLEY STADIUM
WHAM!
C

Het werd er niet minder waanzinnig op als we eenmaal het podium af gingen. Zodra we klaar waren met onze toegift – meestal een cover van 'Good Times' van Chic – probeerden we te ontsnappen via de podiumdeur voordat de massa ons kon omsingelen. Meestal haalden we het niet. En zelfs binnen de veilige omhulling van de auto was de situatie zenuwslopend. We werden heen en weer geschommeld, overgeleverd aan de genade van een menigte van tienermeisjes. Handen klauwden rond de grepen van de gesloten deuren. Vuisten bonkten op de ramen. Gezichten drukten tegen het glas. Ach, toe nou, meisjes, dacht ik dan, terwijl ik de waanzin gadesloeg die om ons heen kolkte. Doe nou rustig, éventjes. *Alsjeblieft…*

Wat ik me het best herinner, is het geschreeuw en de hysterie, een oorverdovende kakofonie die bij één gelegenheid even onderbroken werd door een doffe klap: een meisje had zich uit de menigte weten los te maken en zich op de motorkap geworpen. Ze krabbelde in onze richting, onze namen op haar lippen. *'George!'* Het meisje spartelde met haar armen en benen als een figurant in een zombiefilm van George Romero. *'Andrew!'*

Toen ik opzijkeek naar George, zag ik een golf van angst bij hem. Hij was totaal gestrest door de verbijsterende situatie waarin we zaten, bezorgd ook dat iemand ernstig gewond zou raken terwijl twee ton staal zich een weg zocht door een zee van schreeuwend, huilend, golvend tienervlees.

Onze chauffeur drukte zijn hand op de claxon en hield hem daar. De muur van gezichten, plotseling bewust van het gevaar verpletterd te worden onder onze wielen, week collectief een stap achteruit, en terwijl we voorzichtig verder reden nóg een stap.

Toen de auto eenmaal genoeg snelheid had ontwikkeld en de massa door de achterruit steeds kleiner werd, ontspanden we ons weer een beetje. Maar het gevaar was nog niet geweken. Terwijl de meeste meisjes achtergebleven waren, elkaar omhelzend, huilend en schreeuwend, begon een aantal aan de achtervolging, tegen het

SAFETY
FIL
15
15A

WHAM!
No Unauthorised Entry
GEORGE, ANDREW, SHIRLIE + PEPSI

tegemoetkomende verkeer in, sprintend door de drukke straten, hun leven wagend om nog een glimp op te vangen van mij en George, terwijl we zenuwachtig lachten op de achterbank. Er hing een sfeer van *waanzin* in de lucht.

En dat was precies waarop ons managementteam had gehoopt.

Ondanks alle vrouwelijke aandacht waarmee we overladen werden, was het tourneeleven nou niet bepaald sex, drugs en rock-'n-roll. Shirlie was een goede vriendin van ons allebei. En nadat Dee besloten had om bij de Style Council te gaan, de band van Paul Weller, kregen we een nieuwe zangeres, Helen DeMacque, bijgenaamd 'Pepsi'. Ondanks dit nieuwe gezicht in de gelederen was de sfeer backstage net zo goed en ongecompliceerd als altijd. Er was niets van de agressieve sfeer die zo nadrukkelijk rond gevaarlijk levende groepen als Motörhead en Aerosmith hing. En na enkele orgie-achtige situaties tijdens de eerste tournee, waren zulke contacten met fans definitief van de agenda afgevoerd.

Aangezien ons publiek grotendeels bestond uit prepuberale meisjes en hun onwillige begeleiders, zochten George en ik ergens anders naar gezelschap. George' privéleven bleef, ondanks zijn onthulling in Ibiza, afgeschermd voor de rest van de groep en voor het publiek. Niets nieuws onder de zon. George had zich altijd afgezonderd, en hij was ook niet van plan om details prijs te geven van eventuele veroveringen tijdens een tournee. Hij had ook het idee dat als wij samen waren, we te veel aandacht trokken. Met al die ogen op ons gericht, was enige privacy voor hem onmogelijk. Als we niet op tournee waren, kon George wat meer zijn gang gaan in zijn liefdesleven. Binnen de homoscene van Londen, in gelegenheden als The Mud Club en The Wag, kreeg zijn ware seksuele aard langzaam gestalte. Maar buiten een heel kleine cirkel van vertrouwelingen bleef George voorzichtig. Hij maakte geen avances naar mannen als de aandacht op Wham! was gericht. Want hij vreesde nog steeds dat als zijn homoseksualiteit algemeen bekend werd, dit een ramp kon zijn voor zijn carrière, zélfs in een industrie waar men steeds losser begon te denken over seksualiteit.

De gelegenheid voor seksuele verwennerij was er sowieso niet of nauwelijks voor ons allebei. Volgens de mythe hebben popartiesten een makkelijk leventje met hier en daar een moment van intense activiteit – een optreden hier, een glamoureuze fotoshoot daar – om de lege uren op te vullen. Voor Wham! was de realiteit een heel andere. We hadden een druk schema van radio-, pers- en tv-interviews tijdens die eerste tournee, dus we hadden simpelweg geen tijd voor seksuele fratsen, iets waar we trouwens niet erg mee zaten. En ik zat ook niet te smachten naar emotionele steun of affectie. George en ik steunden op elkaar, maar we waren ook jong en omgeven door vrienden als Pepsi en Shirlie. We werden een hechte sociale groep met een intieme, tevreden en familieachtige sfeer om ons heen. Het zou heel vreemd zijn geweest om daar elke avond meiden van buitenaf bij te halen.

We bleven ons concentreren op het succes dat we van Wham! wilden maken.

En toen sloeg het noodlot toe.

George' stem kreeg elke avond een flinke opdonder doordat hij anderhalf uur lang stond te zingen en grappen te maken. Tegen het eind van oktober, toen de helft van de tournee erop zat, begonnen zijn stembanden het te begeven. Het werd duidelijk dat hij niet verder kon.

'Het spijt me, Andrew,' zei hij nadat hij zich door de eerste van twee concerten in Londen had geworsteld. 'Misschien moeten we de tournee even een beetje opschorten – wat denk je?'

Ik knikte, al vond ik de gedachte om concerten uit te stellen verschrikkelijk. Ik had een fantastische tijd en voelde er veel voor om toch door te zetten. Maar ik besefte ook dat als George voorstelde om de komende concerten uit te stellen, het echt wel ernstig moest

zijn. Hij was absoluut niet het type dat met smoesjes kwam, en niemand begreep het belang van onze eerste tournee beter dan hij. George wilde deze beslissing echter niet alleen nemen. Hij leek enorm zeker van zichzelf als het om muziek maken ging, maar hij moest nog steeds gerustgesteld worden als we met grote problemen zaten. In situaties als deze zocht hij bevestiging van mij.

Hij wist dat ik de wereld in veel opzichten hetzelfde bekeek als hij en, belangrijker nog, dat mijn kijk op het leven altijd geïnspireerd werd door onze vriendschap. Wij verwachtten beiden niets minder van elkaar dan dat.

Ook al voordat hij begon te worstelen met zijn stem, voelde ik dat George niet zo gek was op het toeren als ik. Hij kon zoveel meer van zichzelf kwijt in het schrijven van liedjes. In de studio beheerste hij de situatie veel beter. Daarbuiten, op tournee, waren er veel te veel variabelen waarmee hij rekening moest houden – was er te veel dat fout kon gaan. Dat was zeer belastend voor hem. Als hij niet in zijn hotelkamer was, of bezig met promotionele verplichtingen, dan was George vaak te vinden in de concertzaal, waar hij naging of alles tot in detail klopte voor ons optreden. Ons geluid moest precies goed zijn. Hij had een ongelooflijk goed gehoor, waarmee hij foutjes en haperingetjes waarnam die de meeste mensen niet opmerkten. Als er een probleem was met een microfoon of monitor, had hij het zelfvertrouwen dat te melden, zelfs als hij de enige was. En hij meldde het altijd terecht.

Zijn aandacht voor details werd overigens goed beloond. De hele The Club Fantastic-tournee was een uitverkocht succes; ons debuutalbum was een kolossale hit. Maar terwijl ik gewoon blij was om deel uit te maken van een toerende popact en genoot van onze explosief gegroeide populariteit, wilde George méér. *Dit was nog maar het begin.* De volgende hit, de volgende bevestiging van zijn schrijftalent werd een prioriteit.

Mijn eigen leven was een stuk simpeler. Ik leefde in het moment

en maakte me niet zo druk over hoelang ons avontuur zou duren, of wat Wham!'s muzikale nalatenschap zou worden. Maar ik identificeerde me dan ook niet zo sterk met onze muziek als George. Ik zat in de band Wham!, en daarmee had ik het hoogtepunt van mijn muzikale ambities al bereikt.

Ik vond het ook uitstekend om door het land te reizen in een tourneebus met wat een vrolijke bende bleek te zijn. Vergeleken daarmee was George' band met thuis en het gezinsleven veel dieper. Het had veel te maken met zijn persoonlijkheid, waarin zijn publieke kant en zijn privékant duidelijk van elkaar gescheiden waren. Thuis kon hij Georgios zijn, Yog, *zichzelf*, en de stabiliteit die hem dat gaf, was erg belangrijk voor hem. Als hij op tournee was en met Wham! werkte, toonde George een publieke kant waarvoor hij veel moeite moest doen.

Als we in een hotel verbleven, trok hij zich het liefst terug in zijn kamer, waar hij niet gestoord kon worden door de fans die zich buiten verzamelden. Hij was zelden enthousiast over de plaatsen waar we heen reisden; ze boezemden hem geen enkel belang in. En ik denk dat hij er ook niet echt warm van werd om steeds weer hetzelfde materiaal te moeten spelen, avond aan avond. Dat werd al snel een verplichting voor hem. George was veel gelukkiger als hij nieuwe dingen kon creëren of opbouwen, of het nu het schrijven van nieuwe nummers was of het opnemen ervan. En last but not least: bij optredens lag er altijd veel meer druk op hem dan op mij om er een echte show van te maken. Als we op het podium stonden, kon ik op de voorgrond treden, maar ik kon me ook terug laten zakken naar de achtergrond.

En ik hoefde niet te zingen.

De aanvankelijke twijfel over wat we nu moesten met George' stem en de rest van de tournee, gaf ons een rotgevoel. Er was eerst nog druk op ons om hoe dan ook door te gaan. Maar George bleef voet bij stuk houden tegenover de promotors en het management,

die probeerden de boel te forceren. Uiteindelijk werd de tournee opgeschort om George de kans te geven te herstellen.

Maar het feit dat zijn stem, *zijn instrument*, het had laten afweten op zo'n cruciaal moment, gaf reden tot bezorgdheid. George was niet het type dat toonladders doornam om zich voor een concert op te warmen, of voor het slapen koppen thee met honing en citroen dronk om zijn keel te verzachten. Wat we op dat moment niet beseften, was dat George poliepen in zijn keel had, die later ook operatief verwijderd zouden worden. Tijdens de Club Fantastic-tournee bleef de oorzaak van zijn krakende stem een raadsel – een nogal verontrústend raadsel.

De resterende concerten werden verplaatst naar het eind van het jaar, en ik ging terug naar huis, naar het huis van mijn ouders. Ik was door het dolle, want we hadden een van dé doorbraakalbums van het jaar, onze Engelse tournee was uitverkocht en mijn gezicht prijkte op de voorkant van elk boulevardblad in het land – maar ik had nog steeds geen rooie cent. Jazz en Simon hadden ons nog steeds niet helemaal weten los te weken uit het platencontract met Innervision. Maar terwijl ik in mijn krappe slaapkamer lag, kon ik me daar niet echt druk om maken. Net als George zag ik duidelijk ons doel voor ogen. Er zaten nog een heleboel avonturen aan te komen.

Regelmatig stonden er fans op de stoep.
Ma ontving ze altijd met een glimlach.

17. **Een nieuwe weg**

Toen George eenmaal zijn stem weer terug had, werkten we de rest van de tournee af tegen het achtergrondgeluid van schreeuwende meisjes. In diezelfde tijd wisten Jazz en Simon, trouw aan hun belofte, ons te bevrijden van het contract van Innervision.

We kregen nog een trap na van dat label, in de vorm van hun uitgave van de afgrijselijke plaat *Club Fantastic Megamix*, een medley van onze hits tot dan toe, waarvoor we geen toestemming hadden gegeven. We konden niets doen om dat tegen te houden, maar van Wham! hoefden ze verder nooit meer iets te verwachten. We tekenden een nieuw contract bij Epic Records in het Verenigd Koninkrijk en bij Columbia in de VS. En met een betere beloning voor onze inspanningen in het vooruitzicht, begonnen we over onze nieuwe plaat na te denken.

George had de liedjes klaarliggen om snel werk te maken van het creatieve proces in de studio. Al gauw nam hij de eerste single op, gebruikmakend van de studiotijd die nog gereserveerd stond om het inmiddels geannuleerde nummer 'Wham Shake!' op te nemen. De inspiratie voor het nieuwe nummer kwam van een onwaarschijnlijke bron: een briefje dat ik op een avond op de koelkast van mijn ouders had geplakt voordat ik naar bed ging. Er stond op: '*Please, wake me up up before you go go.*' (Maak me alsjeblieft wakker voor je vertrekt.)

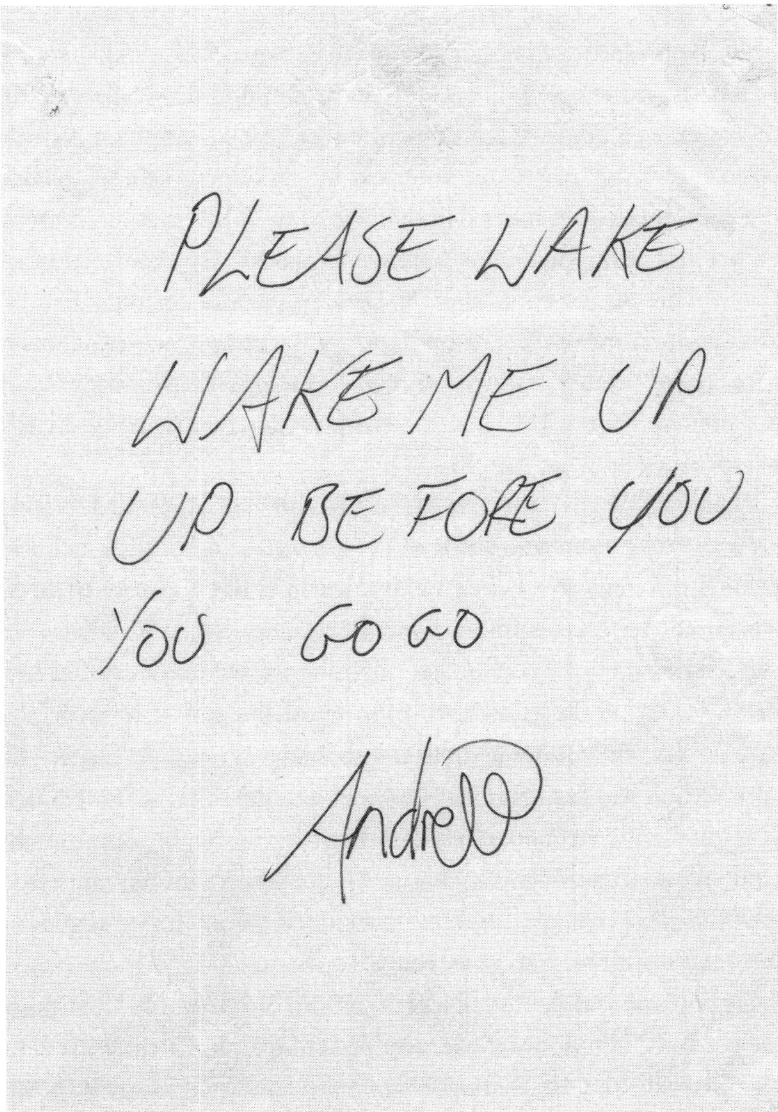

PLEASE WAKE
WAKE ME UP
UP BEFORE YOU
YOU GO GO

Andrew

Waarvoor ik, als twintigjarige popster, mijn bed uit moest blijft een mysterie. Waarom ik *up* en *go* twee keer schreef, is makkelijker te raden. Maar het briefje was George hoe dan ook opgevallen, en hij moest erdoor denken aan de bruisende rock-'n-rollplaten van de jaren 1950 en 1960. Het nummer dat hij vervolgens schreef, haalde die geest terug – en meer dan dat. Vanaf de intro, met de *jitterbug* en het vingerknippen, barst het hele 'Wake Me Up Before you Go-Go' van het plezier en de energie. De aanstekelijke melodie, het opzwepende ritme en het meezingrefrein waren onweerstaanbaar. Met 'Wake Me Up' hadden we meteen het openingsnummer voor het nieuwe album. Daarna gingen we verder met de song die het album zou afsluiten: 'Careless Whisper'.

Nadat hij de opname van Muscle Shoals had afgekeurd, boekte George vroeg in 1984 de S A R M West Studio's in Londen, inclusief geluidstechnicus. We waren nu drie jaar met dat nummer bezig en wisten allebei precies hoe het moest klinken. Nu, geïnstalleerd in een studio en vrij van invloeden van buitenaf, wilde George dat eindelijk te pakken krijgen. Toen hij uiteindelijk S A R M weer uitkwam met de voltooide mastertape had 'Careless Whisper' de sprankeling van het origineel, en meer dan dat. Veel meer. Na tien saxofonisten te hebben afgekeurd, hoorde George bij nummer elf eindelijk waarnaar hij op zoek was. Eindelijk werd de genuanceerde melodie die al zo lang in zijn hoofd leefde, tot klinken gebracht door een saxofonist met ziel, gevoel en virtuositeit.

De opname was definitief. Het is een van die zeldzame klassiekers die gecoverd zijn door talloze, zeer uiteenlopende artiesten als Gloria Gaynor en de alternatieve metalband Seether. George had zijn eerste meesterwerk opgenomen, en niemand was daar blijer om dan ik. 'Careless Whisper' was een nummer dat we samen hadden geschreven.

In de tijd na zijn overlijden is gesuggereerd dat George mij uit goedhartigheid credits heeft gegeven als coauteur, wat impliceerde

December 1, 1984 29

US Singles

1	1	**WAKE ME UP BEFORE YOU GO GO,** Wham!, Columbia/CBS
2	4	**OUT OF TOUCH,** Daryl Hall & John Oates, RCA
3	3	**I FEEL FOR YOU,** Chaka Khan, Warner Brothers
4	2	**PURPLE RAIN,** Prince & The Revolution, Warner Brothers
5	5	**BETTER BE GOOD TO ME,** Tina Turner, Capitol
6	8	**ALL THROUGH THE NIGHT,** Cyndi Lauper, Portrait
7	12	**THE WILD BOYS,** Duran Duran, Capitol
8	9	**PENNY LOVER,** Lionel Richie, Motown
9	7	**STRUT,** Sheena Easton, EMI-America
10	11	**NO MORE LONELY NIGHTS,** Paul McCartney, Columbia/CBS
11	13	**SEA OF LOVE,** Honeydrippers, Es Paranza
12	6	**CARIBBEAN QUEEN (NO MORE LOVE ON THE RUN),** Billy Ocean, Jive

dat ik hem niet geholpen *kon* hebben met het schrijven. Daaruit blijkt dat men de aard van onze relatie in de beginfase van Wham! niet begrijpt. Natuurlijk, als het op muzikaal talent aankwam, stond George op een compleet ander niveau dan ik – namelijk: een zeldzaam hoog niveau! Maar in die eerste tijd kaatsten we elkaar ideeën toe zonder dat ons zelfs maar bewust te zijn. Ik was een klankbord en creatieve partner van George, en we hadden een instinctieve verstandhouding. De creatie van 'Careless Whisper' was onlosmakelijk verbonden met onze gedeelde ervaringen. We stonden zo dicht bij elkaar dat het nooit echt een verrassing was als we, volkomen onafhankelijk van elkaar, op hetzelfde idee kwamen. Het zou een stuk vreemder zijn geweest als we níet zo op één lijn hadden gezeten in ons denken. Tegen de tijd dat we 'Careless Whisper' schreven, communiceerden we bijna uitsluitend via grappen die we allebei kenden, vertrouwde verwijzingen en comedycitaten. Dat deden we in zo'n sterke mate, dat Simon onze relatie vergeleek met die van Butch Cassidy en The Sundance Kid.

Maar al bleef onze band sterk, de aard van onze relatie begon nu

te veranderen. Ik bevond mezelf in een ongewone positie. Door onze beslissing om het schrijven van nummers in het vervolg helemaal aan George over te laten, voelde ik me toch wel een beetje aan mijn lot overgelaten. Terwijl George aan de slag ging met materiaal verzamelen voor ons tweede album, begon ik het te betreuren dat ik niet meer zoals vroeger betrokken was bij het schrijven van muziek. Ik begreep waarom het was en ik was er met overtuiging mee akkoord gegaan, maar ik miste de lol en de gemoedelijkheid van het samen werken aan melodieën, teksten en arrangementen. De gedachte om alleen maar beroemd te zijn omdat ik deel uitmaakte van Wham!, sprak me niet aan. In tegenstelling tot wat sommige kranten over me schreven – en het was een groeiende liefhebberij van hen – hield ik zowel van het schrijven van muziek als van optreden. Nu dat eerste was weggevallen, was het moeilijk te vermijden dat ik een mikpunt werd voor de pers, die de spot dreef met mijn gebrek aan betrokkenheid bij de band. Terwijl George zich op het componeren en opnemen stortte, werd ik een bliksemafleider voor de interesse van de media in Wham!.

Omdat niets mij belette, ging ik steeds vaker uit. Met als gevolg dat mijn reputatie van feestganger en rokkenjager sterker werd. Gaandeweg kreeg ik in krantenkoppen namen mee als 'Hitsige Andy' en 'Andy het beest'. Krantenredacteuren leken ervan te genieten om mij te presenteren als een nogal eigenzinnig type, maar in werkelijkheid gedroeg ik me niet anders dan enige andere eenentwintigjarige in dezelfde omstandigheden zou doen. Ik hield ervan om met vrienden rond te hangen en een paar biertjes te drinken. En omdat ik had gebroken met Shirlie, was ik vrij om amoureuze verkenningen te doen zonder me aan iemand te binden in een relatie. Niet dat er overigens veel tijd was om er een serieuze relatie op na te houden. Wham! was nu bekend over de hele wereld en dat betekende promotionele verplichtingen, fotoshoots en wereldwijde tournees. Daardoor had ik in die periode van mijn leven alleen korte avontuurtjes, vluchtige ontmoetingen. De eindeloze hoeveelheid krantenpapier die daar vervolgens over volgedrukt werd, bevatte verhalen die een zeer losse relatie met de waarheid hadden. Wel waren ze vaak erg hilarisch.

We waren klaar met 'Wake Me Up' en 'Careless Whisper'; de rest van het album zou worden opgenomen in Zuid-Frankrijk, in dezelfde studio als waar Pink Floyd de laatste hand had gelegd aan 'The Wall'. Studio Miraval lag verborgen tussen velden met wijngaarden, ver weg van de schijnwerpers van de Londense media, dus een vredige stilte was gegarandeerd.

Vanaf het moment dat ik me in Frankrijk bij George voegde, was ik onder de indruk van zijn optimisme over de volgende plaat, die *Make It Big* zou gaan heten. Hij was op een goede plek, helemaal ondergedompeld in de studio-omgeving, en tevreden dat hij de complete controle had over het creatieve proces.

George groeide in zijn rol van songwriter. En in een hoog tempo.

De sprong van 'Wham Rap!' naar 'Young Guns' had destijds al enorm geleken, maar rond de tijd dat George de liedjes voor *Make It Big* schreef, leken die vroege hits sowieso al gedateerd. Met 'Club Tropicana' hadden we de bakens op het juiste moment verzet, en we konden het nieuwe album met nieuwe creatieve vrijheid benaderen. Bij de eerste, vroege nummers hadden we al geprobeerd onszelf van elke begrenzing te bevrijden maar nu waren die begrenzingen, wat George betrof, helemaal weg.

Wat hem het meest enthousiasmeerde, was het vooruitzicht dat hij op *Make It Big* thema's kon onderzoeken die hem zouden helpen naar een solocarrière toe te werken. De nieuwe liedjes die hij schreef waren catchy en bruisend, maar de teksten werden verfijnder en rijper. Het nummer 'Everything She Wants' had een ernst en een diepte die onmogelijk waren geweest toen we onze eerste Wham!-demo's uitwerkten. Het was een wrang commentaar op de moeilijkheden van jonge getrouwde mensen en zat vol met gevatheid en persoonlijk inzicht. Boven pompende, funky baslijnen klonken teksten als 'Als het beste in mij niet goed genoeg is, hoe kan het dan ooit genoeg zijn voor twee?' of 'En nu vertel je mij dat je een kind van me draagt, ik vertel jou dat ik blij zal zijn als jij wilt dat ik dat ben'. Die teksten bewezen dat George nu schreef voor een publiek dat ouder, wijzer en zorgelijker was dan de Whamania-kids die voor de bijl waren gegaan voor *Fantastic*.

Als hij weer klaar was met een nieuwe opname, speelde hij die meestal op vol volume af. Hij was vooral enthousiast over 'Freedom' en hij kon nauwelijks wachten om mij zijn ruwe mix daarvan te laten horen. Ook al was mijn bijdrage tot het creatieve proces nu beperkt tot gitaarspelen en achtergrondzang, George wilde nog steeds mijn mening horen als bevestiging van zijn eigen idee, en ik was alleen maar blij dat ik kon zorgen voor wat input als dat nodig was. Het was toen ik naar 'Freedom' luisterde, dat ik voor het eerst George' tekst binnen de context van zijn seksualiteit beschouwde.

We hadden *Fantastic* opgenomen voordat hij voor mij en Shirlie uit de kast kwam op Ibiza, dus was ik er altijd van uitgegaan dat hij schreef over meisjes van school of vriendinnetjes uit zijn late jeugd. Maar toen het refrein in 'Freedom' beweerde: 'Meisje, alles wat ik nu wil ben jij' en sprak van 'een gevangene die zijn eigen sleutel heeft' en een 'minnaar met iemand anders', moest ik dat even laten bezinken.

Hmm, ik vraag me af waar dit allemaal over gaat?, dacht ik.

Wie ook de inspiratiebron was geweest voor het liedje, George liet een waas van mysterie over de identiteit van die persoon hangen. Maar wat geen twijfel leed, was de kwaliteit van de liedjes zelf.

Als ik al enige frustratie voelde over mijn rol aan de zijlijn bij het liedjesschrijven, werd dat gecompenseerd door het besef dat we binnenkort weer zouden gaan toeren en de nieuwe nummers voor honderdduizenden fans over de hele wereld zouden spelen. Ik had me verzoend met de verdeling van onze verantwoordelijkheid, ik had mijn persoonlijke gevoelens opzijgeschoven en mijn kant van de deal geaccepteerd. Met *Make It Big* stonden we zo'n beetje in de startblokken. Voor mij kon het nieuwe avontuur niet snel genoeg beginnen, want de pers schreef verhalen over me die akeliger waren dan ooit.

In een gedenkwaardig, 'exclusief' artikel dat niet veel later verscheen, stond een foto van twee *Page Three*-modellen aan weerszijden van een kartonnen foto-uitsnede van mij. Om de foto heen stonden alinea's vol nonsens en toespelingen. Ik zou met elk van beide meisjes tegelijkertijd iets hebben gehad. In het bericht dat erop volgde, werd ik beschreven als een 'superversierder' en als een 'verrotte Romeo'. Ze beschreven hoe ik teruggereden werd naar mijn woning door een van de meisjes. Terwijl ik haar knie streelde en haar nek kuste, streelde zij 'de versnellingspook… van haar auto'. Zelfs Jilly Cooper zou ervan blozen. En er was geen woord van waar. Ik had geen van beiden ooit ontmoet, maar we lieten het maar gaan. Ik begreep hoe het spel werkte. Onze gezichten waren goed voor de

krantenverkoop, en dat zorgde er weer voor dat mensen platen en concertkaartjes kochten.

Overigens betekende dit niet dat, terwijl George buiten de schijnwerpers bleef, mijn inspanningen om Wham! in beeld te houden bij het publiek een prettige uitwerking op me hadden. En die inspanningen bleven ook niet altijd zonder gevolgen.

Toen ik negen jaar was, trok ik baantjes onder water in Wall Hall College, waar mijn moeder haar lerarenopleiding volgde. Daarbij botste ik tegen de zijkant van het bad. Ik klauterde duizelig het water uit, terwijl het bloed uit mijn gebroken neus stroomde. De operatie om de beschadigde luchtwegen wijder te maken had baat, maar niet voor de volle 100 procent.

'Als je eenentwintig bent,' legde de dokter mij uit, 'kan je septum rechtgemaakt worden. Je ademhaling zal vanaf dat moment veel beter zijn.' Niemand van ons kon voorspellen dat op mijn eenentwintigste de Whamania op mijn levenspad zou komen. Ik besloot om me te laten opereren voordat we *Make It Big* zouden opnemen, zodat ik tijd zou hebben om te herstellen. Als de pers dacht dat ik onder het mes ging voor een neuscorrectie, dan hadden ze een buitenkansje. Toen meende Simon het ideale rookgordijn te hebben gevonden om het verband dat mijn gezicht deels bedekte, te kunnen uitleggen.

Terwijl ik lag te herstellen in het ziekenhuis, lekte Nomis een verhaal naar de pers dat ik het slachtoffer was geweest van een onfortuinlijk incident op de dansvloer.

Ik was op een feest, suggereerden ze, toen een overuitbundige David Mortimer, die speciaal voor dit verhaal de naam David Austin kreeg, een emmer met ijs had gepakt en die in een wilde dans boven zijn hoofd in het rond had geslingerd.

Krak!

Ik liep argeloos in zijn pad. Mijn neus kreeg de volle klap te verwerken en moest onmiddellijk geopereerd worden.

Arme Andrew!

Op papier had het alle kenmerken van een echte Simon-klassieker: door alcohol aangewakkerde grappen, slapstick en een beetje pathos. Maar we hadden geen van beiden kunnen voorspellen dat David uiteindelijk het echte slachtoffer zou zijn. Terwijl ik thuis herstelde, omgeven door kaarten, bloemen en geschenken van familie, vrienden en fans, was David de zondebok geworden. Hij werd gebombardeerd met boze telefoontjes en scheldbrieven, waarin hij beschuldigd werd van het mij toebrengen van ernstig lichamelijk letsel.

Toen de kranten bloed roken, werd zijn huis belaagd door Wham!-fans die met wraak dreigden. Minder dan vierentwintig uur nadat het verhaal zich had verspreid, belde zijn moeder mij in woede op.

'Je moest je schamen, Andrew,' zei ze tegen me. 'Wat een schandelijke daad heb je verricht! Had je ook maar enig idee hoe erg dit zou zijn voor David?'

En natuurlijk wisten we dat niet. Ik had me nog nooit in mijn leven zo erg gestraft gevoeld. Het is heftig om ervanlangs te krijgen van een moeder van een van je vrienden. Uiteindelijk moest ik bekennen wat er écht was gebeurd: ik had een correctieve operatie ondergaan en David was daar in het geheel niet schuldig aan. De kwade menigte die in zijn voortuin kampeerde, verloor al snel haar interesse.

Bij deze gelegenheid was de razernij door onszelf veroorzaakt, maar het versoepelde nou niet bepaald de gespannen relatie tussen mij en de showbizzpers.

'Wake Me up Before you Go-Go' kwam uit in mei; het belandde in één klap op nummer 4 in de hitlijst en stond de week daarna helemaal bovenaan.

Onze eerste nummer 1-hit!

George en ik waren dolblij dat het ons gelukt was die begeerde positie te veroveren, gestuwd door airplay in dezelfde radioprogramma's waar we als kind zo gretig naar geluisterd hadden. We vierden deze mijlpaal met een feest in Jacks restaurant in Edgware. Zelfs George' vader besefte nu dat we iets hadden gedaan dat het waard was om gevierd te worden. 'Wake Me Up' werd veel gedraaid op de radio en in clubs, waardoor ons publiek nu uit meer bestond dan alleen maar gillende meisjes die ons achternazaten tijdens de Club Fantastic-tournee, en dat gaf gewicht mee aan George' hogere ambities. Hij had voor iedereen bewezen dat hij echt in staat was een Grote Hit te schrijven.

Het succes van 'Wake Me Up' werd versterkt door een buitensporige videoclip, gefilmd in de Brixton Academy in Zuid-Londen, met een paar duizend schreeuwende fans voor ons. Een deel van de clip

is geschoten terwijl we op het podium ronddansen in de heldere kleuren en korte broekjes die we ook al aanhadden tijdens de Club Fantastic Tour, maar de clip is de mensen het beste bijgebleven door de kostuumwisseling. Tegen een geheel wit decor droegen we allebei witte T-shirts, waarop aan de voorkant in grote blokletters 'Choose Life' stond. De shirts waren gemaakt door modeontwerpster Katherine Hamnett, in een tijd van verhoogde Koude Oorlog-spanning, waarbij de zorgen om een mogelijke nucleaire apocalyps steeds sterker werden. De slogan was bedoeld als een allesomvattende protestkreet tegen de ziektes van de wereld. Het door boeddhisme geïnspireerde ontwerp was in eerste instantie ergens gezien door een vriend van George, die dacht dat het misschien wel een raak beeld gaf. We waren beslist niet belust op politieke slogans toen we besloten de shirts te gebruiken in de 'Wake Me Up'-video, maar de onweerstaanbare aansporing om het leven volledig te leven, maakte het tot een perfecte keuze. Het zou een van de looks worden die de geest van het decennium het beste weergaven. 'Wake

Me Up' werd een soundtrack voor de hele zomer, en we waren ermee in de zevende hemel.

Misschien aangemoedigd door het enorme succes van het liedje en het besef dat zijn ideeën nu echt breed aansloegen, kwam George met zijn volgende doel.

In het jaar ervoor waren we ons zeer bewust geworden van de kracht van 'Careless Whisper' en we besloten een goed moment af te wachten om het uit te brengen – een moment waarop het nummer een optimale kans zou krijgen om te schitteren. Met het Amerikaanse nummer 1-succes van 'Wake Me Up Before you Go-Go' was dat moment gekomen.

We beseften allebei dat het liedje een sterk contrast vormde met de uptempo-ritmes van alles wat we daarvoor hadden gedaan. Daarom waren we het vóór The Club Fantastic Tour al met elkaar eens dat de release zorgvuldig moest gebeuren. Op een bepaalde manier leek een stemmige ballad een extreme stap voor Wham!. De volwassen thema's maakten het tot iets compleet anders dan de rest van ons repertoire, maar het was zonder twijfel ons beste liedje tot nu toe. Het vormde een enorm contrast met 'Wake Me Up' en 'Club Tropicana'. Het was ook een testmiddel voor ons. We wilden het op één dag uitbrengen aan beide zijden van de Atlantische Oceaan. Als we een van de grootste bands op aarde wilden worden, dan moesten we Amerika veroveren.

We hadden eerder al afgesproken dat het liedje in het VK zou worden uitgebracht als een solonummer van George, maar in de Verenigde Staten moest het liedje worden geafficheerd als van 'Wham!, met George Michael'. De gedachte achter deze zet was dat Wham! thuis groot was, maar niet aan de andere kant van de plas. Als de band het fundament moest vormen voor George' solocarrière, dan moest hij in beide gebieden groot worden.

Ondanks het feit dat ik had meegeschreven aan het nummer, stemde ik van harte in met het idee dat George het uitbracht als een soloproject: hij had het nummer naar een heel ander niveau weten te tillen in de studio. En we wisten allebei dat het de ogen zou openen van een sceptische minderheid voor wat George buiten Wham! nog tot stand kon brengen.

Ik bedacht dat als we niet al vanaf het begin een beperking in de tijd hadden ingebouwd voor het bestaan van de band, het nummer 'Careless Whisper' voor ons had kunnen zijn wat 'Save A Prayer' was voor Duran Duran en 'True' voor Spandau Ballet. Maar ik begreep George' ambitie om een zelfstandige artiest te worden. Hij moest op den duur wel zijn eigen weg gaan. Tot die tijd was aangebroken, wilde ik zeker weten dat, terwijl we vastberaden doorgingen met onze gezamenlijke ambitie om met Wham! eruit te halen wat erin zat, ik alles had gedaan om hem de springplank te geven die hij nodig had.

Ik vertelde George dat ik volledig achter het idee stond om het nummer uit te brengen als een solosingle van hem.

18. **Let it Snow, Let it Snow, Let it Snow**

Make It Big stond in één klap op nummer 1. En die toppositie bereikte het niet alleen in het Verenigd Koninkrijk, maar ook in Australië, Nederland, Italië, Japan, Nieuw-Zeeland en, na een tijdje, Amerika; zelfs als je het afzette tegen de hoge eisen die we voor onszelf stelden, was dit zonder meer een geweldig succes. *Make It Big* verkocht uiteindelijk wereldwijd 10 miljoen exemplaren. Voordat het album in oktober uitkwam, was 'Careless Whisper', in navolging van 'Wake Me Up Before You Go-Go, al in juli op nummer 1 gekomen, op naam van George. *Make It Big* bevatte beide singles. Naast wereldwijde hitlijstsuccessen begonnen we nu ook een zekere mate van erkenning bij de critici te krijgen. Die meenden we ook te verdienen, al hadden we er lang op moeten wachten.

Maar sinds het uitkomen van 'Careless Whisper' waren de mensen zich wel gaan afvragen of het einde van Wham! in zicht was. Ze dachten dat George' eerste single een teken was dat hij een einde wilde maken aan Wham! en een solocarrière beginnen. Hoewel dat zeer zeker zijn langetermijndoel was, had men niet begrepen dat het ons ernst was om een van de grootste popbands ter wereld te worden. We wilden nummer 1-platen maken en we wilden stadions uitverkopen. Ons plan was een wereldtournee te maken en uiteindelijk Amerika te veroveren. We wilden daar net zo groot worden als we in Groot-Brittannië waren, dus als we zouden stoppen met Wham! vóór we dat bereikt hadden, zouden we in onze eigen ogen hebben gefaald. En George zou nooit willen dat Wham! ook maar in de buurt van zoiets als een mislukking kwam. Als het ervan moest komen dat hij solo ging, dan moest Wham! eerst net zo succesvol zijn als acts als Duran Duran, Prince en U2.

Natuurlijk zaten de geruchten er ook weer niet héél ver naast. Toen het succes in zijn volle omvang duidelijk werd, begon George steeds meer interesse te krijgen in een solocarrière en ging hij ook meer en meer solo-optredens op tv en radio te doen. Ik begreep zelf ook dat we niet lang hadden om onze ambitie te verwezenlijken. We waren een band die gebouwd was op het idee van 'jong en levendig'. We konden absoluut niet altijd kinderen blijven en ik had altijd van het idee gehouden om op ons toppunt te stoppen in plaats van langzaam uit te doven – niemand hield ervan als een gast langer bleef dan hij welkom was.

Simon en Jazz waren zich eveneens bewust van George' plannen om de band te ontbinden, hoewel ik me afvraag of ze hem wel helemaal serieus namen. In een paar interviews had hij de mogelijkheid geopperd dat we samen een derde album zouden gaan maken. Aangezien Simon en Jazz gewiekste zakenlieden waren, wilden ze niet het risico lopen om er financieel bij in te schieten als Wham! de kas weer zou spekken. Ze zetten een lucratieve arenatournee op touw om de verschijning van *Make It Big* te promoten, maar ondanks de aankondigingen van concerten in het Verenigd Koninkrijk, het Verre Oosten, Australië en de VS, bleven roddelbladjournalisten speculeren over het mogelijke einde van de band. George had echter nog een idee achter de hand waardoor ze er misschien anders over gingen denken.

Wham! had een potentiële kersthit klaarliggen.

Het nummer 'Last Christmas' ontstond op een middag in 1984, bij George' ouders thuis. Terwijl we voetbal op tv zaten te kijken, kreeg George opeens inspiratie. Hij werkte boven op zijn keyboard snel een refrein en couplet uit. Met de toevoeging van een paar parelende synthesizers en, natuurlijk, sleebelletjes, had George' sterke

Nº1 8 DEC

U.K. ALBUMS

THIS WEEK	LAST WEEK	WEEKS IN CHART	HIGHEST POSITION	
1	1	4	1	**MAKE IT BIG** Wham (CBS)
2	2	4	2	**ALF** Alison Moyet (CBS)
3	14	2	3	**THE HITS ALBUM** Various (WEA/CBS)
4	4	4	4	**THE COLLECTION** Ultravox (Chrysalis)
5	7	20	1	**DIAMOND LIFE** Sade (CBS)
6	3	5	1	**WELCOME TO THE PLEASURE DOME** Frankie Goes To Hollywood (ZTT)
7	5	14	2	**ELIMINATOR** ZZ Top (Warner Bros)
8	6	3	6	**ARENA** Duran Duran (EMI)
9	—	1	9	**NOW THAT'S WHAT I CALL MUSIC IV** Various (EMI-Virgin)
10	35	2	10	**12 GOLD BARS VOLS I & II** Status Quo (Vertigo)

melodie meteen alle kenmerken van een feestelijke klassieker. Ik hoefde de demo maar één keer te horen om te beseffen dat 'Last Christmas' een enorme hit zou worden; nadat George in de Advision Studio's in Londen zijn bellen en fluitjes had toegevoegd, kort nadat we *Make It Big* hadden opgenomen, stelden we een releasedatum in december vast en wachtten ongeduldig. Het was door Slade en John Lennon al bewezen dat als je erin slaagde een grote kersthit te schrijven, je er een eeuwigdurend succes mee kon hebben. We keken trouwens ook vooruit naar George' kerstavondfeestje. George was dol op Kerstmis, en in het voorgaande jaar was hij de gastheer geweest bij een samenkomst die een vaste gewoonte zou worden in de volgende paar jaar. Na een met drank overgoten diner waren alle vijfentwintig gasten kerstliedjes gaan zingen, maar in plaats van daarmee van deur tot deur te gaan met een collectebus en bladmuziek, kozen we voor een opblaasbare sekspop als gezelschap. Niet iedereen had dat even leuk gevonden.

Kerstmis leek het slechtste in ons naar boven te halen, want bij het filmen van de videoclip voor 'Last Christmas' waren we al net zo

geneigd tot kattenkwaad. Onze regisseurs hadden in november een shoot geregeld in de wintersportplaats Saas-Fee in de Zwitserse bergen. In de jaren tachtig hing er een zekere chique sfeer rond skivakanties, dus was het idee om te filmen in een gezellig skichalet, compleet met openhaardvuur, een mooie winterse variant op het zonnige hedonisme van 'Club Tropicana' op Ibiza, waar George en ik toen een paar fantastische dagen hadden beleefd. Deze keer rommelden we samen met een aantal enthousiaste vrienden dagenlang in de sneeuw, waarbij de lokale wijn rijkelijk vloeide en er meer dan eens mensen uit de kleren gingen.

Als je naar het draaiboek keek, moest de videoclip de sfeer krijgen van verloren liefde en opbloeiende romantiek, tegen de achtergrond van een kerstfestijn, maar achter de schermen werd het een nogal losbandige affaire. Het idee dat onze vrienden daar waren als figuranten voor een videoclip bij een geheide kersthit, raakte voor hen klaarblijkelijk op de achtergrond door hun vreugde over de gratis vakantie. Er was een budget op te maken, en ze waren vastbesloten daar hard aan mee te werken. En eerlijk gezegd, wij ook. Toen

George en ik een dag te laat in Saas-Fee arriveerden, was iedereen al goed dronken. Onze eerste avond kwam tot een vroegtijdig einde nadat een aantal van ons bloot in het zwembad was gesprongen, waarbij één vriend anderhalve liter gechloreerd water binnenkreeg en vervolgens hevig overgaf in een van de waterfilters.

We hadden George' vriend Pat Fernandez bij ons, Pepsi en Shirlie en een stel andere oude kameraden, onder wie mijn vriend Dave. De buitensporigheid van onze rampzalige naaktzwempartij werd voortgezet op de eerste dag dat we filmden. Op de tafel van ons skichalet was een kerstmaal uitgeserveerd: gebraden kalkoen met alles erop en eraan, verlicht door kaarsen en elfenlampjes. Maar toen onze assistent-regisseur binnenkwam, vertrok zijn gezicht.

'Welke sukkel is op *dat* idee gekomen?' vroeg hij, wijzend op de wijnglazen, die op onelegante wijze tot aan de rand gevuld waren. Dat paste nou ook niet echt bij het niveau van beschaafdheid dat ons 'Last Christmas'-feest vereiste.

'Maak je geen zorgen, baas,' zei David, terwijl hij zichzelf langs de figuranten en de filmcrew wurmde. *'Ik maak het voor je in orde.'*

Eerlijk gezegd weet ik niet wat dit eigenlijk aan de show toevoegt.

Rustig maar vastberaden maakte hij een rondje om de tafel heen, alle zestien glazen onder handen nemend en gaandeweg het equivalent van twee flessen wijn wegslurpend. Tegen de tijd dat hij klaar was met zijn onbaatzuchtige taak, had Dave duidelijk moeite om overeind te blijven staan. En toen we klaar waren met de filmsessie, waren we er allemáál zo aan toe. Er leek een eindeloze hoeveelheid wijn beschikbaar, maar we mochten niet aan het feestmaal komen dat voor onze neuzen stond. En dus dronken we, met het oog op de continuïteit, op een lege maag en werden we steeds wilder. Uiteindelijk waren mijn ogen gezwollen doordat ik moest huilen van het lachen. De regisseur, bepaald niet onder de indruk van mij, hield me buiten het eindshot van de dinerscène. Ik zag er gewoon niet uit.

De volgende dag, toen we begonnen met de buitenopnames, ging het er qua discipline niet echt op vooruit. Het draaiboek bepaalde dat we een sneeuwbalgevecht moesten houden. We negeerden dapper onze kater en gaven onze volle 100 procent totdat ik in een scène, die uiteindelijk een prominente plaats in de eindversie zou krijgen, over een hek werd gegooid en zo slecht terechtkwam dat ik echt dacht dat ik iets gebroken had. Maar ik zou een neksteun nodig hebben gehad om het tot George te laten doordringen. Tijdens pauzes kon je hem vaak vinden naast de regisseursstoel, terwijl hij met microscopische precisie de opnames doornam, waarbij hij ervoor zorgde dat alle opnames geschrapt werden waarop hij zichzelf onverzorgd of dik vond overkomen. Shots waarop zijn haar ook maar een beetje uit model zat, sneuvelden ook. Er was een moment waarop hij zó gefixeerd raakte op zijn uiterlijk – hij had net door de sneeuw gerold met zijn fictieve vriendin – dat George de film achterwaarts liet afdraaien, zodat hij op zoek kon naar een shot waarop hij een beetje sip zat te peinzen, liever dan een take waarin hij lachte en grappen maakte – ook al paste dat beeld beter bij de scène. En zo creëerde hij onbedoeld een shot waarin het leek of hij zojuist door een sneeuwbal in zijn kruis was geraakt.

De avond kwam tot een einde met een dronken hindernisloop over de hotelbalkons. Op sneeuwlaarzen na bloot, sprongen we over de scheidingsmuren. De snijdende kou zorgde ervoor dat het er niet bepaald indrukwekkend uitzag. Nadat we ademloos de eindstreep hadden gehaald, draaide ik me om en zag ik de regisseur en zijn vrouw, die redelijkerwijs geen pottenkijkers hoefden te verwachten, bezig met wat echtelijke pret. De vrouw gaf een gil toen we onze billen tegen het glas drukten en over onze schouders heen naar hen zwaaiden. Als ons gedrag tijdens de opnames er aanleiding toe had gegeven dat ze ons het liefst metéén hadden willen uitzwaaien, dan was dit waarschijnlijk niet wat ze in gedachten hadden…

19. **Feed the world**

De uitnodiging om aan een van de beroemdste singles in de popgeschiedenis mee te doen, kwam kort na onze terugkeer uit Saas-Fee. Ik kreeg een fax waarin verzocht werd om mijn aanwezigheid in S A R M West Studio's in Notting Hill op 25 november, om mee te werken aan een kerstsingle. Verder werden er weinig details gegeven, al wist ik dat S A R M eigendom was van Trevor Horn, de producer van Frankie Goes To Hollywood.

Ik had tot aan mijn nek in de repetities gezeten voor onze komende tournee. Er kwamen zo vaak van dit soort verzoeken via ons management binnen, en ik had de fax afgedaan als onbelangrijk. Een platenmaatschappij werd er niet in genoemd; ook contactgegevens en reisinformatie ontbraken, dus het hele bericht kwam nou niet bepaald serieus over. Pas later begreep ik dat er bewust weinig details verstrekt werden, namelijk om een van de belangrijkste opnames in de Britse popgeschiedenis geheim te houden tot er op het juiste moment alle aandacht op gericht zou zijn. En dus liep ik Band Aid mis.

Terwijl George in West-Londen zat, terwijl hij 'Do They Know It's Christmas?' opnam met het puikje van de Britse popwereld, sliep ik uit, gevolgd door een relaxte zondagmorgen met een krantje en een sandwich met bacon en ei. Pas toen ik later George weer ontmoette voor de volgende repetitie, kreeg ik door welke grootse gebeurtenis had plaatsgevonden.

Bob Geldof, voorman van de Boomtown Rats, en Midge Ure van

Ultravox hadden Band Aid samengebracht: leden van U2, Heaven 17, Kool & the Gang, Spandau Ballet, Culture Club, Bananarama en Status Quo. Ook aanwezig: Phil Collins, Paul Young en Sting. George had blij moeten zijn om met hen te kunnen zingen, maar na de opname was hij van de kaart geraakt. Paul Weller was eerder dat jaar misnoegd geweest over een opmerking van George over Arthur Scargill, vakbondsleider van de mijnwerkers, die hij 'een eikel' noemde – en Paul liet dit George ook weten. Weller had, zonder dat hij dit wist, een open zenuw geraakt bij George.

Enkele maanden geleden was Wham! een controversiële toevoeging geweest bij een in de Royal Festival Hall georganiseerd benefietconcert voor stakende mijnwerkers. Het nummer 'Club Tropicana' was door de muziekpers gezien als een verraad aan het sociale bewustzijn dat sprak uit 'Wham Rap' en 'Young Guns'. Onze beslissing om bij het concert geheel in het wit gekleed te verschijnen, verleende ons ook niet veel politieke geloofwaardigheid. Vervolgens irriteerden we de organisatoren toen George erop stond onze set te playbacken in plaats van live te spelen. George haatte het om niet de volledige zeggenschap over ons geluid te hebben, en door de sarcastische reacties op onze deelname vreesde hij dat een geluidstechnicus zou proberen ons optreden te verknoeien. We waren ons bewust van een groeiende antipathie tegen Wham! van muzieksnobs binnen de industrie, en George geloofde dat we bij elke gelegenheid tekort werden gedaan. Hij wilde niet dat onze tegenstanders weer de kans kregen ons een goedkope streek te leveren.

'Maar we zijn goed genoeg,' hield ik hem voor in de aanloop naar het concert. 'We spelen altijd live. Het komt goed.'

George schudde zijn hoofd. 'Nee, we gebruiken een bandopname. Op die manier kunnen ze geen ongein met ons uithalen.'

Ik probeerde hem ervan te overtuigen dat playbacken weleens contraproductief zou kunnen blijken. Ik was bang dat als dit uit zou lekken, het onze tegenstanders alleen maar meer munitie zou geven en de visie in de muziekwereld zou versterken dat Wham! geen serieus te nemen band was.

Het was ook niet de eerste keer. We hadden al eens eerder zulke toestanden gehad toen we in het programma *The Tube* speelden, van Channel 4. Het programma ging er prat op dat het een liveprogramma was, maar ook toen zette George iedereen tegen zichzelf op door erop te staan dat we zouden playbacken, zoals bij *Top of the Pops*. Vanwege zijn dringende behoefte aan complete zeggenschap over ons geluid, kon hij niet worden overtuigd, maar zijn onbuigzaamheid keerde zich op een afschuwelijke manier tegen hemzelf. Nadat we het eerste van twee nummers hadden gedaan, startte de geluidstechnicus de band voor het tweede nummer terwijl George het nog aan het aankondigen was. Hij was witheet. Volgens hem was ons tv-optreden moedwillig om zeep geholpen, om ons in ons hemd te zetten. Nou, daar heb je verdomme zelf om gevraagd, kerel, dacht ik. Het was een flater waar hij geheel zelf verantwoordelijk voor was.

Maar om dan door Paul Weller te worden geconfronteerd tijdens het opnemen van 'Do They Know It's Christmas?' – *een liefdadigheidsactie* – versterkte alleen maar George' gevoel dat iedereen het op hem gemunt had. Hij vond dat Wellers uitingen ongepast waren, maar, nog belangrijker: het was niet hoe hij een andere artiest behandeld zou hebben die in dezelfde positie verkeerde. George was aanwezig bij Band Aid omdat het een altruïstisch initiatief was waar hij zijn steun aan wilde geven. En om dan in de hoek gedreven te worden door een andere artiest in dezelfde positie, deed pijn.

Dat ik de kritiek op mijn afwezigheid bij de opname van me af wist te schudden, betekende niet dat de situatie in Ethiopië me niets deed. De verslagen van Michael Buerk van de BBC over de hongersnood waren verschrikkelijk, ongelooflijk schokkend, en terwijl we vooruitkeken naar het uitkomen van 'Last Christmas' besloten George en ik de royalty's voor de plaat te doneren aan hetzelfde doel. Het was simpelweg het beste wat we konden doen om te helpen. En nu we bevrijd waren van de Innervision-deal, kon onze hulp ook weleens substantieel blijken te zijn.

'Last Christmas' en 'Do They Know It's Christmas?' werden op dezelfde dag uitgebracht. We waren erg competitief geworden als het ging om Wham!'s nummers in de hitlijsten, maar deze keer zouden we moeten accepteren dat ons nummer, dat had aangevoeld als een nummer 1-hit vanaf de dag dat George het op papier zette, van de toppositie zou worden afgehouden, en zo hoorde het ook te zijn.

'Do They Know It's Christmas?' ging meteen als een komeet en verkocht een miljoen exemplaren in de eerste week, waarmee het de snelst verkopende single aller tijden werd. Daarna gingen er nog eens drie miljoen exemplaren over de toonbank, en dat maakte het de bestverkochte Britse single ooit. 'Last Christmas', met op de B-kant 'Everything She Wants', bleef 13 weken lang op nummer 2 staan. Dat leverde de eer op van een Trivial Pursuit-achtig feitje waarbij de vraag hoorde wat de bestverkochte Wham!-single was die níét op nummer 1 had gestaan.

Ik zou liegen als ik beweerde dat George en ik hierover niet een klein beetje met elkaar botsten. Natuurlijk waren we verrukt dat Band Aid zo veel geld opbracht om de Ethiopische hongersnood te bestrijden, maar er was tegelijkertijd een onderstroom van teleurstelling. Ik vond het nog vrij gemakkelijk om me te verzoenen met mijn gevoelens over de situatie, vooral omdat het succes van beide singles bijdroeg aan hetzelfde goede doel, maar voor George lag het anders. Succes in de hitlijsten was voor hem een belangrijke bevestiging van zijn eigenwaarde, en op nummer 1 komen kon hem echt wat schelen. We maakten al snel grappen over de eeuwige bruidsmeisjesstatus van 'Last Christmas', maar ik voelde dat hij ondanks die grappen echt een beetje leed onder de situatie.

Gelukkig kwam er een paar maanden later alsnog een bevestiging van zijn talent vanuit een hele andere bron. De prestigieuze Ivor

Novello Awards werden toegekend aan songwriters, en tegen 1985 had Wham! voldoende terrein veroverd om genomineerd te zijn in drie aparte categorieën. Het was een emotionele aangelegenheid voor ons allebei. Eerst was er nog teleurstelling toen 'Wake Me Up Before You Go-Go' het in de categorie Best Song moest afleggen tegen 'Against All Odds' van Phil Collins. Maar 'Careless Whisper' won vervolgens de award voor Most Performed Work – of, in andere woorden, het liedje dat het meeste op de radio werd gespeeld. Het was een vleiende erkenning van de brede aantrekkingskracht van het liedje. Maar er was een nog grotere prijs te winnen.

George was genomineerd voor de Songwriter of the Year-award en toen de genomineerden werden voorgelezen, had ik mijn besluit genomen: als George niet won, zou ik onze award voor Most Performed Work uit protest weer inleveren. Voor mij was er geen twijfel mogelijk dat George de prijs meer had verdiend dan al zijn rivalen.

Toen hij daadwerkelijk werd uitgeroepen tot de winnaar, was dat een ongelooflijk ontroerend moment. De Ivor Novello's waren in die tijd de enige muziekindustrie-awards die er voor George toe leken te doen, omdat ze werden toegekend door een academie van songwriters, componisten en schrijvers – zijn vakgenoten dus – en niet door critici of platenbazen. Deze awards bezaten een geloofwaardigheid en gewicht die George op waarde schatte en respecteerde. Na de award te hebben ontvangen uit de handen van Elton John, een van zijn helden, werd George overmand door emoties. Hij kon zijn tranen niet inhouden tijdens zijn acceptatiespeech. Ik keek toe vanuit het publiek en had ook moeite om het droog te houden. Hij was in de armen gesloten door de mensen die hij bewonderde en met wie hij zich identificeerde. Nu was de hele wereld aan de beurt.

DAILY EXPRESS

Thursday March 14 1985 ● 20p ● TV Pages 20 and 21

THE VOICE OF BRITAIN

★★★

Tears as George receives his trophy Picture: DOUGLAS MORRISON

Andrew comforts his partner

Weep year for Wham!

POP STAR George Michael of Wham wept on stage yesterday when he was named Songwriter of the Year at the Ivor Novello Awards in London.

The 21-year-old heartthrob broke down after receiving the trophy from Elton John. He said: "This is the most important thing that has ever happened to me."

George and Wham partner Andrew Ridgeley also won the Most Performed Work award for their hit song Careless Whisper.

20. **Kleren maken de man**

Aan het eind van 1984 stond *Make It Big* nog steeds hoog in de Britse hitlijsten én in hitlijsten over de hele wereld. Een enorme opsteker was dat de Whamania ook toegeslagen had in Amerika, waar ons album de eerste plaats van de *Billboard*-charts had bereikt en nu hard op weg was naar een verkoop van een ongelooflijke 6 miljoen exemplaren. Naast het succes van *Make It Big* keek ik er erg naar uit om weer te gaan toeren, vooral omdat we het, na de gekte van de Club Fantastic-tournee, nu heel anders zouden aanpakken. Benauwde tourneebussen en oncomfortabele hotelkamers behoorden tot het verleden. En we keken nu ook verder dan het Verenigd Koninkrijk. Wat ons betrof waren Amerika en het Verre Oosten de volgende bestemmingen voor elke zichzelf respecterende popgroep. Maar we begonnen de Big Tour in de iets minder exotische omgeving van de ijsbaan van Whitley Bay, gevolgd door een kleine serie concerten in heel het Verenigd Koninkrijk in december, inclusief concerten op kerstavond en tweede kerstdag in het Wembley-stadion. Pas daarna vlogen we naar Japan voor het begin van ons volgende grote avontuur.

Japan was de eredivisie. Een buitengewone botsing tussen Oost en West, oeroud en modern, een land waar bands werden begroet met het soort hysterie dat deed denken aan Beatlemania.

Als we moesten afgaan op het gegil waarmee we begroet werden bij onze aankomst, waren we in Japan net zo populair als thuis. Of nog iets populairder. Van onze tijdgenoten had misschien alleen

Duran Duran een soortgelijke ontvangst gekregen. Voortdurend kregen we Wham!-merchandise voorgehouden, met een eindeloze stroom verzoeken om een handtekening. De vervoering die om ons heen heerste, had een bijna religieuze heftigheid. En te midden van dit gewoel had je twee jongens uit Hertfordshire met een hippe haardos en geruite pakken. Het was onwerkelijk.

De geruite pakken waren bedoeld als een soort upgrade van de kleine Fila-sportbroekjes van de vorige tournee. Wham! had nooit echt geïnvesteerd in goed uitgedachte kleding. In een tijdperk waarin artiesten en acts als David Bowie, Adam Ant en Boy George zich uitdrukten in extravagante kleding en wilde haarcoupes, hadden George en ik moeite gehad om die competitie aan te gaan. Veel geld hadden we aanvankelijk niet, en we moesten het hebben van Levi-spijkerbroeken en mode voor het grote publiek, niet van Galliano, Alexander McQueen, Issey Miyake en Comme des Garçons.

Maar dat lag nu anders.

De royalty's van onze nieuwe platendeal begonnen nu binnen te druppelen, waardoor ik in staat was wat selecte kledingstukken van dure ontwerpers aan mijn garderobe toe te voegen. Ik maakte het niet te gek. Het grote geld en de Ferrari lieten nog wel een tijdje op zich wachten, maar ik was erg blij dat ik eindelijk in de positie verkeerde waarin ik mezelf kon trakteren op wat stijlvolle kleren. En de opties daarvoor waren dramatisch in aantal toegenomen. Ze waren niet alleen fijn om te hebben, maar ook noodzakelijk. We moesten er in elke fotoshoot anders uitzien. En er waren véél shoots, waarmee de kledingkeuze dus gelijke tred moest houden. Hoewel er niemand was die mij en George vertelde welke kleren we moesten dragen, huurden we soms wel stilisten in die met een heel rek met diverse kledingstukken aankwamen om uit te proberen. Vaak bleken die kleren te opzichtig of over the top – we zaten tenslotte midden in de jaren tachtig – en wij hadden geen van beiden de neiging om naar modeshows te kijken voor inspiratie. Mode had nou niet

WHAM JAPAN TOUR'85

DATE	VENUE	TRAVEL	HOTEL
Jan 7 MON		1:30Pm Baggage Down 2:30Pm Depart Hotel 3:40Pm Lv TOKYO by ANA#259 5:25Pm Arr FUKUOKA	MIYAKO HOTEL TOKYO 1-1-50, Shirogane-dai Minato-ku, Tokyo PH: 03-447-3111 TLX: 242-3111
Jan 8 TUE	FUKUOKA SUN PALACE 092-272-1123 8:00Am Stagecall 4:00Pm Sound check 6:00Pm Doors open 6:30Pm SHOW Time	7:30Am Crew Depart 3:30Pm Band Depart	ZENNIKU HOTEL (ANA) 3-3-3, Hakata Ekimae PH: 092-471-7111
Jan 9 WED	OFF	1:00Pm Baggage Down 1:45Pm Depart Hotel 2:50Pm Lv FUKUOKA by ANA#210 3:50Pm Arr OSAKA	HOTEL NIKKO (JAL) OSAKA
Jan 10 THU	OSAKA FESTIVAL HALL PH: 06-231-2221 9:00Am Stage call 4:00pm Sound check 5:45pm Doors open 6:30pm Show time	3:30Pm Band Depart	HOTEL NIKKO (JAL) OSAKA 7, Nishino-cho Minami-ku, Osaka PH: 06-244-1111 TLX: 522-7575
Jan 11 FRI	OSAKA TAIIKUKAN PH: 06-631-0121 8:00am Stage call 4:00pm Sound check 5:30pm Doors Open 6:30pm show time	7:20am Crew depart 3:30pm Band depart 10:30pm Baggage down	Ditto

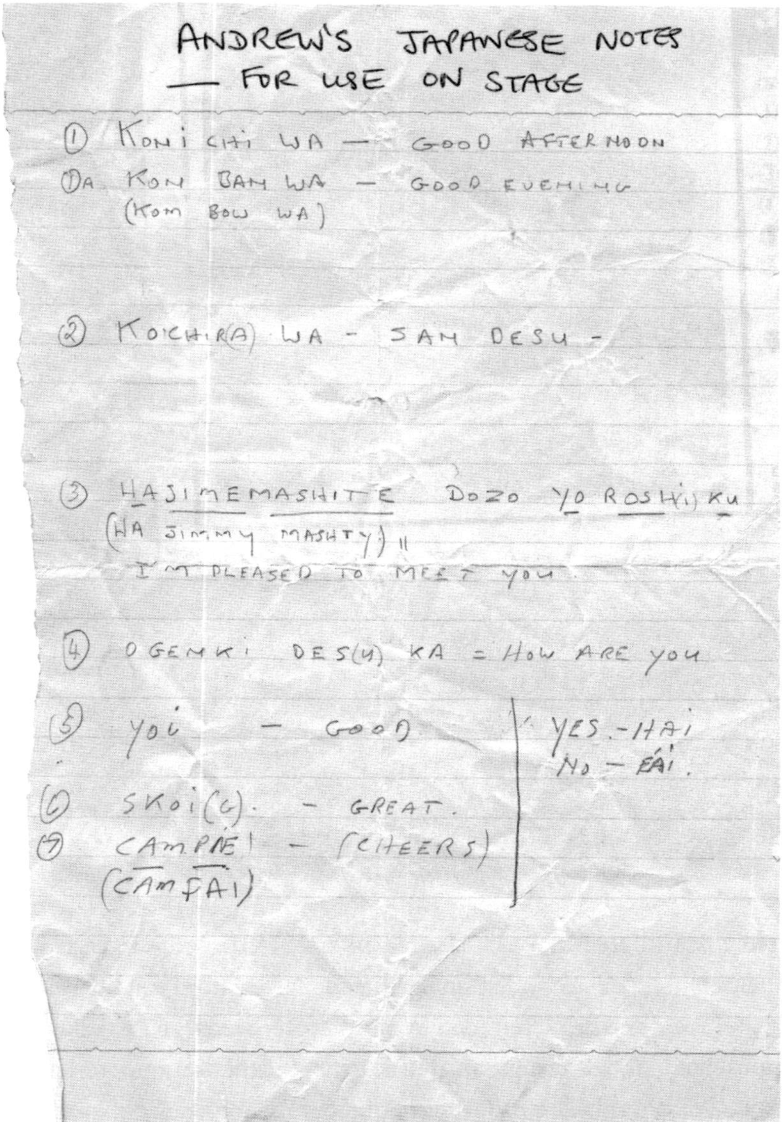

ANDREW'S JAPANESE NOTES
— FOR USE ON STAGE

(1) KONICHI WA — GOOD AFTERNOON
(1)A KON BAN WA — GOOD EVENING
(KOM BOW WA)

(2) KOICHIR(A) WA - SAM DESU -

(3) HASIMEMASHITE DOZO YO ROSH(I)KU
(HA JIMMY MASHTY) "
I'M PLEASED TO MEET YOU.

(4) OGENKI DES(U) KA = HOW ARE YOU

(5) YOI - GOOD

(6) SKOI(I). - GREAT.
(7) CAMPAE! - (CHEERS)
(CAMFAI)

YES. - HAI
NO - EÁI.

echt mijn interesse, maar er goed uitzien wél, en die twee zaken hoefden niet per se hand in hand te gaan. Ik had altijd een heel eigen gevoel voor stijl gehad en toen Wham! groter werd, viel ik vaker op mijn eigen smaak terug dan dat ik naar de stijl van andere bands keek. Tot die smaak behoorde niet langer de Schotse rok waarmee ik het publiek van The Executive had verrast, veeleer jasjes en pakken. Maar het was 1984, dus sommige ontwerpers waar ik een voorkeur voor had, neigden naar het flamboyante.

Er is niet één bepaalde artiest, één bepaalde stijlicoon waarmee ik mezelf identificeer, maar ik houd al heel lang van de stijl waarvoor Bowie en later Bryan Ferry kozen, die allebei vaak een strak pak combineren met een losgeknoopt hemd en het haar losjes naar voren. Ik kocht jassen van Yohji en Versace en probeerde eigentijdse trends te combineren met de beheerste elegantie die Ferry toonde. Maar alleen in mijn vrije tijd. Op het podium had ik iets opvallenders nodig. Ik wilde daar wat feestelijker voor de dag komen. Ik wilde outfits waardoor je me er al van een afstand uit kon pikken, en die noodzakelijkerwijs anders waren dan die van George. Dat laatste was niet zo moeilijk, omdat George koos voor een stijl waar geen enkele zinnige gedachte achter schuil leek te gaan.

Ik geloof niet dat George een instinct voor mode bezat. Er waren bloezen en hemden met ruches. Er was ook veel zakkerig breiwerk à la John Craven en plompe laarzen. Soms wenste ik dat George mijn mening zou vragen voordat hij zich voor een optreden of een interview kleedde, want zijn outfits konden er soms wat vreemd uitzien. Maar kleding was nou juist een van de weinige zaken waar George nooit mijn advies over vroeg. Had hij dat wel gedaan, dan zou ik hem dat bolerojasje hebben afgeraden, die nauwe legging, die diepblauwe zijden buikband en die Chinese slippers. Het was een ensemble dat wel geïnspireerd leek te zijn door Rudolf Noerejev.

Gelukkig was George' onzekerheid over zijn gewicht minder groot geworden. Wel was hij nog steeds continu met zijn haar bezig. Het probleem van het groeiende gat in de ozonlaag dat zich in de jaren 1980 openbaarde, zou weleens te maken kunnen hebben met George' onverzadigbare behoefte aan hairspray. George bleekte, modelleerde en föhnde zijn haar zo intensief dat vrienden die een glimp opvingen van zijn foto in de boulevardbladen, hem soms voor prinses Diana hielden.

Toen mij in een interview gevraagd werd wat mij het meeste tegenstond in toeren met mijn oude schoolvriend, klaagde ik: 'Die

schroeilucht, dat gehannes met zijn haardroger, hij blíjft maar bezig...'

Over mijn eigen kleding was ik daarentegen best wel tevreden. Ik droeg een lange geruite Royal Stewart-jas met witte zijden voering en metalen sluitingen, en een bengelende vlinderdas in Wild Weststijl. Deze outfit maakte ik compleet met een bijpassend, op maat gemaakt jasje, nauwsluitende broek en wit overhemd. Persoonlijk vond ik dat het er zo wel lekker opvallend uitzag, en ideaal voor de klus die ons te wachten stond.

21. **Oriënt Excess**

'Wat zouden jullie ervan vinden om in China op te treden?'

Toen Simon en Jazz het idee ter sprake brachten om af te reizen naar wat toen beschouwd werd als een onvriendelijke communistische staat, was George noch ik er erg door gecharmeerd. We hadden nauwelijks onze eerste stappen gezet in Amerika, met slechts zes optredens, dus het idee om te gaan optreden in zo'n bizar land als China vonden we dwaas. Toch zat er een systeem achter deze waanzin. Simon begreep de kracht van zo'n aandachttrekkend plan. Bovendien besefte hij dat George' weigering om akkoord te gaan met een lange tournee door de States, het verzilveren van het succes van *Make It Big* ernstig zou bemoeilijken. De kans van een grote tournee, met alle exposure, alle lokale publiciteit, was verkeken, en Simon wist dat hij met iets moest komen wat toch zou zorgen voor meer financieel rendement. Hij moest erin slagen een kleine hype te creëren. En op zijn unieke manier kwam Simon tot de conclusie dat de beste manier daarvoor was om Wham!'s bruisende popmuziek te introduceren in het Middelste Koninkrijk. Als Wham! de eerste westerse band zou worden die daar optrad, dan zouden we de kranten halen in Amerika en in heel de wereld. Dat was in elk geval de theorie.

Ik vond het nog steeds een krankzinnig idee! Ik wist dat de reis ons een fortuin ging kosten. Bovendien was ik er niet helemaal zeker van of de twee concerten die Simon georganiseerd had in Peking en Canton (dit was lang voordat men deze steden Beijing en

Guangzhou zou gaan noemen) écht de aandacht van de hele wereld zo zouden trekken, zoals hij zich voorstelde. China lag zo ver buiten ieders belevingswereld, dat Simons plan meer op een aanname leek te stoelen dan op bewijs. Het was een schot in het duister.

Maar Simon bleef overtuigd. Terwijl wij bezig waren met het opnemen van *Make It Big*, reisde hij een aantal keren naar China om deals te sluiten met allerlei politieke figuren en er zich zo van te verzekeren dat onze concerten konden plaatsvinden. Toen hij eenmaal zijn troefkaart had gespeeld en George uitlegde dat zijn meesterplan voorkwam dat wij kriskras door Amerika zouden moeten toeren, met alle bijkomende promotionele verplichtingen op radio en tv, gingen we akkoord. Simons plan maakte ook een al net zo uitputtende Europese tournee overbodig. In plaats daarvan gingen we nu toeslaan op onontgonnen terrein.

Wham! stond op het punt om popgeschiedenis te schrijven.

We vlogen naar Peking in april 1985. In het echt leek China hetzelfde als het in mijn verbeelding was geweest. Honderden en nog

eens honderden fietsers schoten langs ons heen, terwijl het gerinkel van fietsbellen door de straten galmde. Al die fietsers waren gekleed in een grauw maopak van grijze stof, met bijpassende broeken. Dat was dan zogenaamd een symbool van Chinese eenheid, maar ik geloof dat ze niet echt anders konden dan erin mee te gaan. Ondertussen was er in de stad maar één hotel in westerse stijl, dus daar werden we ondergebracht. Het was redelijk modern, maar de voorzieningen waren eenvoudig vergeleken met waar we in eigen land en in het buitenland aan gewend waren geraakt. Om de een of andere reden rook alles naar chemicaliën. Maar wat het meest opviel, was hoe de mensen op ons reageerden. Het is nu gemakkelijk om te vergeten hoe gesloten en geïsoleerd China in die tijd was. Iedereen die we tegenkwamen, leek ons te wantrouwen.

Al snel voelden we er ons nogal door opgesloten. We zouden tien dagen in China verblijven, maar het was ons verboden om de stad te verkennen buiten de voor ons geregelde officiële rondleidingen. Overal werden we gevolgd door begeleiders. We reisden naar de Chinese Muur en we bezochten tempels; als onderdeel van een cul-

turele excursie werden we naar een lokale voedselmarkt gebracht, waar we 'Wake Me Up Before you Go-Go' afspeelden op een bandrecorder voor een publiek van verwonderde lokale arbeiders, de meesten in de zestig en zeventig. Op grote banketten aten we zelfs zeer exotische soorten vlees en groenten, waarvan we de meeste niet kenden. En overal waar we kwamen, werden we omgeven door een sfeer van voorzichtige nieuwsgierigheid. Het was allemaal heel anders dan de schreeuwende meisjes en handtekeningenjagers die altijd overal om ons heen zwermden. In plaats daarvan schudde ik handen met ministers en boog ik eerbiedig voor de voornaamste mensen van China. Op een bepaald, onwerkelijk moment moest ik mij tijdens een diner in een fraai gemeentehuis richten tot een zaal vol notabelen. Ik deed mijn best om een bepaalde verbinding met hen te krijgen.

'Mijn partner George en ik geloven dat onze manier van optreden in veel opzichten lijkt op sommige facetten van het Chinese toneel,' zei ik. Kort daarvoor hadden we met z'n tweeën nog zitten kibbelen over de speech, want we wisten niet goed welke toon we moesten aanslaan in een cultuur die voor ons beiden geheel vreemd was. Ik was er zelfs niet zeker van of het wel goed was om te beginnen met 'Dames en heren...' Zouden er wel vrouwen bij aanwezig zijn? Ik wist het niet. Maar wát we ook deden en waar we ook kwamen, we hadden constant het gevoel dat onze handelingen kritisch bekeken werden, dat de Chinese autoriteiten bang waren dat de jeugd te veel beïnvloed zou worden door twee westerse popsterren met flamboyante haardos en geruite Phillips Tailor-pakken. We speelden alleen maar in China in de hoop dat het een tournee door Amerika overbodig zou maken. Ondertussen leek de Chinese Communistische Partij te betwijfelen of het verstandig was geweest om in te stemmen met ons bezoek. Er zat een ongebruikelijke spanning op alles wat we deden.

Die ongemakkelijkheid was maar al te sterk aanwezig tijdens ons eerste optreden in het People's Gymnasium van Peking, een grote

GOOD NEWS!
EXTRA SEATS ADDED AGAIN
JESU INTERNATIONAL ENTERTAINMENT LTD. proudly presents
WHAM!
HK'85
Book Now
APRIL 2nd, 3rd, '85 (8pm)
PLACE: HONG KONG COLISEUM
TICKET PRICE: $120, & $80
AVAILABLE AT: TOM LEE PIANO CO. BRANCHES
CENTURY CINEMA
HIT SONGS INCLUDE:
CARELESS WHISPER
FREEDOM
WAKE ME UP BEFORE YOU GO GO

overdekte ruimte met vijftienduizend zitplaatsen. Het was buiten China het best bekend als de plek waar in 1961 het Wereldkampioenschap Tafeltennis van 1961 werd gehouden. Voordat wij het podium betraden, werden kaartjeshouders gewaarschuwd om onze opkomst niet te uitbundig te vieren. En later hoorde ik dat de fans een folder hadden ontvangen waarin strenge instructies stonden voor hoe ze zich moesten gedragen. De Minister van Cultuur moedigde de Chinese jongelui zelfs aan om te 'kijken naar, maar niet te leren van' ons optreden. Toen ik het podium op ging, zag ik hele rijen van politieagenten voor me, met hun gezicht naar het publiek: een intimiderende muur van autoriteit. Alle nieuwe Wham!-fans hadden bij hun kaartje een gratis cassette gekregen met onze liedjes erop. Op de ene kant stonden de liedjes in hun originele vorm. Op de andere kant had de artiest van ons voorprogramma, een lokale Chinese zanger genaamd Cheng Fangyuan, nummers als 'Club Tropicana' en 'Wake Me up Before You Go-Go' gecoverd in het Chinees. De teksten waren herschreven met een duidelijk communistische inslag.

Wake me up before you go-go,
Compete with the sky to go high-high.
Wake me up before you go-go,
Men fight to be first to reach the peak.
Wake me up before you go-go,
Women are on the same journey and will not fall behind.

Precies. Ik had het zelf niet beter kunnen zeggen.

Toen we begonnen te spelen, was het onmogelijk om ons er niet een beetje raar bij te voelen. Jezus, dit wordt niet onze gebruikelijke show…, dacht ik terwijl de synthpop van 'Bad Boys' over de honderden hoofden van de kaarsrecht staande agenten heen schalde. Er waren kleine groepjes dansende mensen. Studenten uit andere landen, die het geluk hadden niet te leven onder dezelfde beperkende regels als de rest van de aanwezigen in de enorme zaal, was het toegestaan om zichzelf te vermaken. Maar toen één Chinese man eraan mee wilde gaan doen, schoten er verschillende agenten toe die hem opdroegen weer te gaan zitten. Toen hij daarna stampij begon te maken, werd hij met geweld weggevoerd. Pepsi en Shirlie waren allebei echt van streek door het incident; het kon haast niet anders of hij had een geweldig pak slaag gekregen of, nog erger, was veroordeeld tot een tijdlang hard werken in een of ander godverlaten detentiekamp. Maar ondanks de ongemakkelijke sfeer zou het concert later zoiets als een keerpunt geweest blijken te zijn. Jaren later, toen China een ontvankelijker staat geworden was, hoorden we verhalen over hoe groot onze impact was geweest op de jongere generaties van China. Jongelui waren kennelijk op zoek gegaan naar jeans en denim jasjes. Anderen waren meer westerse muziek gaan zoeken, waardoor in China de deuren voor andere Britse en Amerikaanse bands opengingen, zoals The Police, die kort daarna in onze voetsporen trad.

Ik was geïntrigeerd door de kloof tussen het leven in China en mijn eigen bestaan in een westerse vrije democratie, maar George leek het allemaal geen bal te kunnen schelen. Hij was uitsluitend bezig met de muziek. Hij bleef in zijn eigen cocon zitten, ondanks de opvallende vreemdheid die we buiten onze eigen tournee-*bubble* konden waarnemen, en richtte zich op de meest recente internationale en albumhitlijsten, in het bijzonder op de nieuwste verkoopcijfers van *Make It Big*. Hij was helemaal geobsedeerd geraakt door cijfers. Voor hem waren die de enige echte maatstaf van succes en dus functioneerden ze als barometer van zijn groei als songwriter. Vergeleken daarmee betekenden recensies en de hoeveelheid aan ons gewijde krantenkolommen maar weinig voor hem. In China verliet hij zijn hotelkamer alleen voor optredens, of voor weer een VIP-bijeenkomst op onze route. En als hij dat deed, achtervolgd door een kakelende bende van westerse fotografen en journalisten,

DAILY EXPRESS Monday April 1 1985

THERE'S SO MUCH M-

China bound Wham! make it a family affair

TOP pop duo Wham! lined their parents up for a very special treat yesterday.

As the smash-hit singing pair left Britain on the first leg of their trip to China, both sets of parents went too —a thank-you present for all their help and support.

In all there were 96 people, including minders, sound engineers and film crew, on board the group's Hong Kong-bound plane.

Star George Michael, pictured with his parents

By DAVID WIGG

Jack and Lesley Pales (above, left) said: "I like my parents travelling with me. I feel I owe them that.

"The closeness we have as a family has prevented me from ever feeling lonely in spite of the pressures of this business," he added.

Andrew Ridgeley was just as keen to have his parents Albert and Jenny (right) along too.

After playing two concerts in Hong Kong, the entourage will move on for the first visit of a Western group to Communist China.

A lavish banquet in their honour is to be held in Peking on Friday night.

The historic tour is being filmed by top British director Lindsay Anderson.

George, 21, enthused: "We need to have it caught on celluloid because we can hardly believe it's happening. We are overjoyed about being allowed into China. It's a fantastic coup."

Tijdens lange vluchten droeg George altijd een theemuts op zijn hoofd.

toonde hij erg weinig interesse in de lokale cultuur, in de architectuur of in het landschap rondom ons. De fysieke ervaring van het reizen trok hem eenvoudigweg niet aan. De muziek slorpte hem zo volledig op, dat hij zelden behoefte had naar iets anders te kijken. Het grensde aan het ziekelijke. Onze radio-plugger, Gary Farrow, werd voortdurend belaagd door George voor de laatste cijfers over hitlijstposities, de hoeveelheid *airtime* die Wham! kreeg, en de verkoopcijfers. Hits betekenden dat hij goed bezig was als songwriter. Nummer 1-hits betekenden dat hij de beste was. Wat George betrof, kon ons Chinese avontuur alleen als geslaagd worden beschouwd als het de platenverkoop wereldwijd deed stijgen.

Simon wilde onze hele trip op film vast laten leggen om er zo veel mogelijk exposure uit te halen. Daarvoor had hij regisseur Lindsay Anderson ingeroepen, beroemd om zijn grauwe sociaal-realistische films als *This Sporting Life* en *Look Back In Anger*. Natuurlijk was het een goed idee om alles op te nemen, maar de keuze voor Anderson als regisseur leek absolute dwaasheid. Simon vond het een goed

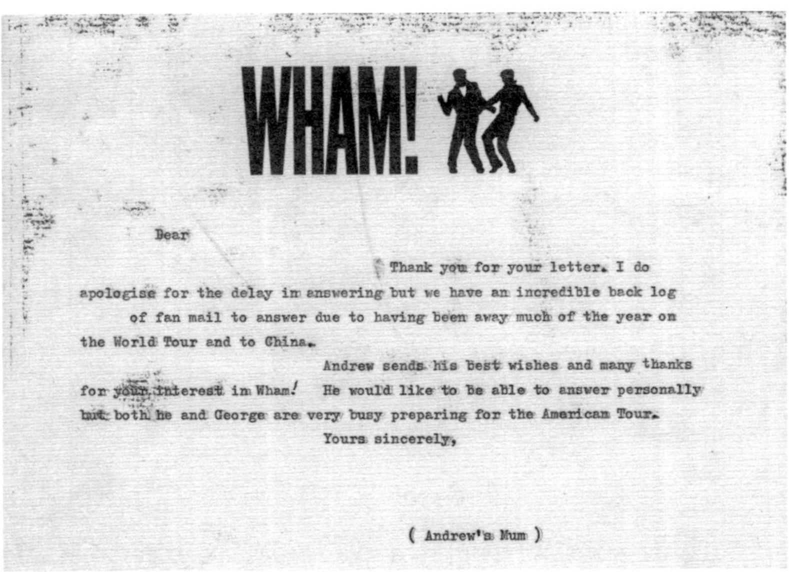

WHAM!

Dear

Thank you for your letter. I do apologise for the delay in answering but we have an incredible back log of fan mail to answer due to having been away much of the year on the World Tour and to China.

Andrew sends his best wishes and many thanks for your interest in Wham! He would like to be able to answer personally but both he and George are very busy preparing for the American Tour.

Yours sincerely,

(Andrew's Mum)

idee omdat Andersons betrokkenheid het project ernst en artistieke geloofwaardigheid gaf, terwijl George er graag mee instemde omdat hij Andersons politieke en sociale visie bewonderde, Maar dat maakte Anderson allemaal nog niet tot een goede keuze. Hoewel ik zelf moeilijk kon begrijpen waarom we iemand namen die zo slecht te combineren leek met een pr-stunt voor Wham!, speelde ik het spel wel mee als de camera's op me gericht waren. Eerlijk gezegd was ik er bepaald niet zeker van of het iets goeds op zou leveren.

Dat zou dan niet door gebrek aan materiaal zijn, trouwens. Als je af moest gaan op ons twééde concert, kon je gerust stellen dat de Whamania hier gestalte probeerde te krijgen. In Canton was er veel meer rauwe energie aanwezig. Het werd fans zelfs toegestaan om te dansen op hun stoelen. En toen kwam de saxintro van 'Careless Whisper', die voor een heuse uitbarsting van geschreeuw zorgde! Maar misschien was het meest memorabele beeld van de trip wel dat van een veel aangrijpender moment. De aanblik van mij en George, poserend op de Chinese Muur met een drie- of vierjarig jongetje, gekleed in een militair uniform en een officierspet op zijn hoofd, leek de kloof in de kern weer te geven. De kloof tussen hem en ons, tussen het Westen en China. Het was die culturele scheidslijn die het meest tot de verbeelding van de wereldmedia leek te spreken. Misschien heeft het geen onmiddellijk effect gehad op de platenverkoop, maar het maakte Wham! wel tot een wereldwijd cultureel fenomeen.

Ik keerde terug met een dankbaar gevoel voor de vrijheid die wij in het Westen hebben om onszelf uit te drukken. Onze trip naar China leek achteraf wel een bezoek aan de maan.

Jammer genoeg slaagde de film van Lindsay Anderson er in geen enkel opzicht in om onze ervaringen vast te leggen. George en ik arriveerden te laat – maar dat overkwam ons wel vaker – bij een vertoning van de film, die nu *If You Were There* heette. We hadden geen moeite hoeven doen. Het was precies geworden wat we al vreesden: een goed gefilmde, maar sombere kijk op het leven in een communistische staat, in plaats van een verslag van de spannende avonturen van een westerse popband in China. George was niet onder de indruk, en ik ook niet. Voorlopig werd de film weggelegd als een project waaraan veel verbeterd moest worden. De toon en de stijl gaven blijk van een gering begrip van wat nodig was. Zó gering dat, mocht men de film ooit willen vertonen, hij zo ongeveer opnieuw gemaakt moest worden. Onder het motto: redden wat er te redden valt met het originele materiaal. Het was echt een gemiste kans, maar toch nog niet echt het venijn in de staart van onze Chinese trip. Er was namelijk ook nog een rekening. We hadden betaald voor alles, maar moesten bovendien ontdekken dat het geld dat we hadden verdiend, in China zou blijven, omdat de autoriteiten niet toestonden dat er geldtransacties plaatsvonden naar nietlandgenoten. In plaats van geld werd ons een scheepslading van honderden arbeidersfietsen aangeboden, maar die hebben we beleefd geweigerd.

22. **Come Together**

George kon zo goed zingen dat ik er kippenvel van kreeg. Ik werd me voor het eerst bewust van zijn kwaliteit toen hij 'Wake Me Up Before you Go-Go' schreef en opnam. Maar tijdens de Big Tour trad er een versnelling op in zijn ontwikkeling als zanger en songwriter. Het leek de weerspiegeling te zijn van een groeiend zelfvertrouwen. Hij was nog niet helemaal de ster die hij worden zou, maar mensen begonnen te beseffen dat hij een echte artiest was. Zeker in Amerika hadden ze dat door.

Toen Wham! voor het eerst naar de States reisde en in tv-programma's verscheen als *American Bandstand* en *Solid Gold*, sloten de fans en de critici ons onmiddellijk in de armen. We werden erkend als een pure popband, zonder de complicaties die de maatschappijkritische teksten van 'Wham Rap' en 'Young Guns' hadden veroorzaakt in het Verenigd Koninkrijk. En vooral na het nummer 1-succes van 'Careless Whisper' in de States werd George gezien als een songwriter in wording.

Zijn reputatie groeide snel. Hij werd uitgenodigd om op te treden in het Apollo Theatre, in Harlem in New York, ter gelegenheid van het vijftigjarig bestaan van deze muziekhal. De legendarische venue werd beroemd door de concerten van ongelooflijke artiesten als Aretha Franklin, Otis Redding, Marvin Gaye en James Brown, die er ook een aantal livealbums opnam. De lijst van zangers die deelnamen aan het galaconcert leest als een *Who's Who*: Stevie Wonder, Diana Ross, Little Richard, Al Green, Joe Cocker, Rod Stewart en

nog vele anderen waren uitgenodigd om op te treden tijdens de zes uur durende show, waarvan de opbrengsten naar een hongerbestrijdingsproject in Ethiopië zouden gaan. Ook op de lijst, ondanks zijn jonge leeftijd van eenentwintig, stond George, die duetten zong met Smokey Robinson en Stevie Wonder. Ik geloof niet dat hij ooit eerder met iemand van de status van deze twee had gezongen. Maar vanaf mijn plaats op het balkon, omgeven door beroemdheden, was ik er getuige van dat George vlekkeloos zong. En hij wist Stevie Wonders klassieker 'Love's In Need Of Love Today' iets van zijn eigen karakteristieke stijl mee te geven. Terwijl hij met de grote man om beurten vocale frases zong, bevestigde George mijn sterke overtuiging dat hij zeker de gelijke was van de mensen met wie hij die avond het podium deelde.

Hij was fantastisch. Zó goed, dat het zelfs mij verraste. Zijn vertolking van 'Careless Whisper' met Smokey Robinson klonk ongelooflijk. Plotseling was het alsof ik niet de enige was die echt begreep hoe groot George' talent was. Iedereen kon het zien, en opnieuw werd ik eraan herinnerd dat George' uiteindelijke doel voorbij Wham! lag. Hij bereikte nu ten langen leste het hoge niveau waartoe hij in staat was. Buiten Wham! waren de enige beperkingen die er voor George bestonden, die welke hij zelf nog liet bestaan. Toen het publiek overeind kwam voor een staande ovatie na zijn epische, van gospel doordrenkte duet met Stevie Wonder, bestond er geen twijfel over dat we in de aanwezigheid van een grootheid waren.

George had een grote stap voorwaarts gedaan. Maar het was nog maar het begin.

Twee maanden later, op 13 juli 1985, was George terug in Londen om op te treden op het grootste podium tot dan toe. Het Wembleystadion was volgepakt tot de laatste plek voor Live Aid. Na het overweldigende succes van Band Aid hadden Bob Geldof en Midge Ure alle goodwill en actiebereidheid om hen heen omgezet in het grootste liefdadigheidsconcert aller tijden. En aan de andere kant van de Atlantische Oceaan, in Philadelphia, was er nóg een stadion tot aan de nok toe gevuld.

Ik werd al moe als ik me probeerde voor te stellen hoeveel werk het geweest moest zijn om de fenomenale line-up van de grootste namen in de popgeschiedenis bij elkaar te krijgen. In Londen omvatte de lijst de Boomtown Rats, Spandau Ballet, Nik Kershaw, Sting, U2, Dire Straits, Queen, David Bowie, The Who, Elton John en Paul McCartney. In Philadelphia, was de lijst niet minder indrukwekkend. Het publiek in het JFK-stadion kon zich verheugen

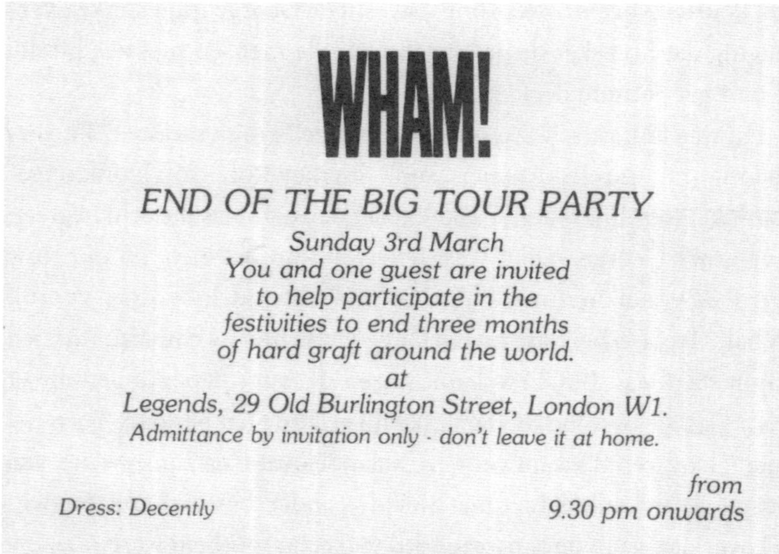

WHAM!

END OF THE BIG TOUR PARTY

Sunday 3rd March
You and one guest are invited
to help participate in the
festivities to end three months
of hard graft around the world.
at
Legends, 29 Old Burlington Street, London W1.
Admittance by invitation only - don't leave it at home.

Dress: Decently

from
9.30 pm onwards

op acts als The Four Tops, Black Sabbath, Run-DMC, Madonna, Bryan Adams, Simple Minds, The Beach Boys, Tina Turner, Tom Petty, Neil Young, Eric Clapton, Bob Dylan en verschillende Rolling Stones.

Maar misschien was de mooiste verrassing op de Amerikaanse lijst wel een optreden van een speciaal voor de gelegenheid opnieuw samengestelde Led Zeppelin. Led Zep was in 1980 opgeheven na het overlijden van hun oorspronkelijke drummer, John Bonham, en zou nu Phil Collins inzetten.

Ik was vanaf mijn schooltijd een groot fan, nadat George al hun platen gekregen had van een vriend van de familie. En omdat ik zelf een beetje gitaar speelde, had ik groot ontzag voor het spel en de sound van Jimmy Page. Tot mijn eigen verbazing had ik Page een keer in het echt ontmoet, in het voorgaande jaar, tijdens de Big Tour. Terwijl ik backstage wachtte, klonk er een klopje op mijn kleedkamerdeur. Het was onze tourneeleider, Ken Watts, die een wat nerveuze indruk maakte.

FEED THE WORLD
JULY 13th 1985 at WEMBLEY STADIUM
LIVE AID
LIVE AID

WEMBLEY STADIUM
WEMBLEY STADIUM
WEMBLEY STADIUM
LIVE AID 13/7/85
LIVE AID 13/7/85
BE GIVEN UP AT THIS PORTION TO TURNSTILES
Harvey Goldsmith, Maurice Jones & Bob Geldof present for
BAND AID
LIVE AID
(See Press for details)
TURNSTILES F
F
TURNSTILES F
£5.00
SAT., 13 JULY, 1985
GATES OPEN 10.00 a.m.
No ticket genuine unless it carries the Wembley Lion superimposed on the Towers
Ticket £5 incl. VAT plus £20 donation
All proceeds to BAND AID
4344
4344
4344
BOX OFFICE
TO BE GIVEN UP
TO BE RETAINED
ISSUED SUBJECT TO THE CONDITIONS ON BACK

'Uh, Andrew,' zei hij. 'Ik heb even een wat vreemd verzoekje. Jimmy Page is hier met zijn dochter en hij vroeg zich af of je hem even kunt komen begroeten.'

Ik sloeg bijna op tilt. *Jimmy Page wilde mij ontmoeten.* Ik was meteen weer kwijt met wie hij was en ik wist ook totaal niet wat hij hier kwam doen. Ik hoorde niets meer, ik kon niet meer nadenken, ik was volledig in de war door het idee dat een van de meest iconische muzikanten in de geschiedenis van de rock-'n-roll, een gitaargod, vlak achter de deur stond. Ik herpakte mezelf, stapte naar buiten en stond oog in oog met Jimmy, die daar geduldig wachtte met zijn jonge dochter. Hij was het écht – het was geen grap.

Godverdomme. Godverdomme. Godverdomme... dacht ik. Dat is Jimmy Page. En toen werd ik getroffen door een vreselijk besef. *O, mijn God, hij is verdomme meegesleept naar een Wham!-concert. Het laatste wat hij zal willen, is naar een Wham!-concert gaan!* Maar er was geen weg terug meer. Ik schudde zijn hand en grijnsde als een idioot.

'Mijn dochter is een enorme fan van jullie,' zei hij, teruglachend. 'Wat aardig dat je ons even komt begroeten.'

Het leek alsof ik een alternatieve werkelijkheid was binnengestapt. Hier stond ik, een eenentwintigjarige knul, een lid van een band die synoniem was met luchtige popmelodietjes en clubvriendelijke danspatronen, hoffelijk tegemoet getreden door een van de meest gerespecteerde rockgitaristen aller tijden. Ik was helemaal van mijn stuk gebracht. En ik vermoedde dat de hogepriester van de rock na 90 minuten Wham! live verdragen te hebben, ook zoiets ervoer. In elk geval zou de geschiedenis nu bij Live Aid niet herhaald worden, want Led Zep trad op in Philadelphia. Maar mijn gevoelens toen ik met George op Wembley arriveerde, waren toch niet helemáál anders. Nu ik het podium van het Wembley-stadion zou betreden, zou ik een kinderdroom van mezelf verwezenlijken. Tegelijkertijd voelde ik mezelf een beetje gegeneerd. Naast namen als Queen, Paul McCartney en The Who kwamen wij nog maar net kijken. Het leek de opperste waanzin dat wij straks op hetzelfde podium zouden staan als al die artiesten van wereldstatus. En wat het gevoel van misplaatstheid nog versterkte, was het feit dat ikzelf niet eens zou optreden. Althans, niet officieel.

George was uitgenodigd om 'Don't Let The Sun Go Down On Me' met Elton John uit te voeren. Ik zou gewoon on stage zijn om wat achtergrondzang toe te voegen. Daardoor voelde het voor mij een beetje alsof ik voor spek en bonen meedeed. Toch was ik me tegelijkertijd ervan bewust hoe waardevol we waren voor deze zaak. Het doel van het hele event was om zo veel mogelijk geld bij elkaar te krijgen ter bestrijding van de honger in Ethiopië, en Bob en Midge beseften dat als ze het aantal donaties wilden maximaliseren, ze de groep artiesten zo breed mogelijk moesten maken. Wham! was nu zo'n topact dat onze deelname, naast die van bands als Duran Duran, er mede voor zou zorgen dat Live Aid ook jongere generaties zou aanspreken. George en ik waren vastbesloten dat we alles zouden doen om te helpen.

Bob Geldof vloog backstage rond om de handen te drukken van

oude vrienden en van mensen die hij nog niet eerder had ontmoet. Het was ons allemaal duidelijk dat hij een onstuitbare kracht was, die zelfs de koppigste persoonlijkheden tot overgave wist te dwingen. Geen celebrity zou hem weten af te leiden van de grote taak die hij uit te voeren had. Waar hij tegenover het publiek een houding had van 'Kom op met je verdomde geld', was hij tegen George en mij wat rustiger en beleefder. Maar het effect was hetzelfde.

'Bedankt dat jullie twee gekomen zijn,' begroette hij ons, voordat hij mij snel in stelling bracht. 'Weet je, het zou geweldig zijn als jij nu naar boven gaat en jouw deel doet, Andrew. Ga op de televisie en vraag het Grote Britse Publiek om wat geld.' Ik aarzelde geen moment. Niet dat ik hierin een keuze had! Je kon niet om hem heen. Hij had alles met zo'n tomeloze energie voortgestuwd, dat je niet anders kon dan diep onder de indruk te raken van zijn fysieke, emotionele en organisatorische inzet.

We keken uit naar ons optreden in de avond, maar ook de dag bood veel opwinding en ontzagwekkende momenten. Mijn oproep op tv was eigenlijk een kort moment van rust in een woeste stroom van indrukken. Waar je ook kwam, steeds dook er weer een andere legendarische figuur op die we tot dan toe altijd van grote afstand hadden bewonderd: David Bowie, Freddie Mercury, Bryan Ferry.

George had er vertrouwen in dat hij op het moment dat hij moest zingen, het beste van zichzelf zou kunnen geven. Maar hoewel hij blij en vereerd was dat hij met Elton zou zingen, wilde het er bij hem nog niet helemaal in dat hij nu ook naast iemand van zo'n formaat thuishoorde. Nadat hij de Ivor Novello Award binnen had gehaald en had opgetreden in het Apollo Theatre, was zijn zelfrespect wel gegroeid, maar hij beschouwde deze groten van de muziekwereld eerder als helden dan als collega's. Toch was hij zich bewust van de mogelijkheid dat hij met zijn Live Aid-optreden een paar mensen zou kunnen verrassen. En het werd live over de hele wereld uitgezonden, voor een miljardenpubliek. We wisten dat Wham!, vergeleken met sommige bands op de lijst, werden beschouwd als nogal lichtgewicht, al dachten de tieners in het publiek daar natuurlijk anders over.

George zag zijn duet met Elton als een kans om de aandacht van het publiek op zijn vocale talent te vestigen. Natuurlijk ging het om het ophalen van geld voor het goede doel, maar als er ook nog een paar mensen zouden zijn die dachten: goh, die jongen van Wham! kan echt zingen… dan was dat mooi meegenomen. En 'Don't Let The Sun Go Down On Me' was het perfecte nummer om dat te bereiken. Het leek vervlochten te zijn met zijn muzikale DNA. Als hem gevraagd zou worden een lijst te maken van liedjes 'die het voor hem gedaan hadden', dan zou hij zeker dat nummer hebben opgenomen. Het paste dan ook ideaal bij zijn stem. Het podium stond klaar voor een van George' belangrijkste en memorabelste optredens.

Wat ik zag toen ik met George vanuit backstagepositie naar de arena keek, was buitengewoon. Een oceaan van tweeënzeventigdui-

zend blije mensen die heen en weer deinden. De sfeer was uniek. Als bands als Queen of de Rolling Stones optraden in Wembley, dan had het altijd iets kerkdienstachtigs – een groep van aanbidders die bij elkaar kwamen om die ene band te zien waarvan ze zo hielden. Vandaag ging het om zo veel meer dan alleen de muziek. Het was een eensgezind, gemeenschappelijk gevoel, dat tot een heel ander soort intensiteit leidde dan bij welk concert ook dat ik in het verleden had bijgewoond. En ik realiseerde me nu dat ik nog nooit voor zo'n groot publiek had opgetreden. Toen Eltons duet met Kiki Dee in 'Don't Go Breaking My Heart' het einde naderde, was het enthousiasme overweldigend.

'Ik ga jullie nu voorstellen aan een vriend van me, die een van mijn liedjes gaat zingen,' begon Elton. 'En ik bewonder deze kerel heel erg, vooral vanwege zijn muzikale talent. Dus,' – George gebarend naar zijn vleugel te komen – 'hier is mister George Michael… en mister Andrew Ridgeley.'

Het geluid dat losbrak bij onze opkomst was oorverdovend, een orkaan van gegil en geschreeuw. George pakte de microfoon en zei dat 'Don't Let The Sun Go Down On Me' een van zijn favoriete nummers van Elton John was. Ik voegde me bij Kiki Dee achter op het podium, terwijl Elton de openingsmaten van het nummer inzette. Het is een nummer waar je vocaal nogal wat tegenaan moet gooien, maar George koerste door het nummer heen met een geweldige overtuigingskracht. Als ik het mocht zeggen, dan was George, naast Freddie Mercury, een van de twee grootste Britse vocalisten ooit. Bij Live Aid konden een miljard mensen dat zelf constateren.

George had het voltallige publiek op de knieën.

Terwijl de menigte het refrein meezong, was het alsof er een andere artiest voor hen verschenen was. De energie rond Wembley spoelde over ons heen. En toen Bob en Midge alle artiesten vroegen het podium weer op te komen voor de grote finale, een meezingversie van 'Do They Know It's Christmas?' gierde de adrenaline nog door mijn keel. Toen we opnieuw het podium betraden, keek ik achterom en zag ik artiesten als David Bowie, Elton, Roger Daltry, Sting en Mark Knopler. Ik keek in het rond, terwijl ik het blad met de tekst van het nummer stevig vasthield. Ik had het gekregen voor het geval ik de woorden vergat, en dat was ook wel begrijpelijk, want ik had de opnamesessie van het liedje gemist. Toen stond ik plotseling tussen Paul McCartney en Bono ingeklemd, en net zoals toen ik vorig jaar Jimmy Page ontmoette, voelde ik een vreemd, existentieel hobbeltje.

'Ik denk dat jullie het volgende nummer wel kennen,' leidde Bob de openingsakkoorden van 'Do They Know It's Christmas?' in. 'Misschien gaat het wel een beetje fout, maar als je het toch fout doet, kun je dat net zo goed doen terwijl er twee miljard mensen naar je kijken. Dus laten we het maar even samen fout doen.'

Het uitzicht vóór ons was ongelooflijk, een eindeloze zee van mensen, allemaal gelijk op en neer deinend. Maar als ik naast me keek, was het helemáál onwerkelijk. Daar stond Freddie Mercury, met zijn arm om mijn schouder heen geslagen terwijl we allemaal samen het vraag-en-antwoordrefrein van Band Aid zongen. 'Feed the World! Let them know it's Christmas time...' Live Aid was een feest geweest, van het begin tot het einde; rivaliteit tussen bands en creatieve verschillen waren vergeten en alle ego's opzijgeschoven. Het ging helemaal niet meer om individuele prestaties, of 'fouten'. Het was duidelijk voelbaar dat de mensen die bij het festival betrokken waren, deel uitmaakten van iets groters.

Dat maakte het feit dat ik een microfoon deelde met Freddie Mercury niet gemakkelijker te bevatten. Queen behoorde tot de soundtrack van mijn jeugd en was prominent aanwezig in talloze luistersessies na school met George. Het enige waaraan ik kon denken, was hoe graag ik hem wilde vertellen hoeveel ik van de muziek van zijn band hield. (*Freddie, ik zag je in '79 in Ally Pally, je was onge-*

looflijk goed... En ik heb trouwens ook jullie concert in Earls Court gezien...) Maar dat moment kwam nooit. Ik heb nooit meer een kans gekregen om hem te vertellen hoeveel Queen voor me betekend heeft in mijn tienerjaren. Toen de Live-Aidgroep werd weggeleid, stapte Freddie aan de linkerkant het podium af en verdween uit het zicht.

En ik wist dat George ook binnenkort uit mijn gezichtsveld zou verdwijnen.

23. **Het einde van een feestje**

George was tijdens Live Aid een ster geworden. Dat gaf ons, in combinatie met een paar succesvolle optredens in de VS tijdens de Big Tour, het vertrouwen om een serie stadionconcerten te plannen. In de loop van augustus en september zou de Whamamerica!-tournee ons langs stadions in Illinois, Toronto, LA, Oakland, Houston, Miami, Philadelphia en Pontiac voeren. *Make It Big* was een multiplatinasucces geworden en we waren vastbesloten in stadions met een capaciteit tot wel vijftigduizend mensen te spelen. Van alle doelen die we onszelf stelden, vormde Amerika de absolute hoofdprijs. Maar toch, Amerikaanse concertpromotors zouden niet eenvoudig te overtuigen zijn om stadions te boeken voor een band zonder tourneeverleden in de desbetreffende staten, ongeacht ons internationale succes. Dus onze agent in Amerika bedacht een slim spel om ons doel toch te bereiken. Er werd geïnventariseerd in welke gebieden we het best hadden verkocht, en daar werden ticketverkooppunten uitgenodigd om te bewijzen dat we er met gemak grote hoeveelheden mensen zouden trekken. De truc werkte; toen de stadions waren geboekt, werden na de aankondiging van onze concerten in een paar uur tijd tienduizenden kaartjes verkocht.

Het waren niet alleen onze fans die ons wilden komen zien. Wham! werd nu zó gerespecteerd, dat zelfs grote namen onze concerten bezochten.

In Hollywood Park wilde Stevie Nicks van Fleetwood Mac ons ontmoeten, maar om onbegrijpelijke redenen werd ze bij ons weggehouden door onze bewakers. Ze reageerde furieus. Er ontstond een enorm tumult en ik werd eropuit gestuurd om de situatie op te lossen. Ik zorgde ervoor dat ze alsnog backstage en bij het concert werd toegelaten en deed mijn best om deze artieste, die ik als een godin zag, tot bedaren te brengen. Maar het moet gezegd, Stevie was meer dan een beetje moe en geëmotioneerd, dus ik weet niet zeker of mijn pogingen om haar te kalmeren echt succesvol waren.

Andere ontmoetingen met beroemdheden waren heel wat gerieflijker. In Miami kwamen de Bee Gees naar ons concert en nodigden ons uit om de volgende dag bij hen te komen eten. Uiteindelijk werden we ook nog rondgeleid in de studio waar ze de soundtrack voor *Saturday Night Fever* hadden opgenomen. We hadden de film gezien op een leeftijd dat we er eigenlijk nog niet heen mochten, en we hadden talloze uren geluisterd naar hun muziek. Dus om een dag met hen op te trekken en naar hun verhalen te luisteren, was een enorme belevenis voor ons.

Maar wat ik nog het leukste vond, was dat ik simpelweg weer tijd door kon brengen met George. We hadden een geweldige tijd. De lol die we elke dag weer hadden tijdens Whamamerica! herinnerde mij aan onze schooltijd. We brachten al onze tijd tijdens de tournee samen door, en maakten idiote situaties mee. Vaak keken we elkaar vol ongeloof aan en vroegen ons af: *hoe zijn we in vredesnaam hierin terechtgekomen?* Zo moesten we bij een evenement van een platenlabel op de foto met een paar meisjes die gekleed waren als flamingo's. De redenen zijn ons nooit uitgelegd.

Zelfs gewoon door het land reizen voelde surrealistisch. Voor de rit naar het concert in Hollywood Park had de promotor voor ons een verlengde limousine met geblindeerde ramen geregeld. De tocht kreeg een extra gewichtig accent door een politie-escorte met vier motoren. De berijders droegen vliegtuigbrillen en nauwsluitende uniformen die rechtstreeks afkomstig leken uit de tv-serie ChiPs. Beurtelings reed er eentje vooruit om het verkeer opzij te dirigeren.

George en ik rolden achter in de auto over de vloer van het lachen om de absurditeit van de behandeling die ons ten deel viel.

Nu we weer zo close met elkaar optrokken, kwamen de insidersgrappen terug, de uitwisseling van blikken en de ironische terzijdes. Niet dat ze ooit helemaal weg waren geweest, maar naast het toeren met Wham! zagen George en ik elkaar niet meer zo vaak als we eerder gewend waren. We gingen nog weleens een avondje samen stappen, maar de meeste tijd die we samen doorbrachten was óf in de opnamestudio, óf tijdens promotioneel werk. Nu we weer op tournee waren, voor vele, ononderbroken uren op elkaar aangewezen, kwamen het comfortabele contact en het woordeloze begrip van onze schooldagen weer snel terug. En deze keer was er geen huiswerk dat de boel kon bederven.

Het feit dat het fundament van onze vriendschap nog steeds helemaal intact was, was voor George misschien nog wel belangrijker dan voor mij. Hij was nooit zo dol op het toeren geweest als ik. Hij was niet graag lang weg van huis en er werd, elke dag weer, veel meer van hem gevraagd dan van mij. Maar langzamerhand wende hij aan de groeiende aandacht en de druk van meer interviews en openbare verplichtingen. Het hielp wel dat George op zich best van praten hield, en hij was er ook goed in. Als we samen geïnterviewd werden, kreeg ik er soms geen woord tussen. Maar ik vond het prima om hem maar gewoon te laten begaan.

George leek zo enthousiast door het succes van de Amerikaanse tournee, dat het mij soms zinloos toescheen om mijn eigen mening te geven, vooral omdat hij in het openbaar de mogelijkheid van een derde album overwoog. 'We gaan verder en zullen nu iets anders gaan doen,' vertelde hij tegen MTV. Geïnspireerd door de kwaliteit van onze begeleidingsband tijdens de tournee, leek hij helemaal in te zijn voor een spontanere benadering. 'Voor ons volgende album zou ik graag veel meer live opnemen en het dan… ik weet het niet… *minder voorzichtig* maken.'

Ik twijfelde er niet aan dat het album dat hij in gedachten had, de potentie had om Wham! tot een van de grootste bands aller tijden te maken, maar jammer genoeg kwam er van dat hele album niets terecht.

In plaats daarvan zaten we nu in de laatste fase. En ook al hadden we tijdens de Whamamerica!-tournee enorm veel lol gehad, het was voor hem uitzonderlijk zwaar geweest, bekende hij later. We waren allebei erg bezig met de toekomst.

We hadden alles bereikt waarop we hadden gehoopt, en nog snel ook. Zo snel, dat het ons soms overrompelde. Dat gold zeker voor Amerika, dat ons meteen in de armen had gesloten. Maar terwijl we over de *highways* van de VS toerden, realiseerde ik me dat mijn dromen als jongen tijdens onze allereerste gig met The Executive waren vervuld. Er viel echt niets nieuws meer te bereiken.

Ik voelde dat George het punt naderde waarop hij genoeg zelfvertrouwen had om solo te gaan. Zijn muzikale groeipijnen waren bijna over. *Fantastic*, *Make It Big*, de tournees, Live Aid en het Apollo Theatre hadden het lanceerplatform gevormd dat hij nodig had om George Michael te worden, de multiplatina, Grammy-award-winnende solosuperster.

George werkte echt naar die persoonlijkheid toe, en gaandeweg zag ik zijn uiterlijk veranderen. De korte Fila-broek, het navelshirt en de honkbalpet behoorden nu tot een grijs verleden. Daarvoor in de plaats kwam een stijl die een afkledende jeans, een kort T-shirt, een leren motorjasje en een designerstoppelbaard omvatte. Deze make-over paste echt goed bij hem. Maar het stond ook heel ver af van wie hij eigenlijk was. Toen we aan het eind van de jaren 1970 met muziek maken begonnen, was hij een onhandige jongen, mollig en onzeker; hij twijfelde over zijn seksuele identiteit en vond zichzelf onaantrekkelijk. Het kostte hem tijd om dit zelfbeeld af te schudden, en het vergde een gecoördineerde inzet om zover te ko-

arena

men. Maar de persoon die hij geconstrueerd had voor publieke consumptie, liet George weinig ruimte achter de schermen om zichzelf te ontwikkelen. Hij werd gedreven door een sterk verlangen om zijn volle potentieel te benutten, maar daarvoor betaalde hij wel een prijs. Terwijl hij als jongeman nog steeds bezig was zichzelf te ontdekken, liet hij zijn verlangen naar succes vóór alles gaan, inclusief het vermogen om voor zijn homoseksualiteit uit te komen.

Het besluit om daar niet over te praten, voedde alleen maar de onzekerheid over zichzelf als publiek persoon. Wat dat echt voor George betekende, kan ik niet zeggen, maar ik weet dat hij nooit op zijn gemak was met de extra persoonlijke aandacht voor Wham! als we in de schijnwerpers stonden. George had sowieso al continu te maken met de druk om hitsongs te schrijven en uit te voeren, en dan kwamen ook nog eens zijn persoonlijkheid en privéleven onder een vergrootglas te liggen. Iedereen wilde weten wie die twee jongens van Wham! écht waren. Ze probeerden informatie uit ons te persen over onze vriendschap, over elke verdeeldheid of wrijving die er mogelijk bestond. Ze hoorden ons uit over onze familieachtergrond. Ze wilden alles weten over de meisjes en de feesten waarmee wij, naar zij aannamen, verwend werden. Dat is een voor de hand liggend item bij een populaire band, maar omdat George strikte discretie over zijn seksualiteit bewaarde, ontstond er een zeer onwelkome extra stressfactor waarmee hij moest omgaan. Ik had echt nog nooit een vriendje van George ontmoet in al die tijd dat wij samen een band hadden. George was bang dat als hij uit de kast kwam in de tijd van Whamamerica!, dit zijn kans om zeep zou helpen om de competitie aan te gaan met Amerikaanse artiesten als Madonna en Michael Jackson. Een vreselijke, bijkomende bron van zorg was de opkomst van aids. Ik was niet de enige vriend van George die zich zorgen maakte over hem in die onzekere, beangstigende periode. Tegen de tijd dat George er uiteindelijk in 1998 toe werd aangezet om toch over zijn seksualiteit te praten, had hij al het verlies van zijn partner, Anselmo Feleppa, aan aids te betreuren gehad, in 1993. Hij was er helemaal kapot van geweest, maar had er in het openbaar niet over kunnen praten. Was hij eerder uit de kast gekomen, wie weet hoe anders alles dan gelopen zou zijn.

In die tijd dacht ik dat als George openheid van zaken zou geven, dat niet veel problemen zou opleveren. Er waren zo veel homo's in de Britse popmuziek en de platenindustrie, dat zijn ontboezeming niet echt veel gedoe gegeven zou hebben. Bovendien had hij op de onvoorwaardelijke steun van zijn beste vrienden kunnen rekenen. Maar later ben ik tot een heel andere kijk op de dingen gekomen. Ik kreeg in die tijd zelf zoveel ongewenste aandacht, dat het een deprimerende ervaring was om door de tijdschriften te bladeren. Daarom besloot ik toen om geen roddelbladen meer te lezen. Maar daardoor was ik me ook niet bewust van hoe afschuwelijk zulke bladen over homo's konden doen. Ik vermoed dat als George toen de waarheid had verteld, elke verwijzing naar hem voortaan vooraf zou zijn gegaan door een verwijzing naar zijn seksualiteit: 'homo-icoon', 'homoseksuele zanger' of 'homoseksuele celebrity'. Ook al vond George zijn seksualiteit belangrijk, hij zou niet graag hebben gewild dat die benoemd werd in elke review van zijn nieuwste plaat. De jaren 1980 waren een heel andere tijd dan die waarin we nu leven.

Voor wat George nu wilde gaan ondernemen, had hij ideale omstandigheden nodig, zowel creatief als commercieel. Het laatste wat hij nu kon gebruiken, was dat mensen gingen zitten ginnegappen over zijn privéleven. Zoals ik er nu op terugkijk, begrijp ik hoe naïef ik was ten aanzien van George' dilemma. Voor mij was het destijds een non-probleem, maar George' nogal ongemakkelijke gevoel om in het centrum van de publieke aandacht te staan, had invloed op hoe we uiteindelijk een punt achter Wham! besloten te zetten.

Nadat we ons besluit om met Wham! te stoppen aan Simon en Jazz hadden geopenbaard, restte er nog één belangrijke vraag: hoe kon-

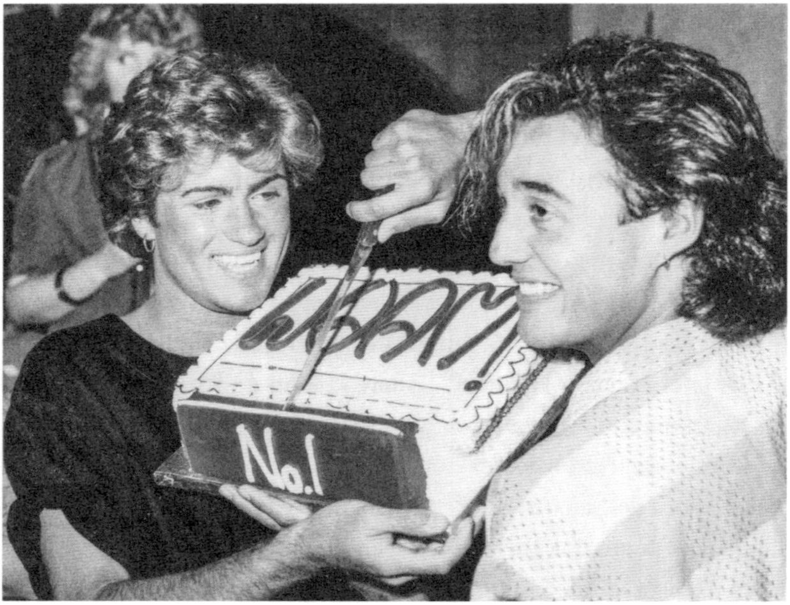

den we het best een streep zetten onder het verhaal van Wham! – een verhaal dat zoveel hits had opgeleverd over de hele wereld? We wisten dat als we een laatste 'rondje-over-de-wereld-tournee' zouden aankondigen, we konden rekenen op een enorme vraag naar concertkaartjes. Simon, Jazz en ik vonden dat we een wereldwijde afscheidstournee moesten organiseren, met een laatste groet aan onze fans over de hele wereld, om vervolgens in volle glorie uit het zicht te verdwijnen. Ik was er dol op om voor een groot publiek te spelen. Als het moest, had ik eindeloos kunnen toeren. Maar George wilde er niets van weten.

'Ik wil maar één concert doen,' zei hij, waarmee hij ons nogal in verwarring bracht. 'Er kan maar één vaarwel zijn, één laatste concert waarmee Wham! er een definitieve streep onder zet.'

Toen dit gesprek plaatshad, vond ik dat hij de fans tekortdeed. Ik vond dat we het verplicht waren om fatsoenlijk afscheid van de fans te nemen, in alle landen die ons met zo veel overgave hadden omarmd. Maar George had daar twee grote problemen mee. Niet alleen was hij al gefocust op zijn solocarrière, hij was ook helemaal klaar met zijn imago binnen Wham!. Het personage dat de band hem dwong te spelen, deed hem psychologisch niet goed – hij ging er al een flinke tijd onder gebukt, en later beschreef hij Wham! als een zware last. Er waren geen argumenten in te brengen tegen zo'n sterk gevoel. Ik begreep zijn besluit nu volledig en accepteerde het. In feite was het enige wat me in die periode irriteerde, de annulering van een contract met het merk Pepsi dat meer dan 3 miljoen dollar waard was. Het ging om één reclamefilmpje en er leek geen goede reden te zijn om het niet te doen, maar weer dacht George verder dan Wham!. Het filmpje zou anderhalf jaar lang gebruikt worden, en zo lang zou dus ook Wham! blijven leven in de gedachten van het publiek. En dat terwijl George net bezig was om het in zijn eentje te gaan maken. Toen George de deal torpedeerde, was ik kwaad, want het zou ons geholpen hebben om iets terug te verdienen van de grote uitgaven die een eenmalig afscheidsconcert vergden, maar uiteindelijk berustte ik er met tegenzin in dat de deal niet doorging.

En dus werd uiteindelijk besloten dat Wham! maar één concert zou geven in het Wembley-stadion. Een viering van de band, inclusief de première van *Foreign Skies*, de opnieuw gemonteerde, opnieuw geschoten, opnieuw gemaakte documentaire van ons avontuur in China, getoond op de grote schermen van het stadion. Het afscheidsevenement, geprogrammeerd op 28 juni 1986, zou De Finale zijn. Het enige wat ons nu nog te doen stond, was ons besluit aan de fans te vertellen. Na achttien maanden van speculaties over George op de solotoer, wilden we het nieuws op onze eigen voorwaarden brengen.

Dat zou mooi geweest zijn.

24. **Hoe het is om géén popster te zijn**

Ik was gaan beseffen dat ik weg wilde uit de schijnwerpers. Ik was moe geworden van het stressvolle leven als muzikant in een beroemde popband, en had een hekel gekregen aan de constante bemoeienis van de roddelpers met mijn privéleven. Wat ook niet echt hielp, was dat ik voor het eerst in twee jaar een relatie had. Ik had het Amerikaanse fotomodel Donya Fiorentino in Florida ontmoet. In die tijd was ze aan het daten met *Miami Vice*-acteur Don Johnson, maar het klikte meteen tussen ons. Dat we al snel een stel waren, maakte ons ontzettend interessant voor de media; de con-

stante opdringerigheid van de paparazzi was hinderlijk. Het kwam in Londen heel vaak voor dat Donya en ik op straat achterna werden gezeten door fotografen op motorfietsen. Als George besloten zou hebben om een derde album met Wham! te maken, had ik al die aandacht voor mijn persoontje nog wel nuttig kunnen vinden. Maar nu ik alleen het slotconcert had om naar uit te kijken en er verder niets was om mezelf te motiveren, wilde ik pas op de plaats maken.

De toestanden die ik samen met Donya meemaakte, kwamen George niet slecht uit. De media-aandacht voor hem was al net zo intens, maar de pers vond mijn gedrag nu zó interessant dat George zich redelijk onopvallend op zijn solocarrière kon gaan richten. Voor de pers was hij de heilige van Wham!; ik was de zondaar. Maar dat vond George dus allang best. En terwijl ik de aandacht van de pers afleidde, waren al die journalisten blind voor de waarheid over zijn seksualiteit. Het feit dat George homo was, hadden we goed weten te verbergen, maar omdat hij nu steeds vaker homoclubs bezocht, begon een aantal mensen zo hun vermoedens te krijgen. Binnen de muziekindustrie zal Neil Tennant – de vroegere assistent-uitgever van *Smash Hits* en latere zanger van de Pet Shop Boys – er volgens mij toch wel van geweten hebben, en ongetwijfeld waren er méér. Maar buiten een kleine kring rond George wist niemand het zeker. Dus hoewel de façade waarachter George zich verborg nog wel overeind te houden was voor hem, begonnen er nu toch barsten in te komen. George voelde zich nog steeds gevangen en haalde soms flink uit. Bij een zo'n gelegenheid was er een opstootje bij een nachtclub, waar ook zijn vriend David Austin bij betrokken was. Ook was er een keer een incident waarbij hij een fotograaf tegen een muur gedrukt hield. Er was constant een schijnwerper op hem gericht, en omdat hij zijn privéleven verborg onder een stevig aangedrukt deksel, konden zijn frustraties af en toe behoorlijk overkoken.

In de vroege dagen van Wham! had ik geen moeite met onze verplichtingen tegenover de pers. Interviews over onze muziek waren in het algemeen prima, en verder sloofde ik me graag uit in fotoshoots voor tijdschriften als *Smash Hits* en *Just Seventeen*. Maar zelfs ik raakte geïrriteerd als de vragen persoonlijker werden. Praten over mijn favoriete chocoladebiscuit was één ding; paparazzi die me stalkten in restaurants en om me heen zwermden waar ik ook kwam, was iets heel anders. Je kunt natuurlijk terecht aanvoeren dat het twee kanten op moest werken. De media-aandacht was heel belangrijk geweest om Wham! op koers naar het sterrendom te zetten. Dat kon ik billijken, maar het omgaan met het meedogenloze gestaar, waar we in 1985 als gevestigde namen mee moesten leven, werd er niet makkelijker door.

We kregen destijds van niemand advies. We waren even in de twintig, zo beroemd dat we er met de pet niet bij konden, maar we hadden geen mentor om ons te leiden, of ons te adviseren over wat we al of niet konden zeggen tijdens interviews. Niemand vertelde ons waar we wel of niet heen konden gaan. Simon en Jazz waarschuwden ons nooit voor de valkuilen van het dronken op straat belanden na nachtclubbezoek, wat mij een aantal keren overkwam. Die valkuilen lijken nu misschien duidelijk, maar toen Wham! begon, was ik nog maar negentien. Desondanks hadden de bladen op het toppunt van onze roem allerlei bijnamen voor mij. Ze noemden me 'Hitsige Andy' of 'Andy het beest', waar ik overigens het grootste deel van de tijd niet mee zat. Ik vond het zelfs wel vermakelijk als meisjes die ik nog nooit had ontmoet, mij een tien gaven voor mijn prestaties in bed. Maar toen ik Donya ontmoette, die een serieuze vriendin was, wilde ik onze relatie weghouden van de buitenwereld. Helaas konden een heleboel krantenredacteuren zich daar niet echt in vinden, en dus werden we zó nagejaagd en opgejaagd dat ons leven er een hel van werd. Ik had destijds echt iemand nodig die me wijze raad had kunnen geven over de valkuilen van het beroemd zijn. In plaats daarvan moest ik het allemaal maar zelf uitzoeken.

Ik reageerde slecht in situaties waarin ik gewoon helemaal níet had moeten reageren. Ik werd kribbig tegen journalisten. En ik gaf ze de munitie die ze nodig hadden om terug te slaan, door van feestjes weg te strompelen terwijl ik er volkomen verlopen uitzag. Ik was mijn eigen, ergste vijand.

Nu ik erop terugkijk, besef ik dat het naïef was om ervan uit te gaan dat mijn persoonlijk leven en mijn publieke imago gescheiden konden worden. Die twee hingen wezenlijk met elkaar samen, zeker toen de band een fenomeen geworden was. Ik had met de situatie moeten omgaan in plaats van hem te ontlopen. Maar het feit was dat Wham! uiteindelijk zo groot werd, dat we niet eens met de pers hoefden te praten om in de krantenkoppen genoemd te worden. We hoefden alleen maar naar een feestje of een restaurant te gaan om in de roddelbladen terecht te komen. Een van de roddelbladen plaatste ons een keer op de voorpagina, alleen maar omdat 'Freedom' op nummer 1 was gekomen.

Nu er een einde ging komen aan Wham!, was ik meer dan blij om een tijdje aan de aandacht te ontsnappen. Maar terwijl George begon te werken aan een nieuwe muzikale carrière, was het enige idee dat ik had voor mijn leven na Wham!: mijn geluk beproeven in het autoracen.

Ik was al heel lang een fan van autosport; als kind keek ik altijd naar de Britse Grand Prix als die op tv kwam. Ik hield van de persoonlijkheden die de hoofdrollen speelden in de formule 1-races in de jaren 1970, zoals Emerson Fittipaldi, Jackie Stewart en James Hunt. Elke race was goed voor drama en spanning. Allebei mijn ooms waren fanatieke autosportliefhebbers, ze namen mij en mijn broer vaak mee naar races op het Brands Hatch-circuit. Mijn oom Pete was zelf een clubracer geweest, wat mijn jeugdige interesse alleen nog maar verder aanwakkerde.

Ik werd een keer uitgenodigd om mee te rijden in een Celebrity Car-race tijdens de Renault Championship. Daar ging alles heel goed tot aan de eerste opwarmronde: ik raakte in een slip, door modder op de baan, en reed de vangrail in. Maar mijn interesse in het racen was niet onopgemerkt gebleven. Een autosportpromotor, genaamd Two Four Sports, vroeg mij of ik het leuk vond om een *single-seater* uit te proberen, aangezien hij wel enige aanleg bij me vermoedde.

In die tijd leek de racerij mij meer een opwindend avontuur dan een serieuze carrière. Maar ook al stond het heel ver af van mijn eerdere leven met Wham!, ik was vastbesloten om er vol voor te gaan – als ik dat niet zou doen, zou ik een slechte dienst bewijzen aan het team, dat er zo veel werk in gestoken had. Frustrerend genoeg kwam er een kink in de kabel voordat ik zelfs nog maar in de startopstelling had kunnen plaatsnemen. Nadat ik tijdens de testritten de nodige vaardigheid had laten zien, ging ik akkoord met een vol raceseizoen, maar nadat ik het contract had ondertekend, werd duidelijk dat mijn verzekeringscontract van artiest – een artiest die de volgende zomer in het Wembley-stadion zou spelen – mij belette deel te nemen aan gevaarlijke sporten zoals parachutespringen, skiën of, natuurlijk, enige vorm van autosport. En dus kon ik in de drie maanden voor het slotconcert niet racen. Het was een beschamende start en bleek een tegenslag te zijn die mijn hele seizoen naar de maan hielp.

Ik bleef me echter toeleggen op mijn nieuwe onderneming. Aan het begin van 1986 reisde ik af naar het Nogaro-circuit in Zuidwest-Frankrijk voor wat testritten voor het nieuwe seizoen. Toen brak de pleuris uit, volkomen onverwacht. Op een koude, vochtige februariochtend zat ik voor de eerste keer in mijn raceauto, mijn blik gespannen op de baan voor me gericht. Op het asfalt had zich een laagje ijs gevormd, waardoor de kans op een slippartij of ongeluk groter werd. Toen ik klaar was om de pitstraat uit te rijden naar de baan, leunde er een official van het circuit over de cockpit heen.

'Eh, meneer Ridgeley, er is telefoon voor u in het controlecentrum. Het is uw advocaat in Londen.'

Het was niet te bevatten. Alsof het vooruitzicht om over een bevroren racecircuit te vliegen al niet stress genoeg gaf, werd ik opeens vanuit Engeland lastiggevallen. Ik deed mijn veiligheidsgordel af en ging naar boven, waar ik het nieuws te horen kreeg: George had Simon en Jazz ontslagen. Nadat ze gehoord hadden dat Wham! uit elkaar ging, hadden onze managers besloten om hun managementmaatschappij voor 5 miljoen pond te verkopen aan een maatschappij die deels het eigendom was van de Zuid-Afrikaanse zakenman Sol Kerzner, de man achter het controversiële Sun City-vakantieoord. Het nieuws maakte George razend. En de krantenkoppen in de sfeer van 'WHAM! VERKOCHT AAN SUN CITY' maakten het er niet beter op. Simon heeft later gezegd dat hij zich niet bewust was van de link tussen Sun City en de *apartheid* en, om hem niet af te vallen, het was een zeldzame en niet-karakteristieke fout. Maar jammer genoeg voor hem was het meteen ook zijn laatste fout. Terwijl George en ik een van de belangrijkste momenten in onze muziekcarrière tot dusver naderden, waren we opeens stuurloos.

'Wat is je besluit?' vroeg de advocaat nerveus. 'Ze wachten op een antwoord...'

Ik was met stomheid geslagen. Ik zou voor de eerste keer in een formule 3-auto rijden onder de slechtst mogelijke condities en nu was er een bom in mijn schoot geworpen. Ik voelde me afschuwelijk. '*Wat mijn besluit is?* Nou, het lijkt me wel wat om nu van de aardbodem te verdwijnen. Ik heb wat tijd nodig om na te denken.'

Uiteindelijk liet ik het probleem aan George over om op te lossen, maar ook dat had onbedoelde consequenties. De bijkomende gevolgen waren verschrikkelijk. Tijdens een persconferentie waarin de breuk tussen ons en Simon en Jazz bekend werd gemaakt, werd ook aangenomen dat George en ik uit elkaar gingen. En hoewel de aannames voor één keer correct waren, verknoeide het ons plan om het einde van de band wereldkundig te maken op een manier die we zelf kozen. Krantenkoppen over onze breuk beheersten het nieuws. George was toen wel gedwongen om toe te geven dat het zo was door te onthullen dat we later in het jaar een afscheidsconcert zouden geven, terwijl hij óók nog eens moest uitleggen waarom ik niet aanwezig was bij de persconferentie.

'Ongelukkig genoeg was Andrew net in Monaco om te racen,' vertelde hij talkshowpresentator Michael Aspel. 'Dus wat er gebeurde, is dat het overkwam alsof ik Andrew zou verlaten, in plaats van onze managers. Andrew en ik zien elkaar volgende week in Los Angeles om onze laatste Wham!-single op te nemen, en het concert gaat hopelijk ook gewoon door... Er is absoluut geen breuk of wat dan ook tussen ons. Dat is alleen maar waar de pers al zo lang op heeft zitten wachten... Ik denk dat het concert het meest vriendschappelijke afscheid in de popgeschiedenis wordt, als we het goed aanpakken.'

Toen de kaartjes uiteindelijk in de verkoop gingen, stortten zich een miljoen fans op de telefoonlijnen van het ticketbureau. Wham! had Wembley wel twaalf keer kunnen uitverkopen en dan waren nóg niet alle belangstellenden aan de beurt geweest.

The Final was het populairste concert van het hele jaar.

Onze laatste single, 'The Edge Of Heaven', werd uitgebracht op 19 juni 1986. Het was een openlijk seksueel getint nummer, met zinnen als:

I'm like a maniac, at the end of the day
I'm like a doggie barking at your door.

En zoals veel van George' latere materiaal voor Wham!, had het nummer een tijdloze aantrekkingskracht en zat het vol vrolijke energie. Het nummer maakte ook al deel uit van onze Wham-america!-tournee in het jaar ervoor, en toen was het een van mijn favoriete nummers geworden om live te spelen.

De videoclip bij het nummer hielp het nieuwe imago van George te realiseren, dat hij zou behouden op zijn solodebuutalbum in het jaar erna: een leren motorjasje, designerstoppelbaardje. De ontwikkeling naar zijn status van superstar begon in rap tempo toe te nemen, terwijl voor Wham! het doek ging vallen.

En ik kon het nog steeds niet anders zien dan dat we onze fans

verraden hadden. Het feit dat we maar één afscheidsconcert zouden geven had me, zoals al gezegd, dwarsgezeten. Het zou zo fantastisch zijn geweest om nog één keer een wereldtournee te maken, terwijl we ook dan maar een fractie van de fans blij zouden kunnen maken met onze concerten. Helaas, George was afgepeigerd. Hij was emotioneel uitgeput door Wham!, en de gedachte weer door Amerika te moeten reizen en nummers te spelen als 'Bad Boys' en 'Young Guns' was te veel voor hem. En eerlijk gezegd, ook al wilde ik heel graag meer concerten spelen, misschien was het voor mij zo ook wel genoeg. Ik zou het echt niet meer aankunnen om bij persconferenties en op de tv eindeloos ondervraagd te worden over mijn privéleven, want dat hoorde ook bij zo'n nieuwe tournee. Voorlopig was ik heel erg gericht op het ontsnappen aan die dingen.

Nadat we met Wham! twee concerten in Brixton Academy hadden gegeven om op te warmen, was de grote dag eindelijk aangebroken. En natuurlijk was ik weer eens te laat. Ik had een paar weken doorgebracht bij een vriend in Rickmansworth, terwijl Wham! repeteerde en ander voorbereidend werk deed voor The Final. Ik wilde met een paar vrienden naar het concert rijden en had besloten een auto te huren voor de rit naar Wembley, maar we hadden de rit zelf slecht getimed. We lagen achter op het schema, maar na een lange race door Londense suburbs zag ik tot mijn opluchting in de verte de twee beroemde torens opdoemen. Op hetzelfde moment zag ik in mijn achteruitkijkspiegel de zwaailichten van een politieauto en ik kreeg het bevel te stoppen. Ik had te hard gereden. En ik had verschrikkelijk de smoor in. We waren een steenworp verwijderd van het Wembley-stadion, en tienduizenden Wham!-fans waren op weg naar Wembley Way. Ik parkeerde de auto achter een bus met jongelui in Wham!-T-shirts, die zich niet bewust waren van wat er achter hen gaande was.

'Weet hoe uw snel u ging, meneer?' vroeg de politieman, terwijl hij zijn notitieblokje tevoorschijn haalde.

Ik keek omhoog. Een meisje op de achterbank van de bus had doorgekregen wat er aan de hand was. Ze staarde naar me met open mond, alsof ze wilde schreeuwen, maar dat niet kon.

'Eh, agent... ik wil niet onbeleefd zijn, maar ik moet hier vanavond een concert geven en ik ben al een beetje te laat.' Ik wees op de bus voor ons. Volgens mij kon nu elk moment de hel losbarsten.

De agent liet zijn pen zakken. 'Bent u...?' zei de politieman. 'O, ik begrijp het, ja, nou goed, meneer Ridgeley, we boeken deze af onder bijzondere omstandigheden.'

Hij noteerde iets op zijn notitieblok. 'Ik geef u wel een bon, laat dat duidelijk zijn.'

Opgelucht incasseerde ik de klap en begon weer te rijden.

Een paar strafpunten en een boete stelden niets voor als je het vooruitzicht had belaagd te worden door een menigte tieners.

De stemming achter de schermen bij The Final was op een vreemde manier vertrouwd. Terwijl Pepsi en Shirlie zich voorbereidden in hun kleedkamer, hing in de kleedkamer van George en mij de geur van verschroeid haar in de lucht. Zou dit de laatste keer worden dat ik zijn strijd met de steiltangen zou moeten doorstaan? Ik was niet zenuwachtig – dat was ik eigenlijk nooit voor een concert – maar elk gevoel dat we aan het einde van een tijdperk zaten, werd verdreven door de blije, relaxte sfeer backstage. Terwijl de opnieuw gemonteerde versie van *Foreign Skies* werd vertoond voor een recordbrekend aantal Wembley-bezoekers, werden George en ik backstage geïnterviewd.

Hoe zit het met de fans? Het is een concert om hen te bedanken, of niet?

'Om ze heel erg te bedanken,' zei ik. 'In het bijzonder de mensen die er niet in geslaagd zijn een kaartje te bemachtigen. We hadden graag van iedereen afscheid genomen...'

Jullie hebben er geen spijt van dat jullie uit elkaar gaan?

'Totaal niet,' zei George.

Terwijl de camera bleef draaien, deed ik alsof ik hem wilde wurgen.

Na het concert, toen we terugliepen naar onze kleedkamer en een arena vol schreeuwende fans achterlieten, ervoer George, zo vertelde hij mij later, een golf van treurigheid. Een hoofdstuk van ons leven was afgesloten, en dat moment had iets pijnlijks voor hem. Hij had het gevoel dat onze relatie nooit meer hetzelfde zou zijn, wat er ook gebeurde. Ik kon deze stemming tot op zekere hoogte wel begrijpen. Nadat we de afgelopen tien jaar als schooljongens en daarna als bandmaatjes met elkaar waren opgetrokken, zou het leven heel anders voor ons beiden worden nu we ieder onze eigen weg gingen. Maar ik geloofde ook dat onze vriendschap in de kern precies hetzelfde zou blijven. We gingen als vrienden níét uit elkaar, en in de uren na The Final gingen George en ik als beste vrienden samen naar een feestje.

In het programmaboekje voor het concert had ik geschreven: 'We worden allemaal wakker in het midden van onze droom.' Ergens voelde het alsof ik in een soort van rare *schemerzone* had doorgebracht, slaapwandelend naar dit moment. Maar nu was dat moment aangebroken.

Het was voorbij met Wham!.

Van zomer werd het herfst, en we zagen elkaar niet zo vaak als we gewend waren, maar áls we elkaar zagen, was alles zo'n beetje hetzelfde als voorheen. We lachten om dezelfde insidersgrappen; we kibbelden en stoeiden met elkaar zoals we altijd gedaan hadden; en we wilden nog altijd allebei het laatste woord hebben. Het was voor ons allebei duidelijk dat onze vriendschap zou voortduren, maar ik maakte me soms wel zorgen over mijn vriend.

Een paar maanden na The Final bezocht ik George in Amerika en ik merkte dat hij in een zwaarmoedige stemming was. Ik geloof dat

hij midden in het schrijven van *Faith* zat, op dat moment. We gingen een paar keer uit en maakten het soms behoorlijk laat. Ergens in het midden van mijn verblijf speelde hij 'Kissing A Fool', een nummer van zijn nieuw uit te brengen album. Ik was er totaal door gevloerd. Ik vond het vanaf de eerste keer dat ik het hoorde een geweldig nummer en voor mij gaf het aan dat er een heldere, spannende toekomst openlag voor George. Maar ondanks het feit dat hij nu vrij was om zijn ambities als soloartiest te vervullen, leek het niet goed met hem te gaan; de zelftwijfel was teruggekeerd. Terwijl zijn zelfvertrouwen was gegroeid tegen de tijd dat er een einde kwam aan Wham!, was George nu aan het worstelen met zijn eigen identiteit. Wat was hij geworden? Hij vroeg zich af wat hij met zichzelf aan moest.

George had nog steeds niet het gevoel dat hij openlijk voor zijn homoseksualiteit kon uitkomen, maar als hij het pad ging volgen dat hij gekozen had, betekende het dat hij alleen nog maar beroemder zou worden. De gedachte aan wat hem allemaal te wachten stond als hij nog meer succes zou hebben, schrikte hem af – het leek zo veel meer stress in te houden dan hij had ervaren in Wham!. Ik was eerlijk tegen hem. Ik vertelde hem wat hij vrijwel zeker al wist: dat als hij ook maar enige kans wilde hebben om persoonlijk geluk te vinden, hij zijn talent zou moeten waarmaken; en dat muziek schrijven echt het enige was wat hem bevrediging en plezier gaf. Hij had gewoon geen keus. Ik wist dat er maar één ding was dat George nu te doen stond, en dat was zijn plaats te veroveren als de beste singer-songwriter van zijn generatie.

25. **Hij hield van ons**

Mijn leven na Wham! nam een paar keer een onverwachte wending. Mijn pogingen om formule-3-coureur te worden, moest ik al vrij snel staken. In 1986, mijn eerste seizoen, crashte ik vaker dan dat ik de finish haalde, en mijn arme team moest meer dan eens 's nachts de auto weer helemaal opbouwen.

De gedachten aan een carrière als acteur kon ik ook laten varen, toen een acteercoach probeerde me te laten huilen, waarbij ik me moest inbeelden dat mijn moeder was doodgegaan. Sindsdien, en ondanks een of twee aanbiedingen uit Hollywood, kon ik me niet voorstellen dat ik aan het acteren veel plezier zou beleven. Nou hield ik ook al niet van het maken van video's, dus dit had ik eigenlijk wel kunnen voorspellen!

Maar in 1988 begon ik weer liedjes te schrijven, en nadat ik bij Epic, Wham!'s oude label, een aantal demo's had laten horen, stelden ze voor dat ik een album zou maken. Ik wilde het eerst wel eens uitproberen met alleen een single, maar de economie van de platenindustrie was veranderd; het uitbrengen van een single had alleen zin als er een elpee aan gekoppeld was.

Dus het jaar erna ging ik de studio weer in om mijn eigen soloalbum op te nemen, *Son Of Albert*. Het voelde goed. Het opnameproces, uitgespreid over ongeveer een jaar, was bevredigend en ook gewoon leuk om te doen. We maakten opnames in verschillende studio's in heel Londen en in LA. Eén nummer, 'Shake', had ik geschreven met David Austin, mijn vroegere bandmaatje van The

Executive. Voor een andere track, 'Red Dress', bood George zijn medewerking aan als achtergrondzanger; hij had de ruwe mix van het nummer gehoord en dat stond hem erg aan. Toen hij langskwam om de helpende hand te bieden, was ik net aan het worstelen met de zang in de bridge. George gooide zich er gelijk helemaal in en samen hadden we het stukje zo voor elkaar, met eerst mijn leadlijn en daarna George' achtergrondzang. In de studio nam George al snel de leiding over en bediende hij met grote vastberadenheid de mengtafel. Het leek alsof de oude tijden herleefden.

Maar tegen die tijd was George zelf een zeer succesvolle soloartiest geworden. Zijn eerste album, *Faith*, uitgekomen in 1987, zette hem op de kaart als de artiest die hij altijd al had willen zijn. Met zijn leren jasje, afkledende denimbroek en vliegbril zag hij er fantastisch uit, maar zoals altijd vormde de kwaliteit van zijn songs de basis van zijn succes. Songs als 'I Want Your Sex', 'Faith', 'Father Figure' en 'Kissing A Fool', het nummer dat hij voor mij had gespeeld toen hij het nog aan het bijschaven was, trokken een heel ander publiek aan dan de tienermeisjes die hun ondergoed op het toneel gooiden tijdens onze Club Fantastic-tournee.

George ging nu volledig zijn eigen gang in de studio, maar ook al wist hij iets van zijn eigen kwaliteiten te verwerken in 'Red Dress', mijn album *Son Of Albert* werd er uiteindelijk niet mee gered. Het album kwam vrijwel niet in de Britse hitlijsten voor; alleen in Australië haalde de single 'Shake' de top 20. Het was voor mij een erg teleurstellende ervaring en kort daarna besloot ik dat ik genoeg had van de muziekbusiness.

Er was echter één duidelijke uitzondering.

Begin 1991 begon George aan zijn tweede solotournee. Deze tournee, die hem door Noord- en Zuid-Amerika, Japan, Canada en het Verenigd Koninkrijk voerde, kreeg de naam 'Cover to Cover' mee. Het repertoire bestond uit enkele nummers van *Faith* en van Wham! en verder een heleboel van George' eigen interpretaties van zijn favoriete songs, van de Eagles tot Stevie Wonder, van 'Papa Was A Rolling Stone' to 'Lady Marmalade'.

Ik had het geluk dat ik mee kon naar de repetities voor de tournee, en ik was zwaar onder de indruk van zijn versie van 'What A Fool Believes' van de Doobie Brothers. Een van George' talenten als zanger was zijn vermogen om zangers van topformaat na te bootsen. Zelfs toen hij veertien, vijftien jaar oud was, zong hij op zijn slaapkamer met de bandrecorder al perfect artiesten als Freddie en Elton na. Nu, terwijl ik er als verbijsterde toehoorder bij zat, zong hij een nummer waarvan iedereen wist dat het een van de moeilijkste is om te pakken te krijgen. Michael McDonald had het virtuoos ingezongen op de originele opname, maar hier had je George, die het zeker even goed zong, of misschien nog wel beter. Ik zou snel de gelegenheid krijgen om het effect ervan op een livepubliek mee te maken.

Nadat hij zijn tournee was begonnen met een paar concerten in het National Exhibition Centre in Birmingham, vloog George naar Brazilië om als hoofdact van het grote Rock in Rio-festival te spelen. En hij had mij uitgenodigd om mee te doen voor een publiek van bijna 200.000 mensen in het Maracaña-stadion. Vergeleken daarmee leek spelen in het Wembley-stadion op een dorpsfeestje. Ik kampte in die tijd met een longontsteking, wat wel iets wegnam van de schittering van een verder vreugdevolle herleving van oude tijden. Het was geweldig om een gitaar om te hangen en weer op te treden met George, die op z'n allerbest was. We speelden 'I'm Your Man', gevolgd door 'Freedom '90' van George' tweede soloalbum, *Listen Without Prejudice Vol. I.* Het voelde passend om samen een laatste keer voor een recordaantal mensen op te treden. En dat daarbij ook een nummer zat dat beschreef hoe George verder was gegaan na onze tijd in Wham!, werkte goed als een streep onder de geschiedenis van onze band.

De Cover to Cover-tournee van George vormde een prachtige

presentatie van zijn grenzeloze talent als een zanger van liedjes van anderen. En het zou later ook een cover zijn, uitgevoerd voor een wereldwijd publiek, die een van de memorabelste momenten zou opleveren in George' solocarrière.

Freddie Mercury overleed aan aids in november 1991. In april van het daaropvolgende jaar gaven de resterende leden van Queen – gitarist Brian May, drummer Roger Taylor en bassist John Deacon – een concert waarvan alle opbrengsten naar aidsonderzoek zou gaan. In plaats van Freddie speelden zijn bandgenoten met een hele rij van topzangers, waaronder David Bowie, Elton John, Annie Lennox, Axl Rose en Robert Plant. En George, die was uitgenodigd om 'Somebody To Love' te zingen. Het was een nummer waar hij dol op was, en Freddie zou geweten hebben hoeveel het voor ons beiden had betekend toen we opgroeiden. Het nummer bevatte alles wat George zo goed vond aan de band. Freddie's vocale aandeel was ongelooflijk en het is een van Queen's beste nummers, maar George hield ook van de verwijzingen naar klassieke muziek die achter de gitaren verscholen gingen. George en ik hadden er vaak over gesproken. En ook al had ik de kans misgelopen om het Freddie te vertellen tijdens Live Aid, ik kreeg in ieder geval de kans om het tegen Brian May te zeggen terwijl ik naast hem zat tijdens een van Eltons feesten. Onder het eten bood hij mij vriendelijk de gelegenheid om enthousiast te babbelen over hoe goed ik hen had gevonden in Ally Pally in 1979 en hoe belangrijk zijn band voor mij als kind was geweest.

Om in Freddie's schoenen te stappen in het Wembley-stadion moet moeilijk zijn geweest voor George, maar er waren maar een paar artiesten die het überhaupt konden overwegen. Het zal een enorme ervaring zijn geweest om een nummer uit te voeren van een van zijn idolen in Wembley, begeleid door Queen zelf. Dat Freddie te vroeg was weggenomen door een wrede ziekte, gaf het veel emotie mee.

Op het moment dat het concert plaatsvond, kwam ik terugrijden van de racebaan in Donington, waar ik de Superbike World Championship had bijgewoond. Het hommageconcert werd live uitgezonden op de radio en ik zat op de M1 in zuidelijke richting toen George werd aangekondigd. Het gebrul van het publiek in Wembley galmde door de auto. Ik draaide het volume nog wat hoger en hoorde hem een geweldige performance geven waar ik kippenvel van kreeg. Het was krachtig, ontroerend en ongelooflijk emotioneel, en George' stem verbijsterde me. Net zoals 'Don't Let The Sun Go Down On Me' tijdens Live Aid hem de kans had gegeven om iedereen te laten horen waar hij als zanger toe in staat was, zo was 'Somebody To Love' een uitstalkast van zijn mogelijkheden – sterker, vreemd genoeg, dan zijn eigen nummers dat waren. Het was een van de ontroerendste muzikale momenten in mijn leven, om mijn beste vriend een nummer te horen zingen waar we allebei vroeger zo ontzettend veel bewondering voor hadden gehad.

Heel even voelde ik ook een steek van verlangen. Ik wilde daar ook zijn, en spelen. Het was geen gevoel van jaloezie of spijt, maar gewoon het besef dat ik het miste om op het podium te staan, om te spelen voor een enorme massa mensen die al mijn bewegingen volgden. Het deed heel even een oud verlangen herleven. Naarmate ik ouder werd, en mijn tijd in Wham! steeds verder achter me kwam te liggen, werden die gevoelens steeds vluchtiger, maar toen ik die dag over de snelweg naar huis reed, werden ze weer heel concreet.

Ik deed nooit iets met die gevoelens. Dat laatste optreden met George in Rio bleef *mijn* Final.

Op eerste kerstdag van 2016 ging 's middags rond vier uur mijn mobiele telefoon over. Ik was in Londen, waar ik de kerst doorbracht met vrienden, en ik had zojuist George een sms'je gestuurd. Hij had mij zijn jaarlijkse kerstmand gestuurd, al vele jaren een traditie van hem, een mand gevuld met allerlei lekkernijen, en ik wilde

hem ervoor bedanken. 'Yog, bedankt, zoals altijd. Voor de mand!' schreef ik. 'Ik hoop dat je je vermaakt met de feestdagen. Ik hoop je in het nieuwe jaar te zien, laat me weten waar je bent/als je er weer bent. A xx.' Nog geen vijf minuten later ging mijn telefoon over. Het was George' zus, Melanie. Ik dacht dat ze me belde om mij een gelukkig kerstfeest te wensen, of dat ze met George en de familie was en dat ze een samenkomst wilde afspreken. Er was absoluut niets wat ook maar deed vermoeden welk afschuwelijk nieuws er volgde.

'Andrew, ik vind het vreselijk om het je te moeten vertellen,' zei Melanie. 'Maar George is overleden.'

Het nieuws voelde als een stomp in mijn maag. Het was net of de aarde onder mijn voeten verdween. Ik was verpletterd, kon nauwelijks bevatten wat er net gezegd was. Allerlei vragen schoten door mijn hoofd. Mijn beste vriend was gestorven op eerste kerstdag, en nu moest zijn zus mij dat telefonisch vertellen. Ik kon me haast niet voorstellen hoe moeilijk dat voor haar moest zijn, om zo veel mensen thuis te bellen en dat verschrikkelijke nieuws keer op keer te vertellen. Maar Melanie slaagde erin om beheerst te blijven en bracht het hele verhaal met grote waardigheid over.

Ik legde de telefoon neer en zakte snikkend in elkaar.

En dan ook nog op eerste kerstdag. George was dol geweest op Kerstmis, en 'Last Christmas' was een jaarlijkse reminder geworden dat de feestdagen er weer aankwamen. Het nummer was meer dan dertig jaar geleden uitgekomen, en je hoorde het altijd wel weer ergens. Elk jaar kwam het langs op de radio, omdat George in zijn opzet geslaagd was een tijdloze klassieker te schrijven. Net als 'Wonderful Christmastime' van Paul McCartney en 'Merry Xmas Everybody' van Slade, riep het nummer meteen alles op wat mensen mooi vonden aan deze tijd van het jaar: familie, delen, feestelijkheid en liefde.

Nu zou het een reminder worden van George' heengaan.

Ik belde vrienden om het nieuws te vertellen. Ik was geschokt; het voelde aan als een ramp en het was moeilijk om vat te krijgen op wat er was gebeurd. De eropvolgende dagen voelde ik me verloren en bleef ik in Londen omdat de pers was neergestreken bij mijn huis in Cornwall. Ik was niet in staat om op dat moment over George te praten. Ik was gebroken. Er werd gepraat over een liefdadigheidsactie van de kranten om 'Last Christmas' op nummer 1 te krijgen, maar noch George' familie noch ik gaf daar onze toestemming voor; sommige kranten hadden George voorheen op een afschuwelijke manier behandeld. En nog een minstens zo belangrijke reden: er was nog maar zo weinig duidelijk over de details rond zijn overlijden. Mensen grepen naar de sociale media om hun mening en hun gevoelens te verwoorden. Dat de omstandigheden rond zijn dood niet duidelijk waren, maakte de verslagenheid alleen maar groter.

Zolang we het niet konden afsluiten, voelde het verdriet ongelooflijk rauw. Uiteindelijk werd hartfalen aangegeven als doodsoorzaak, maar er bleven nog vragen open. George leek in die tijd in goede gezondheid te zijn geweest. En er zijn rapporten over de nacht voorafgaande aan zijn overlijden die elkaar tegenspreken. Het lijkt er nu op dat we misschien wel nooit zullen weten wat er precies is gebeurd. We leven ons leven zonder constant gadegeslagen te worden, dus wanneer iemand in zijn eentje sterft, zullen er misschien altijd wel vragen blijven waarop geen antwoord te geven valt. Maar het voelt nog altijd niet comfortabel. God weet hoe dat voor George' familie moet zijn.

Het werd voor mij een zaak van het grootste belang dat ik George eer zou bewijzen bij de Brit Awards-uitreiking in februari 2017. Ik vond het een voorrecht en een eer dat ik ervoor gevraagd was. Die toespraak was iets wat ik moest doen. Ik vond dat ik moest spreken namens George' fans en voor het publiek. Ik wist op dat moment al dat er geen publieke herdenkingsdienst voor de fans zou zijn, maar de mensen die van George en zijn muziek gehouden hadden, hadden ook een gevoel van afsluiting nodig. Ik voelde mee met die fans – die mensen die niets tastbaars hadden in de moeilijke tijd na zijn dood. Ik voelde me verantwoordelijk jegens hen, en dus vond ik mijn toespraak bij de awarduitreiking heel belangrijk.

Pepsi en Shirlie hadden hetzelfde gevoel en ze voegden zich bij mij in de O2 om George de laatste eer te bewijzen voor een volle zaal. Shirlie was totaal van de kaart en vond het een erg zware aangelegenheid, maar het was goed dat we dit gedrieën deden en zo een stem gaven aan de liefde en de smart die iedereen voelde. We hadden met Wham! tijden beleefd waardoor de kameraadschap tussen ons vieren heel intens was geweest. We hadden ons een familie gevoeld. Wham! was net zozeer een band van Pepsi en Shirlie geweest als van mij en George. En we waren eensgezind in onze wens om de betekenis die George voor ons had, te bevestigen.

'Op eerste kerstdag 2016 verloren we de grootste singer-songwriter van zijn generatie, een icoon van zijn tijdperk, en mijn geliefde vriend, George Michael,' zei ik.

'Een supernova in een lucht vol schitterende sterren is weggevaagd, en het voelt alsof de hemel is gevallen...

George' bijdrage aan het grote archief van eigentijdse muziek rust bij de onsterfelijken... George heeft ons in zijn songs, in de onaardse schoonheid van zijn stem, en in de poëtische uitdrukking van zijn ziel, het beste van zichzelf nagelaten.

'Ik heb van hem gehouden, net als jullie en op zijn beurt hield hij van ons.'

Iets meer dan een maand daarna woonden we de begrafenis bij in Noord-Londen. Het was een verfijnde, ingetogen en smaakvolle gelegenheid, waarbij George' jongere zus Melanie erg ontroerend sprak namens haar broer. Wel was haar lijkrede anders dan ik me had voorgesteld. Ze vertelde hoeveel zijn beste vrienden gedurende zijn hele leven voor hem betekend hadden. Het was een bijzonder aangrijpend moment voor mij in een ceremonie die zo anders was dan die ik eerder in mijn leven had bijgewoond. En toen ik toekeek hoe George werd neergelaten in de aarde, werd ik overmand door emoties. Tijdens de gang langs het graf, gooiden we ieder een witte roos op zijn kist.

Ondanks het verdriet om zijn dood is George nog steeds zeer levend in mijn herinneringen. Nu, een paar jaar na die tragische Kerstmis betrap ik me er soms op dat ik aan onze vriendschap loop te denken en aan die jaren toen we als jonge kerels in Wham! zaten. Er zijn voortdurend overal dingen die aan hem doen denken. Soms hoor ik een single op de radio, vooral 'Last Christmas', dat elk jaar weer terugkeert.

Zo nu en dan zie ik een krantenkop die me mee terugneemt naar een moment dat we samen meemaakten. Op zulke momenten is het altijd onze vriendschap die ik mis, niet zozeer de muzikale aangele-

genheden. En heel vaak moet ik terugdenken aan hoeveel we lachten als we met z'n tweeën in een café achter een biertje zaten, of backstage, of reizend, of zomaar ergens wat rondhingen.

Toen we gewoon met z'n tweeën waren.

George was geweldig gezelschap als hij zichzelf kon zijn – buiten werktijd, thuis of op vakantie, als hij zich op z'n gemak voelde. Ik bofte dat ik dat kon meemaken met hem. Ik bofte ook dat ik met hem die woordeloze verstandhouding had die beste vrienden met elkaar hebben. George was zonder twijfel mijn beste vriend. En sindsdien heb ik nooit meer zo'n sterke band met wie dan ook gevoeld. Nadat ik George voor het eerst op school had ontmoet – toen hij nog Yog was – trokken we de daaropvolgende tien jaar intensief met elkaar op, op school en daarna, om muziek te maken. Ik heb ontdekt dat die intensiteit moeilijker terug te krijgen is naarmate je ouder wordt.

Ik geloof niet dat onze vriendschap erg verschilde van miljoenen andere vriendschappen tussen jongelui van onze leeftijd; het is alleen zo dat die vriendschap door Wham! werd voortgezet tot in onze volwassenheid en voor iedereen te zien was. Onze vriendschap raakte een gevoelige snaar bij mensen, omdat mensen in ons iets zagen wat ze herkenden, of overnamen in hun eigen leven. En hoewel we, naarmate we ouder werden, in verschillende werelden woonden, was het gevoel dat we voor elkaar hadden ook na veertig jaar niet minder geworden. Destijds, in september 1975, was hij Georgios Panayiotou – *de Nieuwe Jongen* – onzeker van zichzelf, met een wilde haardos en een onmodieuze bril. Tegen de tijd dat hij zichzelf had ontwikkeld tot George Michael, hadden hij en Wham! mijn leven voor altijd veranderd. Nu heb ik alleen nog de muziek die we samen maakten, de video's op YouTube en een hele berg knipselalbums, vol met artikelen uit tijdschriften en kranten, bewaard door mijn moeder. En de herinneringen aan een gouden vriendschap.

Voor een korte tijd was Wham! een van de beroemdste bands op de planeet geweest, en een popsensatie. Maar George en ik waren vooral elkaars beste vrienden geweest. Twee jongens die samen hitsingles maakten, de wijde wereld in gingen en de tijd van hun leven meemaakten – en in wiens vriendschap de wereld liefde, leven en lol zag.

Dankbetuiging

Ik wil de volgende mensen graag hartelijk bedanken voor hun aandeel in de realisatie van deze onderneming:

Jonny Fowler van Jon Fowler Media, die zich sterk heeft gemaakt voor het idee van een autobiografie en voor zijn standvastige loyaliteit. Tim Bates van PFD voor zijn onverstoorbare zelfbeheersing. Matt Allen voor zijn bewonderenswaardige vaardigheid na een ziekenhuisbal.

Iedereen bij Michael Joseph, Penguin Random House, maar in het bijzonder: Louise Moore voor haar geloof in deze autobiografie; Rowland White en Beatrix McIntyre, die redactioneel toverwerk hebben verricht; Emma Plater voor haar vrolijkheid en beoordelingsvermogen in de samenvoeging van het hele ding; Roy McMillan voor haar deskundige begeleiding en subtiele stijl; Liz Smith, Clare Parker, Gaby Young, Vicky Photiou en de marketing- en promoteams voor hun goede werk; Jill Schwartzman voor haar steun en enthousiasme; Emma D'Cruz en Matthew Blackett voor hun redelijkheid en behulpzaamheid; James Keyte en Catherine Le Lievre voor hun hulp en assistentie gedurende het hele traject.

Seb Davey en Stephen Tregear bij Russells voor, in de eerste fase, hun elan en oneindige geduld, en in de tweede fase, voor het niet tonen van genade.

Het team van Peters Fraser & Dunlop, in het bijzonder Alexandra Cliff en het team buitenlandse rechten, en Laura McNeill.

Fotoverantwoording

De schrijver en de uitgever danken alle rechthebbenden voor de toestemming om hun werk te reproduceren. Alles is in het werk gesteld om de rechthebbenden op te sporen en hun toestemming voor het gebruik van auteursrechtelijk beschermd materiaal te verkrijgen. De uitgever verontschuldigt zich voor eventuele fouten of weglatingen en wordt graag op de hoogte gesteld van eventuele correcties die in toekomstige edities van dit boek moeten worden aangebracht

blz. 8 © PA Images; blz. 9 ter beschikking gesteld door de auteur, copyright onbekend; blz. 10 ter beschikking gesteld door de auteur, copyright onbekend; blz. 14 © Michael Putland/Getty Images; blz. 15 © Topfoto; blz. 18 © Michael Putland/Getty Images; blz. 22 © Mirrorpix

DEEL EEN

blz. 26 © Pete Still/Redferns/Getty Images; blz. 35 boven © Martyn Goddard, onder © Albert Ridgeley; blz. 42 © Albert Ridgeley; blz. 43 ter beschikking gesteld door de auteur; blz. 44, 45, 48 boven onder en boven © Albert Ridgeley; blz. 48 onder: foto van de auteur; blz. 54 © Albert Ridgeley; blz. 56 foto van de auteur; blz. 65 foto van de auteur; blz. 72 © Mirrorpix; blz. 78 boven © Simon Hanhart, onder © Michael Burdett; blz. 82 © Albert Ridgeley; blz. 87 boven © Jeffrey Blackler/Alamy Stock Photo, onder, links en rechts© Albert Ridgeley; blz. 97 ter beschikking gesteld door de auteur, copyright onbekend; blz. 98 © Mirrorpix;

blz. 99 © Albert Ridgeley; blz. 106 © Topfoto; blz. 108 © Topfoto; blz. 110 boven © Topfoto, onder © FG/Bauer-Griffin/Getty Images; blz. 113 © Albert Ridgeley; blz. 114 foto van de auteur; blz. 117 © Topfoto; blz. 120 © Albert Ridgeley; blz. 126 © Ian Dickson/ Redferns/Getty Images; blz. 128 boven © Michael Putland, onder © Gabor Scott/Redferns/Getty Images; blz. 129 © Alamy; blz. 135 © Mirrorpix

DEEL TWEE

blz. 139 © David Clarke/BBC Photo Sales; blz. 141 © Alamy; blz. 144 © Mirrorpix; blz. 150 © Topfoto; blz. 152 © Martyn Goddard; blz. 154 © Albert Ridgeley; blz. 160 © Topfoto; blz. 169 © Pete Cronin/Redferns/Getty Images; blz. 172 © Globe Photos/Zuma Press/PA Images; blz. 175 boven © Michael Putland/Getty Images, onder © PA/PA Archive/PA Images; blz. 177 boven © Michael Putland; blz. 180 © John Swannell; blz. 182 © Michael Putland/Getty Images; blz. 184 foto van de auteur; blz. 185 © Albert Ridgeley; blz. 190 © Michael Putland; blz. 194 © Mirrorpix; blz. 197 © Rogers/ Stringer/Hulton Archive/Getty Images; blz. 203 © Mirrorpix; blz. 205 © Albert Ridgeley; blz. 213 © Daily Express/Express Syndication; blz. 218 © John Swannell; blz. 220 © Michael Putland/Getty Images; blz. 222 © Mirrorpix/Getty Images; blz. 223 © Kent Gavin/ Mirrorpix; blz. 224 boven en onder © Albert Ridgeley; blz. 229 © Daily Express/Express Syndication; blz. 234 © Chris Craymer; blz. 237 boven © Georges De Keerle/Getty Images; blz. 238 © Topfoto; blz. 240 © Michael Putland/Getty Images; blz. 242 © FG/Bauer-Griffin/Getty Images ; blz. 248 © Chris Craymer; blz. 251 © Chris Craymer; blz. 254 © Albert Ridgeley; blz. 256 © Dave Hogan/Getty Images; blz. 259 ter beschikking gesteld door de auteur, copyright onbekend; blz. 264 © Topfoto; blz. 267 © Mirrorpix; blz. 268 © Mirrorpix; blz. 275 © Mirrorpix; blz. 278 © Karwai Tang/WireImage/Getty Images; blz. 280 © Mirrorpix; blz. 282 © Mirrorpix

blz. 18 ter beschikking gesteld door de auteur, copyright onbekend
blz. 19 © Topfoto
blz. 20 © Mirrorpix
blz. 21 © Getty Images
blz. 22 © Topfoto
blz. 23 © Mick Hutson/Redferns/Getty Images;
blz. 24 © Karwai Tang/WireImage/Getty Images